U0512688

春秋战国

〔韩国〕孔元国 著

高文丽 译

第三卷 问鼎中原

上海三联书店

目　录

前　言

1. 诞生于蛮夷之地的霸主

一日，君王正在大宴群臣，日暮时分，酒正饮到酣处，突然刮来一阵大风，把大厅上的灯都吹灭了，这时，侍奉君王的一位美人慌张地拽住君王的衣服，对他耳语道："刚才有人乘灯灭欲图不轨，我把他帽子上的冠缨抓了下来，君王快命人点灯，把他抓起来。"

谁知君王沉思片刻，却让人暂缓点灯，然后对众人说道："今日与寡人饮酒，请大家将帽子上的冠缨取下，痛饮尽欢。"

因此，宴会上一百多位大臣纷纷将自己帽子上的冠缨取下，掌灯以后，酒宴重新开始。那天晚上的事情只有君王、美人和戏弄了美人的大臣知道，这就是"绝缨之会"的故事。那么，这段趣闻里的君王指的是谁呢？

有人能做到"坚强而不暴"吗？从人的本性上来讲，做到柔弱而顺从很容易，但要做到坚强而不残暴却很困难。因此，荀子将能够做到"坚强而不暴"的人称为君子。《春秋战国》中的第三位主人公就拥有这样的美德。

他不属于中原地区，而是南方蛮夷。《春秋战国》第1卷讲述了东方的管仲，第2卷讲述了西北的晋文公，那么第3卷的主人公究竟是谁呢？他就是"绝缨之会"的主角，南方国家的代表楚庄王。在这里，我们之所以要考察楚庄王，并非由于已经考察过了东面、西面，似乎应当轮到南面了，而是因为在这一时期，楚国的力量终于爆发。在整个春秋时代，楚国曾是天下的两大轴心之一。

随着春秋时代舞台的扩大，各国的情况逐渐复杂起来，登场的人物也越来越多。但是，公元前7世纪末至6世纪初，屹立在风口浪尖上的国家非楚国莫属，而楚庄王就是那个弄潮儿。因此，楚庄王经常被看作春秋五霸的第三位霸主，他曾一度被称为"蛮夷之主"，但这个评价并不中肯。

晋文公死后，秦晋之间的关系日益恶化，东方诸侯国结成了初步的联盟，一同对抗西部的秦国。过去，无论是齐桓公还是晋文公，作为霸主的主要作用就是牵制南方的楚国。但是，当西方的秦国日益强大时，晋国霸主的作用变得更加复杂，南方的楚国已经逐渐意识到了秦晋之间的裂痕，随时准备见缝插针。因此，楚国将西方的秦国看作潜在的友邦，准备利用秦晋之间日趋激化的矛盾来削弱晋国。

楚庄王执政以后，楚国日益强大起来，甚至饮马黄河，与北方的晋国展开了争霸的决战。出乎北方各诸侯国的意料，公元前597年的邲之战以楚国一方的胜利而告终。以邲之战为契机，曾在城濮之战中遭遇大败的楚国一雪前耻。邲之战令北方各诸侯国惶恐不安，因此当楚庄王称霸时，没有一个诸侯敢提出任何异议。

那么，楚国的时代由此拉开帷幕了吗？遗憾的是，楚国再没有其他动作了。楚庄王在楚国的实力达到鼎盛的时候，没有越过黄河，而是停止了吞并其他诸侯国的征战，满足于做一个诸侯国之间的仲裁者。但是，楚庄王将视线投向了东方，着手吞并长江中游比较弱小的国家，楚国终于要大肆东进了，在东方，他遇到了势均力敌的对手——吴国。

不过，楚国的霸业也没能维持多久。楚庄王之后，楚共王即位，但他年幼，且远不及其父的政治触觉敏锐，在历尽各种波折之后，楚晋达成了南北协议，南北割据的时代由此拉开序幕。协议并未能持续多久，公元前575年，晋楚再次激战。这次，晋国取得了胜利，这场战争就是鄢陵之战。在鄢陵之战中，楚国大败，受到重创，获胜的晋国则因发生内乱，受到的打击更大。

战争带来了和平的可能性。在一进一退的进攻、防守中，两国都认识到，从现实上来讲，彼此想要一决雌雄是不可能的。因此，《春秋战国》第3卷就开始于楚庄王登场之前的天下形势，结束于鄢陵之战。

在这一段时间里，天下发生了许多大事。以晋国为中心的北方联盟的传统同盟关系开始逐渐瓦解，诸侯国之间采取远交近攻的外交军事策略日益明显；而且，每个国家都将自身的利益放在前头，勘破敌我关系变得越来越困难。齐国为了牵制晋国，曾经与楚国联手，西方的秦国向遥远的东方国家派出使臣，提议左右夹攻晋国。夹在晋国和楚国这两大强国之间的郑国，则随着形势的变化摇摆不定，历经几番战乱，才悟出了自己的生存之道。此时，晋国意识到，之前外交上北方联盟和与楚国的对决，已经变质为以各国利益为前提的、复杂的同盟关系。从军事上来说，晋国已认识到南北对决的局限性，于是放弃了与楚国的正面对决，两国都积极地开疆拓土。与此同时，春秋末期的新强者吴国终于登上了春秋时期的历史舞台。在楚庄王政治活动逐渐活跃的前后时期，出现了一种新的天下形势，即楚国与秦国同仇敌忾，而晋国主导下的诸夏联合军则与吴国合流。

与此同时，各国内部的权力斗争逐渐激化，每个国家都有不计其数的流亡者。尤其是公室和势力强大的卿、大夫之间的矛盾斗争，以及这些卿、大夫内部之间，围绕着土地和权力的矛盾，展开了剑拔弩张的斗争。在这些斗争中失败的流亡者混迹于春秋各国，然而，迥异于普通的流浪者，他们都身负才华绝技，借以帮助其流亡所至的国家君主，反而对母国造成了威胁。这群人都特立独行，积极活跃在春秋时代的历史舞台上。

在此期间，诸侯各国技术与改革的钟表并没有停摆。从各个方面来看，这一时期各国都取得了巨大进步。武器和战争本来是具有破坏性的，但用于生产的农具与农耕技术却也分娩于武器和战争之中；而且，一些国家建立了极其有利于统治的国家机关体制，统一治理天下的思想便从中孕育而生。本书将会通过楚国独特的世界，探寻这段历史的源流。在这一时期，历史从简单走向复杂，从划分南北的黄河扩大到了接受四方支流的长江。自从蛮夷之地诞生了这位霸主以后，春秋时代的历史舞台就更加广阔了。

2. 探寻楚文化的前提 —— 取其精华，去其糟粕

现在，我们终于要将视线转向南方了。

什么是文化呢？它既是一种生活方式，也是生活本身。简单来说，在人类生活中，所有具有实用性的、富有美感的东西都是文化。实用却不具备美感的东西是不能长久的。例如，奴隶的生命是短暂的，从奴隶主的立场上来看，奴隶可以随便使唤，就像使用机械一样便利。然而，奴隶主和奴隶之间仇深似海，这种憎恶并不具备什么美感。不具备美感的关系最终会导致反抗的爆发，奴隶只要一逮着机会，就准备掠夺奴隶主的东西。

那么，拥有美感却不具备实用性的东西又会怎样呢？有一位楚王，喜欢腰细的女人，甚至还喜欢腰细的男人。在那样弱肉强食的时代，腰细的男人有什么用处呢？当国内充斥着这种男人的时候，国家也就倾覆了。因此，美丽却不实用的东西只能被历史淘汰。

《春秋战国》第3卷拟从楚文化的实用性和美感两方面进行考察。穿越两千多年的岁月遗留下来的东西，都历经了实用性和美感这两

4

重标准的过滤；并且，笔者还将以这样的标准重新审视之前被人们忽视的东西。因此，笔者需要进行一项很艰难的工作，那便是资料的筛选。

楚文化是帮助我们理解当今中国的一大主题，但同时，楚文化中也存在许多容易令人产生误解的东西。对这些文献，笔者将秉持批判继承的态度，虽然这很难做到。

在本书中，楚人将会成为主角。如今，中国的楚文化貌似淡薄，但在过去，楚文化的气息是很浓郁的。至于楚文化以后将会在中国历史中发挥多么强大的生命力，日后我们就会知道了。在此，笔者认为，只要能够管窥到部分楚文化，就算是一种成功。笔者将通过实用和美学相结合的视角，来探秘楚文化的一个侧面。然后，我们必定会感受到，这份来自南方的力量是明显不同于其他区域的。其中，也会包含着许多中国人也不了解的楚国风情，读来必定津津有味。

中国文化就像多足之鼎，如果要把其他的鼎足都去掉，只留下三足，那么笔者必定首先会留下楚文化，剩下的两足将会是中原文化，以及包括秦国在内的戎狄文化。正如秦文化与中原文化大相径庭，楚文化与中原文化也风格迥异。当然，秦文化和楚文化也是截然不同的。秦国重视实用性，而楚国又在实用性上增添了美感。

那么问题接踵而至，前文笔者曾经说过，要将实用性和美感结合在一起方得长久，既然楚国已然将两者进行了有机结合，为何统一战国诸侯的并非楚国，而是秦国呢？这话难道不是自相矛盾吗？然而，从长远的眼光来看，情况并非如此。秦国就像月亮，月盈则亏。但是，楚国却历经西周、春秋、战国，甚至在秦国统一时期仍然延续了它的命脉，最终楚文化演变为江南文化，绵延至今。因此，我们将在《春秋战国》最后的故事"楚汉争霸"之中，再次感受到楚文化的力量。

《春秋战国》第3卷，将对四书五经尚未形成学术体系的时期，以雄起于长江和汉水之间的楚国为探究对象。只要我们坚定实用和美感这两重标准，我们便不会迷失。现在，我们就要沉浸到楚国丰富多彩的世界中去，从南方的角度来审视北方。

3. 刍议楚文化——矛盾中的和谐，刚强中的柔美

阳历二月初，让我们去攀登位于洞庭湖之南、距洞庭湖二百多公里的南岳衡山。由于衡山地处亚热带，虽时值隆冬，山脚下的树木、竹林依然青翠欲滴，稍微步行一会儿，就会汗流浃背。人们往往会小觑了衡山，带上一件外套就开始了登山之旅。笔者甚至觉得，将这座海拔不足一千五百米的低矮山峰视为五岳之一，实在有些可笑，而且这样的山峰在朝鲜半岛也屡见不鲜。怀揣着这样的心理攀登衡山，笔者却渐渐感觉不妙，山上的风刮得越来越猛，身体还未冻僵，灵魂似乎已然冻僵。不出所料，山顶上的风雪更加猛烈。亚热带充满水汽的空气，直接变成冰附在了树上。树木已经分不出枝叶，变成倒挂的高脚酒杯的模样，这完全是一个冰的世界。可是，衡山主峰居然叫作"祝融峰"。祝融难道不是火神吗？是的，火神的宫殿上就这样覆盖了一层冰雪，使冰与火的不和谐达到了极点。

然而，诗人却在这种不和谐中寻觅和谐。《春秋战国》中经常提及的诗人李白，曾经赋诗一首，送别将归衡阳的友人：

> 衡山苍苍入紫冥，下看南极老人星。回飙吹散五峰雪，往往飞花落洞庭。
>
> ——《与诸公送陈郎将归衡阳》

这首诗简直就是矛盾的集合体。衡山看似不高，人们却可以在衡山山顶俯瞰到老人星冉冉升起；山顶虽有风雪，山腰却山花烂漫；

6

山峰低矮，却显得极高。总之在衡山，山花与风雪共存。当然，这花瓣究竟能否吹到二百公里以外的洞庭湖，我们就不得而知了。正如这首诗歌，楚文化兼具风雪之冰冷和鲜花之热情。

但是，距李白一千多年前，楚国已经诞生了一位大诗人屈原，在他的面前，李白的光彩也要黯淡许多。屈原连串的追问如衡山之巅的风雪，为我们呈现了浪漫之美的巅峰，而且其中有着李白诗歌中不易发现的风骨（实用）。屈原是楚国的诗人、政治家。下面就让我们来读一下他的作品《天问》，感受楚辞的悠长。屈原从宇宙追问到人类，从传说追问到历史，从文学追问到科学，他的问题如疾风骤雨一般袭来。

> 遂古之初，谁传道之？
>
> 上下未形，何由考之？（略）
>
> 自明及晦，所行几里？（略）
>
> 九州安错？川谷何洿？
>
> 东流不溢，孰知其故？（略）
>
> 齐桓九会，卒然身杀。（略）
>
> 蜂蛾微命，力何固？（略）
>
> 荆勋作师，夫何长？
>
> 悟过改更，我又何言？
>
> 吴光争国，久余是胜？
>
> 何环穿自闾社丘陵，爰出子文①？（略）

不知道这些问题究竟是上天提出的，还是屈原向上天提出的，屈原在这篇长诗里一连提出了近二百个问题。他的这些问题，已经超脱了北方的传统习俗。他的问题极具挑衅性，并且还很具体。他

---

① 子文（斗谷于菟）是楚国杰出的令尹（宰相），他的父母并未正式结婚，而是在私通之后诞下的子文，因此将子文丢到了云梦泽里，相传子文曾被母虎抚养。

追问道："人们说天地一元，但他们果真知道真相吗？我很难相信所有传说故事。那么，大自然为什么会是这个样子呢？世间万物遵循的道理又是怎样的呢？"他提出了自己对大自然的实质性疑问。

然后，他的问题又转到了政治上。"楚国被利益蒙蔽了双眼，打破了合纵的约定，转而攻击邻国，但楚国这么做，国势如何能够久长？吴王阖闾曾经炫耀自己的武力，却最终灭亡，我们难道忘记了吗？令尹子文（斗谷于菟）的出身虽不光彩，为何能成为优秀的人才呢？人们能以出身论英雄吗？"

作为战国时期的一名政治家，屈原竭力主张楚齐联盟，一同抗秦。对于人们已经习以为常、认为理所应当的事物，屈原提出了尖锐的疑问。然后，他又重新回归现实，批判时局。当时，楚国的政治家为秦国的贿赂所迷惑，被秦国的说客张仪的说辞所蒙蔽，以为楚国只要帮助秦国，秦国就会割地给楚国，最终导致楚齐之间的联盟破裂。合纵破裂之后，秦国如鱼得水，不断东进、南下。《天问》这篇文章正体现了一位政治家眼看祖国就要灭亡的凄凉之感。因此，他问道："难道大家没有看到引起无谓争斗的吴王阖闾已经灭亡了吗？"他一气呵成，追问天、地、传说和现实，而且绝无废话，问题中皆有风骨。华丽而不轻浮，这就是楚文化的特点。很多人并不知道，这位大诗人还是楚国屈指可数的政治家。今天，人们很难将浪漫主义诗人和洞察时事的政治家这两种形象联系在一起，但在当时，无论是作为诗人还是政治家，屈原都属于顶尖的。

这里我们顺便再来看一下代表楚国知性的《老子》①。

---

① 在这里，笔者之所以给"老子"加上书名号，是因为老子其人究竟是谁无法确定。不管老子是谁，我们都可以确定《老子》是战国时代绽放于楚国的一朵奇葩。本书中所提及的所有《老子》，指的都是郭店本的《老子》。因为郭店本的《老子》历史最为悠久，早期的《老子》和现存王弼本的《老子》之间存在着巨大差异，对于这一点笔者日后将进行详细的研究。为方便阅读，郭店本《老子》中的繁体字都换成了简体字。

> 江海所以能为百谷王，以其能为百谷下，是以能为百
> 谷王。圣人之在民前也，以身后之；其在民上也，以言下之。
> 其在民上也，民弗厚也；其在民前，民弗害也。天下乐进而
> 弗厌。以其不争也，故天下莫能与争。（略）
>
> 以道佐人主者，不欲以兵强于天下。善者果而已，不
> 以取强。

老子的思想里含有很强的"不争""反战"意识。屈原说，吴国好战，结果最终无法战胜楚国，其原因就在于吴国失德。可是，现在楚国也失德，背叛同盟，要展开一场毫无益处的战争，因此，屈原对楚国的命运十分担忧。老子在屈原"选择性""不争"思想的基础上，更进一步提出了全面的反战思想。前面的引文看似矛盾，对人民表示谦下的人，如何能成为君王呢？不逞强于天下，如何能取得胜利呢？可是，历史事实却证明了《老子》的力量。实际上，硬汉楚庄王也是另一位"老子"。

在弱肉强食、吞并不断的战国时代，这样的思想果真能够发挥力量吗？答案是肯定的，即便不是在战国时代，老子的思想在统一帝国时期也是发挥了一定作用的。代表了楚国儒学的陆贾、贾谊等人，为中国最早的、强大的守成王朝——汉朝奠定了思想基石，他们都属于《老子》思想的辐射圈。

楚国的思想在到达《老子》的境界以前，经历了许多波折。《老子》是战争和谋略思想辩证统一的产物。《春秋战国》第3卷我们要探寻的楚国，也是一种辩证统一的存在。楚国在武王至成王时期都十分好战，是名副其实的南方霸主，一直对中原虎视眈眈。在这种传统背景之下，楚庄王出现了。楚庄王引领楚国迎来了全盛时期，他在战略思维方面，与晋文公有些类似。可是，楚庄王却有晋文公、齐桓公所没有的一项特长，即他本身的武力。他可以独自驾驶战车，在两军阵前直捣敌营，而士兵则跑在庄王的后面，这种堂吉诃德式

的君王在北方诸国中是很难找到的。

　　然而，楚庄王在攻打晋国时却突然停下了脚步，已经攻下了陈国却又让陈国复国。每次一取得成果的时候，楚庄王就会停下来，不过，他在攻打西方和东方时则是不遗余力的。总之，如火一般炽热的楚庄王很懂得老子"知止"的智慧。

　　楚庄王以后，楚国和北方国家逐鹿中原的战线逐渐模糊起来。楚国虽然强大，却没有完全占领中原的野心，西方的秦国反而成了中原诸国潜在的威胁。南方的楚国是支持秦国成长的友好伙伴。到公元前6世纪，楚国越来越像中原诸国，而中原诸国也逐渐吸收了楚国的优点，楚庄王正处在这段过渡期的顶点上。

4. 热血男儿楚庄王

　　齐桓公的推诚相见，晋文公的细致入微，这些我们都已经很熟悉了。那么，楚庄王也有这样的个性和魅力吗？

　　汉代著名的史学家刘向编订了《战国策》一书，并因此书声名鹊起，他的《新序》和《说苑》中收集了许多历史上的逸闻轶事，里面就有许多关于楚庄王的故事。在原始资料《左传》和《国语》里，楚庄王所占的分量与齐桓公、晋文公比起来就相形见绌了。特别是《国语·楚语》中只给楚庄王留了一章，大概由于楚国并非中原诸夏，因此对楚庄王的记载才会比较少。可是在后世的《新序》和《说苑》里，楚庄王出现的次数远胜于晋文公和齐桓公，其原因就在于楚庄王的个人魅力。楚庄王的行动与感情起伏比较剧烈，他的一生充满戏剧性。在进入《春秋战国》第3卷之前，我们首先需要在楚国的传统脉络中把握楚庄王这一人物。

继承楚国尚武的传统

楚武王在成为汉水一带许多国家的盟主以后，便向周王室请求爵位，却遭到了周王室拒绝。因此，楚武王便说："那好，既然你不给我加封，寡人便自己给自己加封好了。"

然后，楚国就走上了一条与周王室毫不相干的独行路线。周王朝的君主是王，楚国的君主也是王，因此，春秋时代的其他诸侯国君主都称公、侯、伯、子、男，只有楚国，自楚武王以来历任君主皆称王。

后世的楚成王是一位尚武的君主，他又将楚国提升到了与北方联盟国对等的地位。齐桓公薨逝以后，宋襄公就动起了当霸主的心思，便给楚成王发去了邀请函。对此，楚成王嗤之以鼻："竟然敢对寡人呼来喝去？寡人就给你点颜色看看！"

于是，楚成王在泓水河畔大败宋军，宋襄公也在乱军之中不幸中箭，不久就一命呜呼了。总之，楚国的各位君主比中原君主要更加粗犷豪迈，辅佐楚王的诸位大臣也不例外，失败对他们来说就意味着死亡。

楚武王之子屈瑕在伐罗国时，功败自缢。城濮大战楚国失败以后，令尹子玉（成得臣）引咎自杀。鄢陵之战中，子反因误饮部下递来的美酒而贻误了军机，最终自杀而死。当时，楚共王担心子反会自杀，特意派使者去看他，使者转达了楚共王的话："从前你父亲子玉在城濮战败，因为国君不在军中，所以由他负责；这次战败不同，你不要认为自己有罪过，这是寡人的过失，应该由寡人来负责。"

子反对使者连拜了两次说："国君赐我死，死了也光荣。我的部队确实打了败仗，这是我的罪过。"可令尹子重却派人对子反问责："以前令军队有损的人，你早就听说过他们的结局了。你怎么不考虑一下该怎么办呢？"最终，子反回答说："纵然没有先大夫自杀的事，您这样教导我，我怎敢不听从呢？我损失了君王的军队，哪里敢苟且偷生呢？"然后，子反便自尽了。

楚共王听说后，再次派人阻止子反自杀，但使者没有赶到，子反就已经死了。总之，楚国对于率领军队的人的规定是很严格的。对于指挥官来说，失败就意味着死亡。

下面我们再来看一下楚庄王其人。公元前597年，楚庄王攻陷了背叛楚国的郑国都城，晋国军队因此渡过黄河准备拯救郑国。子重接到晋军的挑战信以后，向庄王进言道："晋为强国，晋军的征途比较近，力气比较足，然而咱们楚军已然筋疲力尽，我们就不要迎战了。"

结果楚庄王回答道："不可，欺软怕硬，寡人无以立乎天下。"（《新序·杂事》①）

然后，楚庄王亲自击鼓迎战，这就是邲之战，正是这场战役让楚庄王登上了春秋霸主的宝座。楚庄王不仅继承了楚国历任君王尚武的传统，甚至在此基础上更进一步，他既是一位天生的武人，但又不是一个简简单单的武夫。

多面性的君主——九鼎与武

在这本书中，笔者会从各个角度分析楚庄王这一历史人物。这里举两个简单的故事，它们能够很好地体现出楚庄王的多面性。

楚庄王在征讨完周王室地盘上的陆浑之戎以后，在周王室的王畿举行阅兵仪式，周王室便派出了王孙满慰劳楚庄王。见到王孙满，楚庄王劈头便来了这么一句："不知九鼎有多大，轻重几何？"所谓的九鼎，可是周王室权威的象征，各国诸侯都不敢提出此等问题。然后，王孙满回答道："天子的权威在德不在鼎。"于是楚庄王说："不要太相信九鼎了。我们楚国只要把矛上的铜尖折下来，就足够铸成九鼎了。"

在楚庄王看来，徒有虚名的九鼎实在可笑至极。实际上，只要具

---

① 《史记》《左传》等正史里所记载的对话，本书不再单独说明出处。

备足够的军事实力，天子的九鼎唾手可得。北方的诸侯国即便有这份心思，也绝对不敢堂而皇之地说出来。但是，楚庄王却无所畏惧。

如果楚庄王只有这样的一面，那么他不过是一介武夫，然而，他还懂得在强大的巅峰停下脚步。在邲之战里，楚庄王身先士卒攻打晋军，令尹孙叔敖担心他的人身安全，不停地向楚庄王身边加派士兵。当时楚军声势浩大，甚至将晋军士兵赶进了黄河。黄河岸边，晋军士兵争先恐后地登上渡河的船只，局面一片混乱。那些先上了船的将士们担心人太多会导致翻船，于是手起刀落，砍断了那些士兵攀在船舷的手指，船舱里被砍断的手指多得可以用手捧起来。楚庄王见此情景，叹息道："看来以后不能与此国为伍了，百姓有何罪过呢？"（《新序》同一章节）

据说，楚庄王说完以后就撤兵了，好让所有晋军士兵都能登船逃跑。如果楚军继续攻击，那么晋军必然会遭受更为沉重的打击。

战争结束以后，先锋大将潘党鼓噪着建议楚庄王说："咱们楚军应当收拾晋军尸体，筑为'京观'，臣听说，打败敌军之后，都要向子孙后代彰显武功。"

然而，在战争中一马当先的楚庄王却如此回答道："卿所言差矣。何为武？武就是'止戈'。他们为救郑而来，并没有什么罪过，而且极尽忠诚，以死效命君王，寡人怎么能够筑京观呢？"

楚庄王曾接二连三地做出这种举动。后世的《后汉书》对于兴于楚地南阳、建立后汉的光武帝，曾做出如下评价："止戈之武。"我想，光武帝必定是以楚庄王为楷模的，他在战争中的举动与楚庄王也很类似；并且，他与楚庄王一样，在胜利之后尽量不再拿起武器。

楚庄王的举动乍看似乎是自相矛盾的。战国时代的铁腕政治家、诗人屈原借喻美人香草，来倾吐心情（《离骚》[①]），《老子》里将刚

---

① 屈原的《离骚》借一位贤淑但被抛弃的女子之口，倾吐了自己极尽忠诚，却被诬陷的处境。

强与柔和进行反复对比，都是与此类似的。

那么，让楚庄王在胜利巅峰停下脚步的人是谁呢？他就是大鹏（楚庄王）之翼孙叔敖。在将楚国的传统从坚强逐渐转向柔和的过程中，我们不仅要研究楚庄王，还要研究孙叔敖。下面就让我们进入"在水一方"——楚国。

第 1 章

汉水螭蛟化身长江之龙

——楚国地形纪行

吴楚东南坼，乾坤日夜浮。

——杜甫《登岳阳楼》

　　诗圣杜甫仅仅用两句诗，就描绘出了楚国地形的本质，即滚滚东逝的江水，以及漂浮于其上的土地。简言之，楚国是水的国度。有水的地方，草木就会繁盛，草木繁盛，人类以及其他动物就会到这里聚居。植物和动物相生，土地就会越来越丰饶。在丰饶、富足的生活里，人们就会用各种不同的形式去享受。因此，有时丰饶既是智慧的源泉，又是懒惰的源泉。

　　要理解楚文化的特别之处，我们首先要理解楚国各地的水。山会多变，水也同样变化多端。有的水冬天会结冰，有的水则不结冰。有的水很湍急，无法逆流而上，有的水像大海一样悠悠流淌。有的水冲出了平原，有的水声势浩荡地从峡谷中冲出。有的水是流动的，有的水是静止的。在古代，流动的水很重要，但静止的水也同样重要。在楚地，这种静止的水比比皆是。

　　流动的水是沟通的水、斗争的水。在春秋时代末期，楚国和东方的吴国各自的战船曾经在河流上严阵以待，烽火连绵。而在静止的水面上，北方的战车无法通过，南方的战船也不容易通过。静止的水包容着泛滥的江水，它周边的芦苇丛也是古代青春男女的欢爱之地。楚国的令尹，就是在《论语》中出现过的子文（斗谷于菟）曾被遗弃在云梦泽，靠喝母老虎的奶水长大。我们无法知晓这段轶事是否属实，但这个故事却有一定的象征意义，即本应死去的生命在充满活力的水域存活了下来。

春秋战国时代，楚国的命运也和江水、沼泽的命运相似。楚国成立之初，是以汉水和长江中游为根基的。如今，汉江上已修建了人工大坝，所以江流缓慢，但在当时，汉江的水流是十分湍急的。在从岳阳汇入洞庭湖之前，长江的水流也是很湍急的。最早在汉江和长江之间奠定基础的楚国祖先，就像长江的水流一样粗犷、强悍。他们完全不在意《周礼》等徒有其表的东西，迅速地建立了自己的国家。据《吕氏春秋》记载，仅楚文王一代，楚国就吞并了周围39个国家。

到了春秋中期，楚国已十分强大，他们将视线投向了南方和东方。东方的土地里面有"金"（即铜），土地上长着粮食（水稻），而南方则十分丰饶。对于吃惯南方绵软大米的人来说，北方粗糙的粟米实在不合胃口，而且，用木头做成的小得可怜的棺椁也不能让死者足够体面。东方的彭蠡泽（鄱阳湖）的丰饶仅次于云梦泽，武汉东面的江边上，铜矿比比皆是。水军顺着淮河和长江而下，不费吹灰之力就可以饱腹。但是，水的力量虽让楚国物产丰富，却逐渐蚕食了楚国的强健。

战国时代初期，楚国虽然大而富，却并不强悍。因为他们没有被长江和汉水中游湍急的水流驯服，却被淮河和长江下游的悠悠水流给驯服了。他们已然不同于自己的祖先，不再是优秀的战士。对于他们的这种变化，我们并不能称之为"堕落"。战国时代末期，人们的世界观发生了天翻地覆的变化，马上的政治开始变为水的政治。

一统天下的秦国丞相李斯曾言道："河海不择细流，故能就其深"，但他自己似乎并没有理解这句话的深意。大而深的河流一开始并不能流淌得太湍急，而李斯所说的"河海"秦国却流得太急了。因此，能够建立悠久帝国的人并非北方人，而是楚国人物。楚国结束了作为一个"战士"的生命，与此同时，楚国的思想逐渐演变成了帝国的统治理念。

下面就让我们来看一下楚国的地域形态，接下来要讲的故事都和水有关。为了增加阅读的趣味性，笔者还将介绍一些活跃在那片土地上的人物。

1. 汉水——楚国的大门

在前几卷著作里，笔者已经几次提到周昭王领兵南征荆楚之时溺亡的故事①。齐桓公领兵南下之时，楚成王也曾说过要以汉水作为楚国的护城河相抗，因此，汉水可谓楚国的大门。汉水发源于秦岭深处，经过十堰之后，在丹江口与丹江汇流，成为一条大江。丹江口的下面就是襄樊（襄阳）。襄樊的西面有秦岭阻隔，北面有汉水拦截，既是楚国北上的大门，也是北方势力南下的必经之地。从襄樊渡过汉水北望，我们会看到一望无际的南阳盆地。盆地中央即南阳，也就是古代的"宛"地。本来这一地区是周王室在南方的据点，申、吕等诸侯原本也在此地。然而，楚国强大起来之后，把这些地方都编为了楚国之县。"宛"这个字本身就是"芳草盖地，植被葱绿的盆地"的意思，是最丰饶的天然谷仓。这里不仅是楚国北上的根据地，更是冶金

---

① 西周时期，周昭王因为攻打不臣服于周王室的荆楚，曾经两次出兵征讨。第一次南征取得了胜利，然而第二次南征，在渡汉水时，船只倾覆，全军覆没，周昭王也因此溺亡。

的中心。丹江口是西方各山岳民族和楚国发生冲突的地方，也是阻止秦国东进之路的要塞。夹在秦国和楚国两大强国中间的许多弱小民族都灭亡了以后，秦国和楚国的国土就直接接壤了。战国时代的秦国打通了这条要道，向东南方向进发攻打楚国。因此，襄樊、南阳和丹江口（属十堰）相接的三角地带可谓楚国的战略要冲。

这片三角地带是中原西南部最大的谷仓和鱼仓。春秋时代各国就围绕着这片三角地带产生了冲突，而这种冲突一直延续到了后世。先抛开春秋战国时代不谈，到我们所熟知的三国时代去看一看。蜀国攻打中原的桥头堡就是过去楚国的都城荆州，关羽将这里作为根据地，攻打襄樊（襄阳）。待襄樊落入关羽之手以后，曹操毫不迟疑地以南阳为据点展开反击。这片三角地带只有聚集在一处，价值才会倍增，没有一个将领会仅仅满足于荆州而不觊觎襄樊的。遗憾的是，关羽在北伐的过程中失败了，他在襄樊战败，荆州也就守不住了。13世纪，忽必烈所率领的蒙古军也曾以南阳为根据地，攻打襄樊。襄樊北面是樊城，南面是襄阳城，中间是汉水，这一片地势相互呼应。襄樊之战足足持续了6年，等襄樊陷落以后，南宋王朝的气数已尽。在襄樊之战中，蒙古军和宋军公然将大规模的兵力投入到汉水，展开了水陆两方面的战斗。从北面的立场上来看，南阳是他们的后方基地，曹操和忽必烈正是凭借南阳土地上丰硕的粮草来攻打南方的。

汉水弯弯曲曲地向南流去，在武汉与长江合流。襄樊的东面和西面都是不便通行的山地，因此要想渡过汉水，必须经过襄樊。春秋时期，襄樊和南阳是楚国的北门。如今，襄阳城依然坚固地屹立在襄樊的汉水岸边，而南阳府作为明朝的地方政府更是拥有一级的规模，它们都在向我们诉说着自己过往的荣耀。据《汉书·地理志》记载，汉代隶属于南阳郡的人口足足有194.2万人，这远远超过了楚国的中心荆州一带的人口规模。

下面我们再将目光放到汉水的上游。汉水的上游有一个叫"汉

与襄阳城遥相呼应的临汉门（上图）和雄壮的南阳府正门（下图）

9

中"的地方，它的规模虽比关中要小，却与关中的情形类似。只不过它并不像关中那样，对东面开放。三国时代，让刘备大显威风的决定性战役就是在汉中击退了夏侯渊的那场战役。等曹操从汉水上游的汉中撤退的时候，在东面的关羽立即渡过汉水，将樊城作为蜀国的桥头堡，使蜀国在西面有了一处可靠的根据地。可是等关羽战败，连荆州也丢了以后，汉水上游就被孤立了，这是蜀国倾覆的决定性原因。不过，诸葛亮依然以汉中为据点，多次威胁关中。但是等到诸葛亮死后，蜀国连汉中也没保住，完全陷入了孤立无援的状态。《三国志》里面，蜀国的命运和被秦朝打败的楚国结局类似。差别只在于，蜀国丢了汉水一带以后，偏安于西部盆地的一隅，而楚国则逃到了东面的江边。

战国时代合纵破裂以后，楚国位于汉水上游的汉中一带就遭遇了攻击，不久之后，楚国连都城也沦陷了，向东方逃亡。另外补充一点，汉水是从西北向东南方向流淌的。

2. 洞庭湖和湘江——楚国的丰饶

清朝时期民间就有"湖南稻花香，饥馑便到头"的说法，湖南的稻米沿着长江向东输送，解决老百姓的饥馑问题。湘江是丰饶的象征，岳阳以南的江水全都汇入了洞庭湖。汉代的诗人司马相如在《子虚赋》这首浪漫的大赋作品里，就曾经提到过"云梦者，方九百里，其中有山焉（云梦方圆九百里，其中有山）"，后面又接着铺陈了云梦泽的丰富物产，包括各种矿物、鸟兽和植物等。洞庭湖周围是中国最早耕种水稻的地方，引洞庭湖之水至田中便可以种植水稻，水深的地方还可以成为鱼仓，生长在那里的芦苇也可以成为建筑房屋的材料。

汇入洞庭湖的江河之中，最大的就要数湘江了。如今，湘江的

汉中石门　沿着江水向下走去就是楚地，越过江水向西走就是蜀地。

岸边有湖南省的省会长沙，登上坐落在长沙的岳麓山，遥望南方的树林，我们立刻便可以知晓古代的楚国为何那般富庶了。晋文公曾说过，楚国用剩下的东西在晋国俯拾即是。墨子也曾说过，楚国的丰饶物产，宋国一样也没有，《史记·货殖列传》说："郢都东有云梦之饶（郢都东面有云梦这一片富饶之地）"，《史记·越王勾践世家》中也有"长沙，楚之粟也（长沙是楚国盛产粮食的地方）"的句子，这些都足以证明楚国的富饶。

　　位于长沙的马王堆汉墓里棺椁的木板是用杉树制成的，大的木板每一块重达 1.5 吨。制成这些木板的树木至少得有 50 多米高，这在北方的环境里是根本不可能的①。

　　汉水阻隔南北，而长江则连接了南北。南方的各种河流都汇入

①　何介钧著，《马王堆汉墓》，文物出版社，2006 年。

11

后羿射巴蛇 这个故事出自《山海经》。尧帝命神弓手后羿到洞庭湖射杀怪兽巴蛇，这座雕像就塑造了这一场面。大概初期定居在楚国土地的人们，曾经在开垦土地的过程中击退湿地上的蟒蛇，后来人们对这些故事进行了一定的加工，便创造出了这一传说。

马王堆木椁 马王堆汉墓的棺椁木板是用杉树制作而成的，大的每块重达 1.5 吨。

马王堆《老子》部分　这一帛书的出现更加强化了老子的权威。

长江，楚文化也随着这些水流北上南下。长江周边所发现的大规模的楚国古墓也证明了古代的文化交流。根据古代的记载，楚国曾经在汉水和长江流域展开过大规模的战斗，然而具体在这里展开了怎样的战斗，却没有详细记载。长江周边的民族没有形成楚国那般的规模，似乎也不像北方民族那般好战。因此，那片土地对于楚国来说就如同珍宝一般。

可是，长江丰饶的物产不仅仅是一种象征，还孕育出了丰富的思想。战国时代力主联齐抗秦的楚国名臣屈原是一位典型的合纵家。从当时的形势来看，除了合纵以外，楚国根本没有其他出路。可是，楚王为张仪所欺骗，听信了张仪的游说，从而背叛了齐国，导致合纵最终破裂。合纵破裂以后，公元前278年，秦国一举攻陷了楚国的都城郢，威逼楚国。此时，被逐出朝堂的屈原在汨罗江畔无法抑制内心的悲痛之情，这位"虽九死其犹未悔"的硬汉，在留下了"举世皆浊我独清"的诗句之后，投身汨罗江而死。败于汉水的关羽也不愿意投降，他的选择与屈原的自杀如出一辙。他们都曾经与同盟携手对抗北方的势力，等同盟关系破裂之后，他们便气数已尽了。

总之，长江也向我们呈现出了它内涵丰富的一面。

3. 长江——南方文明的集合体

自古以来，长江都是文人墨客灵感的重要源泉。桃花源是陶渊明的理想国，赤壁是苏东坡观照历史的一面镜子。长江的壮丽源于其流域的宽广和水源的丰富。在古代，几乎每条汇入长江的支流边都居住着不同的民族，孕育着他们独有的文化。只不过，随着时间的流逝，这些民族被人口众多、力量雄厚的民族统一了而已。

长江宽广的流域和丰富的水源养育了现在中国三分之一的人口，这里绝对是世界上养育人口最多的地区，黄河、恒河和湄公河等大

朱熹重整的岳麓书院（上图）和供奉屈原的楚辞轩（下图） 绕过朱熹无法讨论中国哲学，而绕过屈原则无法讨论中国诗歌。

三星堆青铜纵目面具

河所养育的人口都不及长江众多。对于这片广袤的土地，笔者感觉应当多花些笔墨在上面，以后我们会不断地提到长江，在此，我们先来了解一下长江的大概风貌。那么，首先让我们坐上飞机，从天空中俯瞰发源于青藏高原，流经洞庭湖的长江水段，然后从洞庭湖换乘船只，沿着长江顺流而下，向东方悠然自得地游览一番吧。

从青藏高原到四川盆地

大自然有时候会产生一些奇妙的变化，我想这大概是由于造物主厌倦了自己所创造的寻常世界吧。青藏高原东部的地形以南北绵长的褶皱为特点。喜马拉雅高原地带的板块和东部低洼的板块相互碰撞，产生了这些褶皱。既然山峰是南北走向的，水便也顺着这些山谷南北流淌。发源于青藏高原的水流最初是向着南方奔腾的，然而大自然又给这南北流淌的水流加入了一些变奏。

三星堆博物馆　三星堆的发现极具历史意义，它证明蜀地曾经有自己独立的文明。

　　形成长江的水流之中，位于最西面的是金沙江。刚离开青藏高原，金沙江就流向了南方，然后在云南省丽江附近又开始向北流淌，经过几番曲折迂回之后，金沙江再次流向东方，因为这里南北走向的山脉给它留出了一条向东流淌的通道，而这条通道十分狭窄，以至于距它不过几十公里远的江河都无法向东流淌，而是流向了南方。

　　金沙江向东流去，在它更东面的江河命运便已经确定。江河是无法相互跨越的，比如大渡河和岷江。每到春天，大渡河解冻的河水会形成春汛，每到夏天，大渡河又会形成漩涡，水声隆隆。岷江则流经成都平原，为数千万人提供水源，然后汇入长江。大渡河和岷江都是从北边流过来，江入长江而后向东流淌。南北走向的山峰为这些江河留出了一个狭窄的缝隙，而这些江河就顺着这些狭窄的缝隙向东流去，这似乎是造物主有意为之的结果，可谓造化天成。

　　从四川盆地开始，长江便无法回避春秋战国的历史了。至少在商代末期，四川盆地就存在着一种可以与中原的青铜器文明旗鼓相当的文明。在这里发现的三星堆的青铜文明，虽然存在着一些与商朝文明交流的痕迹，但它与其他中原文明有着明显的差异，极具独创性；而且，周武王在攻打殷商的时候，也曾经提到过这些民族的名字。

可是到了战国时代，这些地方都沦为秦地。秦国而非楚国掌握了蜀地，对春秋战国的版图产生了深刻的影响。战国后期，秦国的说客张仪屡次大肆宣扬，说从蜀地乘舟而下，一夕之间便可以占领楚国的郢都。楚国曾经为控制长江上游的少数民族下了不少功夫，这种局面是楚国不愿意看到的。实际上，张仪的话并非空穴来风，秦国在岷江上修建了都江堰这一大型水利工程。等到秦国吃着蜀地的粮食、乘着蜀地的舟楫平定楚国之时，就是张仪一语成谶的瞬间，那么楚国也就气数已尽了。

长江经四川盆地继续向东流去，就出现了一条长长的峡谷，这就是三峡。三峡东西两侧分别是大巴山和大娄山，它们在长江边上向东弯曲，就像是被长江水的力量挤压着的鱼笼一样。至少在三国时代，三峡附近的山坡上还平静地生活着一些民族，他们没有受到任何外部力量的干扰。长江流经三峡以后，江水就遇到了江汉平原，而江汉平原正是楚国的摇篮。对于这片楚国的摇篮、今天的荆州一带，笔者将在下一个段落进行陈述，现在就让我们往东去洞庭湖看一看。到了洞庭湖，我们就需要换乘船只了，乘船游览比从天空中俯瞰能够感受到更多的东西。

从洞庭湖到黄海

离开洞庭湖，在去往武汉的途中，我们会经过赤壁，这便是著名的赤壁之战的古战场。曹操的北方军队将荆州收入囊中以后，准备继续东进，而周瑜在鄱阳湖操练的水军则准备西进，他们在赤壁狭路相逢，展开激战。再往东一点，就到达武汉了，长江和汉水在这里交汇。江边雄壮地屹立着一座黄鹤楼，它传承了楚地楼阁的传统，登上

长江（上图）和三峡（下图）

黄鹤楼 不知楚灵王的章华台是否也是这般模样?

盘龙城遗址 它与商代文明的直接关系受人瞩目。

从庐山顶俯瞰鄱阳湖 如果没有鄱阳湖，庐山只不过是一座稍微高一点的山罢了。

黄鹤楼，我们可以眺望到长江的雄姿。汉水在武汉汇入长江以后，长江的气势就更加磅礴了。武汉自商朝便承担着重要的作用，在武汉附近的盘龙城遗址中出土的文物与商朝宗族的遗物几无二致。几乎可以断定，这一地区曾经发挥着商族南方据点的作用。随着历史的演进，东方越来越重要，今天的武汉已经成为一座比荆州大许多的城市。战国时代楚国势力范围曾扩大到长江中游以外，将吴越之地全部收入囊中，此时，武汉地区就成为连接荆州和长江下游的枢纽。因此，在这一地区，发现了许多大规模的战国时代楚国贵族的陵墓。

楚国为什么要呕心沥血地东进呢？当然，最大的原因应当是东面有辽阔的处女地，但是，另外一个原因也是无法忽视的，那便是铜矿。楚庄王说把楚国矛上的铜尖折下来，就足够铸成九鼎，这并非虚言。楚国的战船从武汉向东挺进，来到黄石的铜矿区。从湖北

复原的寿春城 楚国最后的堡垒。

黄石绵延至江西九江的山地上，铜矿遍地都是。湖北大冶的铜绿山是现存最大、最古老的挖掘及冶炼铜矿的遗址。春秋末期，吴国和楚国为争夺这一地区决一死战，其原因也与铜矿不无关联。在古代，铜矿实际上是比黄金更加珍贵的资源。黄金可以用来制作装饰品、首饰，而铜却可以铸造成兵器、大车和农具。因此，在古代铜被称为"美金"。

离开铜绿山，从幕阜山脉中出来，我们就会看到九江这座城市。九江的东南，有中国最大的淡水湖——鄱阳湖。在古代，这片湖泊被称为彭蠡泽，古代文献记载，"昔者三苗①之居，左彭蠡之波，右

---

① "三苗"是与《尚书》里所出现的诸多古代中原民族相对的名称，并非哪一民族的特指。"三苗"的"三"不是确数，而是指很多民族。大体上来讲，在以中原为标准指称南方的民族时会使用这一名称。

洞庭之水"，原来在大别山和幕阜山之间，生活着许多少数民族。到楚庄王时代，东部地区越来越受到楚国的重视，这一地区开始受到瞩目。

鄱阳湖与洞庭湖介于伯仲之间。李白有诗言"天门中断楚江开"，形容的就是长江流经山脉地区抵达九江之后豁然开朗的样子。这句诗仿佛也在描述历史事实。沿着长江顺流而下的楚民族对于此地土生土长的老百姓来说，看起来也许就像断开天门下凡的神人一样吧。鄱阳湖也和洞庭湖一样，吸纳了无数河流，它是一个天然的水库，可调节长江的洪水。每当水位上升，长江的水就会流进鄱阳湖。鄱阳湖的西岸庐山耸立，以秀丽、悠然的风景为傲。《史记·货殖列传》里，关于衡山、九江和长沙等地风俗的描写，与西楚的风俗十分相似。因此，至少到汉代时，洞庭湖到鄱阳湖的这一段区间已经完全属于楚国文化圈了。

经过鄱阳湖以后，长江开始流向东北方向，江水的流速也缓慢了许多。等江水完全流出大别山以后，北面就出现了一大片的平原。这片平原经过淮河流域的各个地区，延展至华北平原。楚庄王的誉满天下的名臣孙叔敖将这一片地区打造成了楚国的沃野平畴。孙叔敖出生于楚国边境的安徽省，他成为令尹之后，着手修建水利设施，尤其是在寿春（现在的寿县）。在被秦国追赶的最后关头，楚国曾经将这里作为自己的都邑。孙叔敖曾在寿春修筑堤坝，将这里变成了一片便于灌溉的良田沃土。孙叔敖在这里修建的水库，大概是中国历史上最悠久的水利设施了。由此来看，楚国并没有单纯地用蛮力霸占新的地区，而是为这些地区注入了经济活力。战国时代，楚国在完全占领了淮河东面、南面的土地以后，将这一地区纳入了楚国的文化范畴。司马迁在《史记》中曾经将楚地和越地放在一起描述。

　　　楚越之地，地广人稀，饭稻羹鱼，或火耕而水耨，果
　　蓏嬴蛤，不待贾而足，地埶饶食，无饥馑之患，以故呰窳

偷生，无积聚而多贫。是故江淮以南，无冻饿之人，亦无千金之家。

上文是司马迁对楚国之东的有趣描述，那么楚国之北又如何呢？

沂、泗水以北，宜五谷桑麻六畜，地小人众，数被水旱之害，民好畜藏，故秦、夏、梁、鲁好农而重民。

司马迁将楚国的东南和西北进行了对比，东南物产丰富，人们反而不懂得储蓄。当然，司马迁的分析太过笼统，有可能不够准确。这必定是司马迁通过各种资料，发现战国末期楚国虽拥有辽阔土地，却完全没有得到施展，最终灭亡，因此而得出的结论吧。在这里，司马迁将初步的环境决定论和历史嫁接在了一起。总之，长江不同于黄河，长江沿岸诞生了完全不同于北方文明的楚文化。以后我们会更进一步探讨司马迁的分析，围绕南北文化的差异对比展开论述。

经过南京，长江水面更加辽阔，对岸也只能依稀看到。至于江水东流，最终如何汇入大海的问题，笔者将在下文吴楚越艰苦卓绝的斗争中进行描述，在此不再赘述。总之，楚国完全占领了长江一带，从汉水之螭蛟，化身为长江之龙。毫不夸张地说，中国的历史是发祥于黄河，成就于长江的。

4. 楚都郢

最后，我们要到郢地去看一下，并结束对楚国地形的考察。在楚国迁都寿春之前的数百年的历史中，郢地一直维持着楚国都城的地位。

郢，其实就是我们所熟知的荆州江陵，我们无法确知楚人究竟

楚都郢的遗址 这里已经变成一座破败的堤防，成了一片公共墓地。

纪南城水闸 坐落在平原之上的纪南城为了方便运输物资，而将水流引进了城内。

荆州城

是何时将郢定为都城的，不过我们所知道的春秋时代的大部分事件都是在楚国定都郢地之后发生的。

　　现在的荆州依然留有楚都纪南城的遗址。纪南城所处的位置可以避开长江泛滥的洪水，呈正方形，完全是一座平原都城。由于江汉平原上没有山，楚国只能在平地上修建城池。通过碳–14年代测定法来计算纪南城的古井，发现其大约可以追溯到公元前530年，那么现存城池的历史也应该超过2500年了[①]。据《汉书·地理志》的记载，楚文王时期楚国迁都至郢，也许当时的郢和今天的纪南城地区并不完全吻合，但大概也在纪南城的附近区域。

　　纪南城修建得易守难攻。城墙的南北有长江和汉水阻隔，城墙的四周围绕着长长的水路。很明显，纪南城依照地势修建了城墙，

①　郭德维著，《楚都纪南城复原研究》，文物出版社，1999年。

城墙的地基很宽，这也是它的特点之一。因为气候潮湿，城墙版筑的痕迹很多都已经损毁了。

纪南城最特别的要数它的水闸了。纪南城之所以将水流引进城中，其目的必定是很实用的，即方便运输物资，这也再次向我们证明了楚国与水之间的密切关系。在这里，水路太多，使用牛车搬运物资并不方便，因此他们决定用船运送。从楚国首都所在的地形来看，船只比战车运行起来更加方便。从防御的层面来看，纪南城可谓春秋时代的铜墙铁壁。

到了战国时代，楚国的都城发展成一座繁华的商业中心。纪南城以东的湖泊如九曲羊肠一般连接着长江和汉水。随着水的地位越来越重要，城市越来越向水靠近，现在的荆州城直接建在了长江的岸边。

《三国演义》的主人公之一诸葛亮对荆州（楚国都城郢）表现出了格外的执着。在著名的《隆中对》中，诸葛亮指出了荆州四通八达的地理特点，称荆州为"用武之地"。三国时期以后，南北朝时期的荆州是南方国家军事首领镇守的地方。这完全模仿了楚国的战略，即以汉水为防御基地，沿长江东进的策略。

然而，在登陆作战和步兵作战普及以后，荆州的防御功能就弱化了。除非是从天上飞行，否则军队很难顺利通过依山而建的城池，依水而建的城池则并非如此。占据上游的国家在水战之中十分有利。战国时代的秦国在掌控了汉水和长江上游（汉中与蜀地）以后，荆州的处境就岌岌可危了。

本书将要探寻的时间是公元前7世纪末至公元前6世纪初，那时楚国正威风八面。在这一时期，荆州只不过是楚国的一个门面，还不是什么危险地带。下面，大家就把郢（荆州）这个地名牢牢地铭记心中，然后和笔者一起去看一下春秋时代的第三位霸主楚庄王和他的儿子，是如何在这片尚武之国的土地上使用武力，并引领楚国这个大国前进的吧。

第 2 章

楚庄王登场之前的天下形势

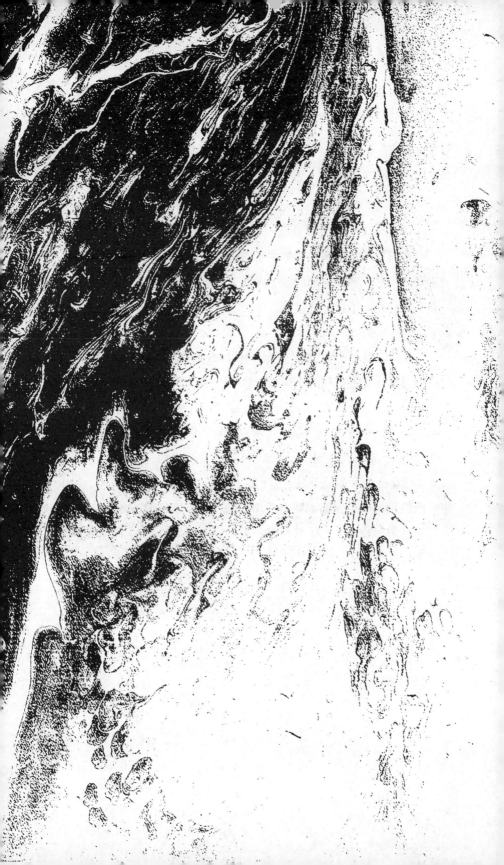

在邂逅本书的主人公楚庄王之前，让我们首先来看一下当时的形势。当时，春秋初期的霸主齐国力量削弱，晋国正发挥着中原领导人的作用。不过，这时南方又出现了楚庄王这一号人物，重新确立了春秋诸国的秩序。

　　今天，我们很难将国内政治和国际政治完全割裂开来，在古代，它们的界线更加模糊。中国人通过历史的经验，领悟到将国内政治和国际政治区分开来，对于政权的稳定大有裨益。儒家的"修身齐家治国平天下"的理念是通过对现实政治长时间观察得出的结论。在没有实现治国的情况下，平天下是不可能实现的。

　　楚庄王之所以能够成为春秋时代的第三位霸主，是与他对国内外政治形势的敏锐的洞察力分不开的。为了更好地理解这一过程，我们首先来看一下楚庄王出现之前，春秋诸国的状况。既然我们第三个故事的主人公是楚庄王，那么我们就从楚国开始吧。

1. 楚穆王守成

《史记·楚世家》中用 43 个字准确地描写了楚穆王在位 12 年期间（前 625—前 614）的所作所为，内容如下：

> 穆王立，以其太子宫予潘崇，使为太师，掌国事。穆
> 王三年，灭江。四年，灭六、蓼。六、蓼，皋陶之后。八年，
> 伐陈。十二年，卒。

这段文字很好地表现了司马迁对楚穆王的态度。楚穆王是楚庄王之父，他就是弑父篡位的商臣。楚穆王登上王位之后，任用自己的左膀右臂、政变同谋潘崇为政。因此，无论是从人性的角度还是从政治的角度上来说，楚穆王都是一位极其有问题的人物。

但是，楚穆王也做了几件令人瞩目的事情。首先，我们来注意他灭六国、蓼国的这一段文字。六国和蓼国是现今河南省东南部和安徽省一带的国家，它们位于大别山的北部。楚国为什么要关注这

些国家呢？这件事看似简单，实际上却是楚国的里程碑，它告诉我们，楚国的政策已转向东进，而非北伐。至于楚国的政策忽然转向东进的原因，我们以后还会讲到。总之，楚穆王在楚国东进政策的初期，是取得了一定的实际性成果的。

其次，我们需要注意的是楚穆王任用了潘崇主持国家事务，这个人在楚庄王时代也会继续登场。对于潘崇究竟是一位怎样的人物，我们不得而知，但他似乎拥有一种令人无法忽视的政治实力。众所周知，楚国自斗伯比以来，掌握令尹（宰相）之位的一直都是若敖氏的子孙，如斗伯比的儿子斗谷于菟、斗谷于菟的弟弟成得臣（子玉），以及斗勃。楚成王命成得臣率领若敖氏的军队独自作战，失败以后，他又命令成得臣自杀谢罪，其实是因为他一直对若敖氏宗族而言过于强大而存有戒心。楚穆王与潘崇虽然无法与齐桓公和管仲相比，但基本上是以齐桓公和管仲为榜样处理国内事务的。管仲也是当时的名门望族，力压高氏和国氏执政国家；只不过，管仲并没有使用暴力，而是用自己的政治力量平定了国内的局势，而楚穆王则企图用武力打压豪门巨族。这种政策对后来的楚庄王也产生了影响。楚庄王不仅完全压制住了豪门巨族的旧势力，更能任人唯贤，排除旧贵族的影响，起用了不少能臣。

下面就让我们以《左传》的记载为中心，简单地整理一下楚穆王时期发生的事情。

首先，楚穆王着手攻打并迫使楚国的宿敌郑国向楚国请和，他的父亲楚成王曾在城濮之战败给了晋文公，但楚穆王不肯承认这是整个楚国的失败。穆王八年（前618），楚国的谋臣范山向楚穆王谏言："晋国国君年少，心意不在于称霸诸侯，北方可以图谋。"

楚国的军队终于打败了郑国，俘获了郑国公子坚，郑国只能与楚国讲和。以晋国为中心，由鲁、宋、魏、许等国参与的北方联军虽说前来救援郑国了，但他们根本没打算与楚军开战。因此，郑国再次沦落到楚国的势力范围之内。

同年夏、秋，楚国再次攻打陈国，战争的结果一胜一负，但陈国慑于楚国的威力，释放了楚国战俘，并与楚国讲和，这个结果正中范山下怀。

同年冬天，楚穆王派遣斗越椒出使鲁国，目的仍在于牵制晋国。在这里，楚国使臣必定见到了西方的秦国为攻打晋国而向鲁国派出的使臣，但历史上并没有留下相关资料，笔者推测，此时秦楚之间可能已经有了密约，而这份密约马上就会发展成公开的结盟。

斗越椒这位历史人物是斗氏家族的宠儿，斗谷于菟的侄儿，其父是担任司马一职的子良。但是，斗越椒非常狂妄自大，没有能够忠实地履行使臣的职责。鲁国的叔仲惠伯曾经这样预言若敖氏的将来："此人必然会给若敖氏带来灭族之祸。斗越椒对他的先君傲慢无礼，神灵是不会降福于他的。""对他的先君傲慢无礼"的意思是说，斗越椒作为一名使臣却对鲁国君主傲慢不敬，这等同于对自己的先君傲慢无礼。之后斗氏一族的未来与楚国的命运休戚相关，我们需要关注一下这个人物。

站在若敖氏家族的立场上来看，楚国王室对他们的打压实在是很委屈的。城濮大战之时，成得臣在孤立无援的状况下战败，被成王赐死，斗勃则在楚穆王还是太子的时候被他诬陷而死[1]。在楚国日渐强盛的过程中，若敖氏一族功劳赫赫，却公然遭受打压，若敖氏颇为不满。因此，若敖氏的反击在情理之中。

斗宜申曾在城濮大战中率领左军出战，城濮大战楚国战败以后，斗宜申本打算与中军元帅成得臣一样引咎自缢，恰遇带着楚成王赦令的使者赶到，阻止了他的自杀。战后，楚成王任命他为商公。商密这个地方原来处于汉水上游，后为楚国所占领，与秦国接壤。经历了各种波折之后，斗宜申的心里愤愤不平，他拼了性命去战斗，

---

① 斗勃因商臣（后来的穆王）的凶狠而讨厌他，并反对将他立为太子。后来斗勃在与晋国的战斗过程中进行战略性撤退时，商臣向成王进谗言："斗勃接受了晋国贿赂，所以退兵"，斗勃于是含冤而死。

回来以后却被人像罪人一样对待，十分委屈；而且楚穆王还在不停地打压若敖氏，于是他便筹划着报复。他在商密瞅准了机会，计划沿汉水而下，逆长江而上，然后偷袭郢都。结果，楚穆王却在渚宫俯视着他的一举一动。渚宫的楼台很高，在这里可以将江边发生的事情看得一清二楚。斗宜申发现自己所图之事不成，于是辩解道："臣免于一死，但有谗言说臣将要叛逃，故而臣回来，要接受司败（楚国的司寇）的判决再死。"

然后，楚穆王便又任命他为工尹（楚国的司空）。但后来，斗宜申居然又与子家谋弑楚穆王，这次楚穆王提前得到了消息，在斗宜申举事之前就把他杀了。

对于上面的记载，笔者并不尽信。关于斗宜申的陈述，史书上有详细的记载，相信应该是事实。但至于斗宜申究竟有没有打算谋弑楚穆王，笔者却不能确信。因为楚穆王这个人本性阴险，极有可能预先捏造了这一事件，也有可能是因为疑忌斗宜申，想除掉他罢了。楚穆王之前也曾经污蔑、杀死了反对立自己为太子的斗勃，他在杀死政敌这件事情上是非常凶残的。重要的是，楚穆王在牵制若敖氏的子孙上很是下了一番功夫。

为了重振楚国旧日的雄风，楚穆王的尝试一直没有放弃。他联合蔡国攻打宋国，但战争还没有发生，宋国就迅速地向楚国投降了。于是楚穆王率领着郑国君主、宋国君主、麇国君主田猎，对于这些小国的君主来说，这实在是奇耻大辱。在这次田猎过程中，楚穆王命宋昭公携带取火工具，但宋昭公违抗了他的命令。然后，担任楚国左司马的申毋畏以昭公违命为由，鞭笞他的随从以示众。有人责备他不应该羞辱一国之君，申毋畏声称："我按照司马的职责办事，怎么能回避强横之人呢？《诗经》里说，刚强的东西不吐掉，柔软的东西不吞掉，又说，不要放纵狡诈的人，以使放荡的行为得到检点，这都是在说不避强横，我不敢因爱惜自己的生命而放弃职守。"

这段记载向我们呈现出楚国严明的纲纪，但同时也如实地反映了当时其他国家的君主所遭受的耻辱和感受到的恐惧。不知是否由于太过恐惧，麋国的君主在会盟途中就逃回了本国。为此，楚国立刻发兵讨伐麋国。第二年，成得臣的儿子——令尹成大心——和潘崇接连讨伐麋国。麋国是一个小国，位于楚国的西北方，现在湖北省十堰附近。

次年，楚国又占领了巢国。根据杜预的注解，巢国位于庐江附近，位于今天的巢湖一带，似乎与群舒诸国毗邻，其民族不明。楚国进入了这些地区，在东方的政治舞台上掀起了不小的风浪。在这些地区的东面，是越族一脉创立的吴国。

只要掌控了这一地区，楚国就可以向东方攻城略地，而不必绕行遥远的北方了。只需要沿着长江顺流而下，然后靠岸登陆就可以了。春秋初期楚国的攻打路线不是特别明确。不过到了战国时期，长江的水路比陆路更加便捷，因此军需物资都是通过水路向东、向西运输的。楚国的东进究竟会在哪里止步，是环绕在楚国周围的诸个小国关心的头等大事。

因此，楚穆王虽说是用背弃人伦的方式攫取了政权，但他对楚国的领导还是值得称道的。

2. "夏日骄阳"赵盾执掌晋国

在城濮之战和崤之战之后，晋国成了中原霸主，但晋襄公死后，晋国经历了一连串内乱。幸而有赵衰之子赵盾的存在，乱政很快得到了平复。

晋文公成为霸主的功臣首推狐偃，其次当属赵衰。因此，晋襄公让狐偃的儿子狐射姑担任中军大将，让赵衰的儿子赵盾担任中军副将。可阳处父原是赵衰的部下，他支持赵盾，私自调换了中军大将和副将的位置。为了平息狐射姑的抗议，阳处父辩解道："赵盾是贤能之人。任用贤才对国家有益，因此我让您辅佐他。"

于是，赵盾代替狐射姑掌管事务。果然，此人的能力毫不逊于其父赵衰，甚至比他的父亲更加严厉，而且他做事还非常重原则。他"制事典，正法罪"，补充和完善了原有的法律条文，使赏罚量刑有了明确的客观标准可循；"辟狱刑，董逋逃"，昭雪沉冤积案，监督缉拿逃犯，稳定社会秩序；"续常职，出滞淹"，选贤任能，赋职任事，罢免那些庸才和政绩平平的官吏。

通过这段记载，我们可以看出赵盾是一位优秀的法家人才，引进了严苛的统治方法。赵盾采用这种办法，在阳处父和贾佗的帮助下，管理国家各项事务。

在这种情况下，公元前621年晋襄公薨逝，由于太子年幼，赵盾有了发挥其政治实力的第一次机会。晋国朝堂之上，对继位之事议论纷纷。首先，执政者赵盾提出了自己的方案："立公子雍为君吧。公子雍乐于行善而且年长，先君晋文公很宠爱他；而且他还和秦国亲近，秦国是晋国的老朋友。能安排良善之人，国家就巩固，立年长之人就名正言顺，立先君所爱就合于孝道，结交旧日友邦，国家就会安定。"

可是狐射姑的意见却有所不同："不如立公子乐。他的母亲辰嬴受到两位国君的宠爱，立她的儿子为君，百姓必然安定。"

赵盾反驳道："辰嬴低贱，位次排第九，她的儿子又有什么威严呢？而且辰嬴为两位国君所宠幸，这是淫荡；作为先君的儿子，公子乐不能求得大国而出居小国，这是鄙陋。母亲淫荡，儿子鄙陋，就没有威严；陈国（公子乐所在的国家）弱小而且距离遥远，有事不能救援，国家怎么能安定呢？由于国君的缘故，公子雍的母亲杜祁让位给逼姞而让她居于自己之上；又由于交好狄人，杜祁再次让位给季隗而自己居于她之下，所以位次排第四。先君因此宠爱她的儿子公子雍，让他在秦国做官，官至亚卿。秦国强大而且距离近，有事足以救援。"

赵盾就派先蔑和士会（又被称为士季、随会、随季、随武子等）

到秦国迎回公子雍。但狐射姑也有自己的想法，他本来应当居于赵盾之上，如今屈居赵盾之下，已然十分不满，他不想在公位继承的问题上再次输给赵盾；因此，狐射姑也派人到陈国召回公子乐。围绕着公位继承的问题，士大夫之间展开了权力斗争。

赵盾派人杀死了公子乐，狐射姑也派人杀死了赵盾的朋党阳处父。因为阳处父在整编军队的过程中，私自调换了中军大将和副将的职位，才导致了这种状况的发生。可是，晋国的大权已经落入了赵盾的手中，狐射姑无奈之下只得亡命翟国。就这样，赵盾最大的政敌消失了。后来，赵盾也没有深究此事，还派遣昔日狐氏的家臣臾骈将狐射姑的家人和家产送到了翟国。

秦国接受了赵盾的要求，而且派出了很多部队护送公子雍回归晋国，因为秦康公想起了以前送归晋文公的时候，发生了吕省、郤芮叛乱的事情①。但是，晋国在此时却发生了一件出其不意的事情。晋襄公的夫人、年幼太子夷皋的母亲穆嬴每天到朝堂上哭闹，与赵盾评理："先君当初用手捧着这个孩子托付给您，对您说，'这个孩子如果将来成材，我就敬受您的恩惠；不成材的话，我就算死也会怨恨您。'如今国君尸骨未寒，他的话语还萦绕在耳畔，您却要背弃他，您说怎么办？"

赵盾十分为难。无依无靠的穆嬴若是有个三长两短，必定会动摇民心，而且支持穆嬴的人还有可能会发动叛乱。于是，赵盾决定背弃公子雍而改立太子夷皋为国君，他就是晋灵公。可是，出使秦国的使者先蔑和士会，以及现在正在回国途中的公子雍该怎么处置呢？

赵盾食言之后，迅速采取了相应的措施。首先，他预见日后的事态，认为公子雍的众多护从是一个很大的问题，因此，赵盾为了阻止这些人，召集了军队，并亲自担任中军大将出征。他说："我们

---

① 亡命于秦国的重耳（文公）回国之时，晋惠公的宠臣吕省、郤芮看到重耳的护卫比较少，就发动了叛乱。

如果接受秦国护送的公子雍，那么秦军就是我们的宾客；如果我们不接受，那么秦军就是我们的敌人。现在既然我们决定不接受他了，如果军队行动迟缓，秦军就会用武力强制我们接纳公子雍；我们如果先发制人，就会在心理上压倒他们，这是行军打仗最好的谋略。像追捕逃犯那样驱逐仇寇，这是打仗最好的策略。"

说完赵盾就整装军队，连夜出发，在令狐这个地方先发制人地袭击秦国的护卫军。敌人败走，但赵盾并没有停止追击，而是将其全部歼灭后才班师回朝。

在这种混乱的局面之下，先蔑和士会的处境就十分为难了，他们已经有国难回，只能逃亡秦国。赵盾一开始准备拥立公子雍，后又反悔，这本身是不明智的，但是他把后来的事情处理得十分干净利索。不过，秦晋两国之间的关系也因为这次变故更加决裂了。

后来，赵盾接受郤缺的建议，归还了一部分从卫国和郑国略夺来的土地，这是赵盾的政治策略，他希望借此事件，可以拉拢一些诸侯国来巩固自己的地位。郤缺是这样劝他的："以往卫国不肯顺从我们，我们因此占据了他们的土地以示惩戒。如今对方已经臣服了，就该归还给卫国。不讨伐背叛之人，就不能彰显大国的威严，不安抚服从之人，就不能显示大国的德行。为什么不让归顺我们的人歌颂您呢？"

就这样，赵盾逐渐积累政治力量。《左传》中记载了第三者对赵盾的评价。狄族潞国的执政者酆舒问在翟国灭亡之后亡命到狄地的狐射姑："赵衰和他的儿子赵盾谁更贤明？"狐射姑说："赵衰是冬日暖阳，赵盾是夏日骄阳。"

狐射姑对二人的评价十分明确，但我们要注意的一点是，赵衰父子二人都是太阳，大约赵盾比赵衰更加严厉，狐射姑才有此论。在赵盾执政时期，晋国依然保持着强大的国力。

3. 秦国远交近攻的策略

国家之间的敌对往往并不仅仅是因为"眼前的利益计算"，很多时候都是有历史根源的。崤之战决定了秦晋之间激烈的对立关系。崤之战以后，秦晋两国之间的不信任已经无以复加，这种不信任持续了几个世纪。

但是这次，秦国护卫着公子雍回晋国，却又遭遇了晋军的袭击。当然，秦国原本也可能打着介入晋国内政的如意算盘，但这次战争毫无疑问是晋国违背了约定。从秦国的立场上来看，这次挨打简直是太冤枉了。因此，他们立即进行了两次报复性攻击。不过，比起军事上的攻击，秦国在外交战上下了更多的功夫。秦国制定了一个长期的战略，前文我们曾经提到过斗越椒曾礼节性地访问鲁国，这次，秦国又要礼节性地访问鲁国了。《左传》是鲁国的史书，仅记载了与鲁国相关的历史事件，但是通过这些事件，我们也可以充分地推测出当时的状况。秦国还试图与齐、楚两国进行交流，总之，《左传》很充分地描写了当时的这些状况。

秦国派遣西乞术出使鲁国。众所周知，西乞术是蹇叔的儿子，秦国的重要人物。他来到鲁国，宣称秦国要讨伐晋国，并且还带来了美玉作为友好的表示。掌管鲁国外交的东门襄仲（公子遂，以后将左右鲁国的政治）却坚辞不受。他说："贵国国君没有忘记和先君的友好，光临鲁国，对我们进行镇定安抚，十分厚重地赠给我们宝物，寡君不敢接受这样珍贵的玉器。"

然后，西乞术回答说："这器物不成敬意，不值得辞谢。"

主人辞谢了三次，西乞术劝说道："寡君愿意在周公、鲁公这里求取福禄来侍奉贵国国君，一点微薄的礼物，派遣下臣致送给执事，作为祥瑞的信物，相约友好。我根据寡君的命令，希望两国之间能缔结友好的关系，因此才敢致送。"

据《史记》记载，蹇叔本是宋国人，因此他的儿子也理所当然地深谙东方的礼节。襄仲对于西乞术的人品十分赞赏。他说："如若没有这样的外交人才，能治理国家吗？秦国虽地处偏僻之地，却并不鄙陋。"然后襄仲便用重礼回赠给西乞术。

当时，鲁国和郑国都唯霸主晋国马首是瞻。在西乞术出使鲁国没多久，鲁文公就礼节性地访问了晋国。虽然他此次出访的目的是重申晋鲁之间的同盟关系，但更多的原因是慑于晋国的威力。在回国的路上，他遇到了郑国的国君，他们相互感叹彼此的遭遇。郑国拜托鲁国帮助调和自己与晋国紧张的邦交关系。然而，鲁国的季文子无奈地回答道："寡君也没能够摆脱这种尴尬的处境啊。"

通过这一段记载，我们便可以知道与晋国缔结盟约的各个国家是何等的饱受折磨了。就这样，秦国利用晋国和周边小国之间的嫌隙，稳扎稳打地准备报崤之战和令狐之战的仇。秦国的远交近攻后来又出现了多种变奏，当时为了攻打晋国，秦国所选择的盟友正是楚国。

4. 北方狄族的衰退

这一时期，天下发生的另一个重大变化就是北方狄族势力的弱化。尤其是狄族与鲁国以及其他中原国家进行的一系列军事作战都以失败而告终，这一点起到了决定性的作用。后来，春秋时代的发展逐渐围绕中原展开，晋国开始采取"以夷制夷"的办法。比起管仲提出的"以中原联合军攻打夷族"，这是一种狡猾的蜕变。首先我们来看一下狄族与鲁国、狄族与晋国、狄族与齐国的对决。

狄族的支脉"鄋瞒"先攻打了齐国，接着又攻打鲁国。他们攻打齐国和鲁国的目的，究竟是土地、家畜还是粮食、百姓，这些我们都不得而知。只不过，他们挑选在冬季作战，由此看来，应该是鄋瞒内部粮草供应的情况不太好。鲁文公进行了占卜，要根据卦象来判断是否应该迎击鄋瞒，卜筮的结果显示为"吉"。

因此，鲁国组织了战车部队，派遣叔孙得臣乘坐四人一辆的战车领兵出征。根据《左传》的记载，之前宋国与长狄作战时，也是四人共乘一辆战车。为了对抗更多敌人的步兵，便增加了战车搭乘人员的数量。战斗开始以后，鲁国果然取得了胜利，俘获了鄋瞒的首领侨如。后来，与叔孙得臣共乘一辆战车的富父终甥用戈刺穿了侨如的咽喉，杀死了他。鄋瞒的势力究竟有多强大我们不得而知，但是，从鲁国的立场来看，这几乎是对狄族作战取得的第一场胜利，值得纪念。

齐惠公二年[①]，齐国俘获了焚如的弟弟荣如，魏国俘获了他们最小的弟弟简如，最后，晋国灭潞国的时候，俘获了侨如的弟弟焚如，长狄的鄋瞒这一脉最终被灭绝了。当然，俘获了他们的首领，并不意味着这一民族就会如鸟兽散，但狄族的力量毫无疑问地被削弱了。

楚庄王即位以前的国内外形势大致如此。楚穆王坚持不懈地努力，以擦除楚人在城濮大战中失败的记忆，他同时还在国内采取了打压巨族的策略。晋国由赵盾秉政，在修明法度的同时，他也为维持晋国的霸主地位下了不少功夫，秦国依然在为向晋国复仇而厉兵秣马。另外，一直令黄河流域冀、鲁中地区诸国都感到头疼的狄族一脉灭亡，这下中原势力终于可以稍微松一口气了。这些都是春秋战国的舞台逐渐围绕中原国家铺开的信号。南方楚国的一位君主在这种情况下登上了历史的舞台，他就是春秋时代的第三位霸主——楚庄王。

---

① 即公元前607年。《左传》中记载为"襄公二年"，但这个时间与这件事情基本上相差了100年，因此，《史记》中记载的"惠公二年"才是比较准确的。

第3章

楚庄王即位

——一鸣惊人的大鹏

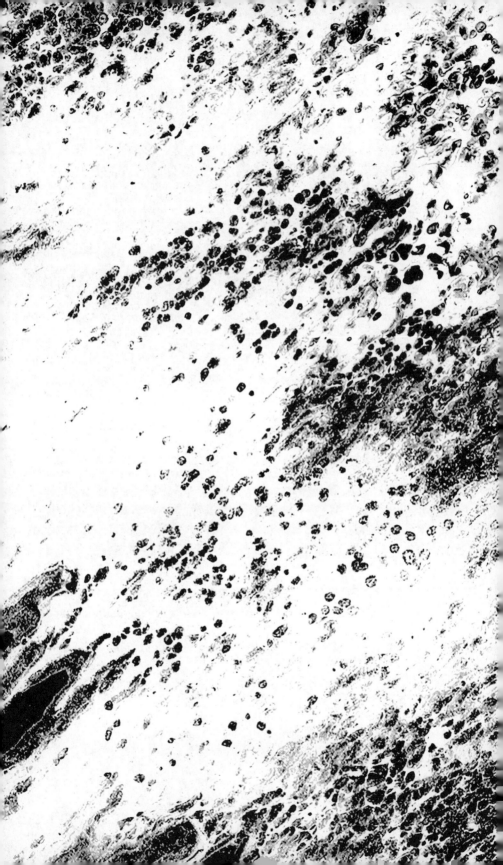

1. 三年一鸣的大鹏

楚庄王即位时（前613），楚国内部的形势波诡云谲。楚国的疆域拓宽以后，在封地割据的巨族威胁着王权。王权与巨族之间的斗争在楚穆王时代就已经很激烈了，到了楚庄王刚继位的时候，甚至威胁到了他的人身安全。因此，楚庄王刚登上历史舞台，就为我们上演了一段脍炙人口的故事。

楚庄王即位三年间，不发出任何号令。他只是日夜笙歌，寻欢作乐，还在国内宣布了王命："胆敢劝谏者，杀无赦。"有一天，伍举进宫准备劝谏，看见楚庄王左边搂着郑姬，右边抱着越女，坐在钟鼓之间。伍举进谏说："有这样一个谜语。楚国山上，有一只大鸟，一停三年，不飞也不叫，这是什么鸟？"楚庄王听了之后回答说："这可不是一只普通的鸟。这种鸟，不飞则已，一飞将要冲天；不鸣则已，一鸣将要惊人。你退下吧，寡人明白你的心思。"①

——————————

① 这是《史记》里描写楚庄王出现的场面。

又过了好几个月，楚庄王沉湎于声色犬马的生活却愈演愈烈，于是，大夫苏从又来劝谏，楚庄王这次大发雷霆："你难道不知道寡人下的禁令吗？"苏从说："只要大王能够听我的意见，我就是触犯了禁令，被判了死罪，也是心甘情愿的。"于是，楚庄王终于停止了沉湎于声色犬马的行为，开始着手处理政务。政务开展伊始，他就处死了数百人，新任用了数百人，将政务托付给了伍举和苏从，国人因此都很高兴。①

各历史文献对此事的记载虽稍有不同，但它们都告诉我们，楚庄王正式行使权力的过程并不平坦，并且过程中还掀起了一阵血雨腥风，这些文献还都形象地刻画出了楚庄王左拥右抱放荡不羁的一面。楚庄王留下了许多与女人相关的轶事，后文中还会提到一些。

那么，这只大鹏鸟为何三年不飞呢？

（接上页）伍举是春秋末年成就吴国霸业的伍子胥的祖父。而《史记》中的记载似乎有误。《左传》中，出现了好几次关于伍举的记载：他曾在公元前548年流亡郑国，公元前538年被派出使秦国。由此来看，在这些事件发生的60—70年前，伍举不可能已经成为楚国有名望的人物。这个故事在《韩非子》《吕氏春秋》里也有记载，进谏人的名字各不相同。《韩非子》中的记载是"右司马御座而与王隐（右司马御和大王对坐，提出了一个谜语）"。从文体来看，《吕氏春秋》应当是引用了历史最悠久的记载，里面的说法是"成公贾入谏（成公贾进来劝谏）"。在笔者看来，《吕氏春秋》的记载应当是最为准确的，成公贾和右司马御也有可能是同一人。

① 《韩非子》里增加了如下的故事细节。

　　楚庄王说："三年不动翅膀，大鸟将因此羽翼丰满；不飞翔也不鸣叫，大鸟将因此观察民众的行为准则。虽然它没有飞翔，飞起来必然会直冲云霄；虽然它没有鸣叫，叫起来必然会惊天动地。先生，你放心吧，我知道你的用意了。"就这样过了半年，楚庄王便亲自处理政事。所废弃的法令有十条，所兴起的事情有九件，惩处大臣五个，提拔读书人六个，且邦国治理得很好。

2. 中央和地方，巨族和王权的冲突——楚庄王绑架案

楚庄王即位是在公元前613年，他刚一上任就遭遇了让人纳罕的绑架事件。

前文已经交代过，前任楚穆王时期的政策可以总结为东进和王权强化。当时，潘崇忠实地履行了这一政策。楚庄王上位时，潘崇正在远征群舒和蓼国。潘崇在出征时，将都城的守卫任务交给了公子燮和斗克。此时，发生了一件对楚国未来影响深远的重要事件。

在仔细考查此次事件中的登场人物之前，我们首先来了解楚国的一项特别的制度，这项制度成为带动楚国强大的火车头。

最初，楚国无论是从物质方面还是文化方面都比中原落后很多，它之所以能够迎头赶上，是由于楚国特有的进取精神和吸收能力。据记载，沿用至今的"县"的制度，就肇始于楚国。西方的秦国也实行了与楚国相似的制度。这是在一个国家的地方设置封建领主的制度，县的首长称为"公"。根据周王朝的"分封制度"，除了周朝以外的国家首领才称为"公"。可是，楚国竟然僭越地将一县之首称为"公"。不过，楚国的一个县，就相当于一个小国。楚国在吞并一些弱小国家之后，就会在那里设县。比如，楚国灭申国以后，任命"申公"，灭息国以后，任命"息公"。就这样，楚国将自己占领的领土变成了县，在那里设置军事据点，不断扩张领土。楚国的疆域比其他国家辽阔，江河沿岸的道路时断时续，不利于战车的移动。因此，楚国的这些特点决定了在地方设置军事据点的便利性。

秦国的很多地方则和楚国不同。春秋时代，秦国拥有最强大的中央集权的军事制度。孟明视和西乞术曾侍奉多位君王，掌握了军权，秦国的军队在出动时，军队的中央司令官和君主都是一起行动的。军队行动的出发点就是秦国的都城雍城。秦国的军事行动类似于游牧民族的行动。对于游牧民族的军队来说，司令官是极其重要

的。君主是否出征，将左右着战争的结果。虽然游牧民族的军队也有左军、右军、中军的体制，却没有设立增强地方防御和给养的据点。

楚国的行动方式就大不一样了。楚国将占领的国家，用作地方的军事据点。如果军队从中央出发，那么申公和息公就会在途中负责给养，还会集结士兵整编成军队。比如，城濮大战之中的核心战斗力就是斗氏一族若敖氏的军队和从申县、息县遴选出来的士兵。因此，成王在命令败军之将成得臣自杀时这样说道："申和息（失去儿子的）的老人们怎么办呢？"攻击时如此，防御时也是如此，楚国会在边境迎敌。据说，齐桓公率领着联合军抵达楚国的时候，楚国也是以长城和汉水为防御带来与他们进行决战的。后来，楚国也没有接受扩建都城的建议，而是选择在边境伏击敌人。因此，后来吴国攻打楚国时，楚都郢瞬间就陷落了，楚国品尝到了失败的滋味。

所有的制度的创立都受到当时历史条件的制约。楚国比中原更早设县，并将它们作为地方据点，因而得以迅速扩大领土。齐国等东方各国，则主要依靠中央都城，基本上没有什么扩张领土、前进防御的对策。因此，楚国的行政制度与他们的相比是很优越的；并且，相对于北方晋国将所灭国家以封地的形式赏赐分封给功臣，从而压迫新纳入晋国的地方人民的残酷体制，楚国的这种制度是很稳定的。晋国之所以会分裂为韩、赵、魏三国，也是因为在地方有封地的家族，左右着中央权力，最终分割了晋国。然而，楚国的"公"则和镇守地方的地方官类似，他们与春秋末期晋国那些以地方为根据地、左右着中央政权的卿大夫是很不同的。但是，楚国也未能像西方的秦国那样形成强有力的中央，并让郡县成为隶属于中央的行政区域。在地方行政方面，楚国的制度应当是介于中原各国和秦国之间的。

春秋时期强大国家的中央和地方关系

	中央的君主权力 / 贵族权力	地方的贵族权力	地方的行政体制
楚	若敖氏一族灭亡后，王权一直压制贵族，王室（公子、公孙）人物掌握着中央权力。	给地方官仅次于弱小国家君主的"公"的称号，或是用中央政治长官令尹的名字，赐给他们"尹"的称号。	县属于封建领地和地方行政、军事组织的中间形态。（土地虽不能世袭，但在位期间，其长官可以享受与封建领主类似的地位）。
秦	君主要随行参加战斗，在各个国家之中，秦国君主的权力是最强的。执政扮演着君主代理人的角色。	不详，据判断应当很小。	继楚国之后，设郡县，郡县是行政、军事组织，隶属于中央权力。
晋	晋国虽然最为强大，却是集团领导体制。六卿制度确立以后，六卿的势力超越了君主的权力。	六卿的家臣掌握了地方城邑。	地方的城邑接受包括六卿在内的各贵族的统治，被纳入了封建领地。以军事目的修建的城郭城市单独存在。

　　让我们再回到楚庄王即位初期的绑架事件上来。这次的问题就源于在楚国扩张过程中设置的郡县。若敖氏一族的斗克，趁着楚庄王手握实权的大臣出征，图谋发动叛乱。

　　让我们看一下在此次事件中登场的人物。斗克何许人也？他也是若敖氏的后人，斗谷于菟的孙子、申公斗班的儿子。楚成王时，他担任申公一职，曾与屈御寇一同在商密和秦军作战。这场战斗发生在晋文公即位的第二年（前635）。众所周知，秦穆公的野心是想向东扩张，可是晋国却顽强地挡住了秦国东征的道路；而且，当时秦穆公和晋文公关系友好，秦国便采取了迂回的策略，为了向东扩张领土，秦国便去攻打楚国领地东南方的鄀国（都城商密）。

　　此时，秦国的军队想出了一个诡计。他们先是包围了商密，然后又掘地歃血，把盟书放在上面，假装和斗克、屈御寇盟誓。商密的人非常害怕，说："秦军已经占领析地了！楚国的戍卫背叛了我们！"于是他们就向秦军投降了。而斗克、屈御寇却对此事完全不知情，孤立无援的他们最终为秦军所俘虏。后来，秦晋之间的关系因崤之战而极度恶化，秦国决定将斗克和屈御寇放回楚国以示和解，他二人因此才能够回到楚国。

经历了各种波折才得以回国的斗克，与公子燮合谋，趁着潘崇和令尹成嘉（子孔，成得臣之子）东征的机会，发动叛乱。他们在郢都设了防御线，然后派刺客杀害成嘉，但最终失败了。因此，他们计划挟持着刚刚登基的楚庄王逃往斗克的根据地商密。不过，二人在途中经过庐地的时候，被庐大夫戢黎和叔麋所诱杀。

据《左传》记载，斗克以为是自己的功劳让秦楚达成了和解，然而自己却没有得到应有的待遇，因此极为不满，而公子燮想当令尹，却未能如愿，因此怀恨在心，于是二人合谋发动了这场叛乱。不过，我觉得原因没有那么简单。前文已提到过，以商密为根据地的斗宜申被楚穆王以叛乱的罪名处死，这次又是担任申公的斗克因为引发叛乱而被杀。斗克是若敖氏，而成嘉也是若敖氏，想来子孙众多的若敖氏一族内部也正在发生着权力的争斗。像商密这种军事据点的长官，都会在世袭的过程中把地方经营成自己的根据地。

常言道："用人不疑，疑人不用。"当时，若敖氏一族是楚国王权的代表，随着楚国权力派系之间的矛盾日益尖锐，楚成王和楚穆王在用权之时，都表现出了自相矛盾的一面。楚成王向城濮大战中失败的令尹成得臣问责并杀死了他，却又紧接着任命他的部将斗勃和成大心为令尹。众所周知，斗勃和成大心都是若敖氏一族的人才，尤其成大心，是成得臣的儿子，他虽然十分尽忠职守，但不可能忘记杀父之仇。而斗勃在楚穆王还是太子的时候，就受其诬陷而死。后来，就连曾想因战败而引咎自杀的斗宜申也被楚穆王以叛乱的罪名赐死了。因此，楚王在任用若敖氏一族人才的同时，并不能完全信赖他们，还接二连三地除掉他们。这种事情的不断反复——即任用之后又将其剪除的恶性循环，让若敖氏对楚王产生了极度的不信任。趁着本国军队出门远征的间隙，居然有人虎视眈眈地想要占领都邑，这极端地呈现出了当时楚国内政的动荡不安。

楚庄王知道，先王不为各巨族所信任；特别是，潘崇从父辈楚穆王时代就掌握着实权，树敌颇多。刚登基就遭遇绑架的楚庄王不知道自己究竟应当信任谁，也很难知晓怎样才能树立王权威严。因此，他才三年没有发布政令。在无法识别敌我的情况下，在权力得到巩固之前，楚庄王才选择佯装沉迷于酒色，行为举止像一个傻瓜。

等待了三年之后，他终于分清了敌我，了解了民心。时机一旦成熟，他便积极行动了起来。他一举将要驱逐的人驱逐干净，并一举起用了打算任用的贤才，真不愧是雷厉风行的楚庄王。从这一刻开始，南方就出现了这样一位武力雄健的君主，展开了属于他的舞台。有句话说："大智若愚，大巧若拙"，下面就让我们来看一下沉默了三年的楚庄王是如何发挥他的政治才能的。

3. 第一次飞翔——让风雨飘摇的楚国坚如磐石

在楚庄王即位第三年，也就是他开始亲自处理政事的时候，楚国再次遭遇内忧外患。首先，楚国遭遇了一场大饥荒，周边列国以为楚国没有抵抗之力了，便蜂拥而起攻打楚国。

楚国西南方的戎族势力揭竿而起，向东攻打楚国。《左传》中虽然将他们记载为"戎族"，但它们应该不同于西北方的戎狄，而是其他的民族。另外，东南方的国家也纷纷纠集队伍造反，楚国正值多事之秋。

在此时造反的诸多国家之中，势力最强的要数庸国。庸国位于今天湖北省的竹山一带，当时是楚国的附庸国，与秦国接壤。据《尚书》记载，庸国曾跟随周武王攻打殷商，并建功立业。现在我们要到竹山去的话，需要乘坐大半天的大巴，因为它位于秦岭深处山岳地带的盆地之中，可见庸国地势险要。庸国人对楚国的统治久有怨恚，他们率领着西北各民族向楚国举起了反抗大旗。另外，麇国也率领着百濮等各民族打算攻打楚国。麇国的位置与庸国类似，人们习惯于把楚国西南方的民族称为百濮，但据推测，这份记载里的百濮指的应当是位于楚国西面山岳地带的各民族。

在这种紧张的形势下，楚国的申和息两县都紧锁北门，严阵以待。同时，部分楚国人建议将都邑迁到阪高去。阪高似乎就是我们记忆中《三国演义》中张飞吓退曹操大军的当阳长坂坡。"阪高"原本之意就是"高地"，应该是一个山中要塞。如果阪高就是当阳，那么距郢都应当比较近。他们的想法大概是，暂时先搬到那里去，以山为屏障与敌军作战，如果还是不行，那就撤退到申县和息县。

但是，楚国司马芳贾却极力反对迁都。他说："绝不可以搬迁到那里。我们能去，戎寇也能去。不如出师讨伐庸国。麇人与百濮族以为我方饥荒无力出师，故此侵扰我们。若我军挥师出战，他们必定望风而逃。百濮族分散而居，一旦他们各自跑回自己的家乡，哪还有心思顾得上别人？"

楚庄王采纳了芳贾的意见。于是，楚军出师反击，大概过了十五天，百濮族就如鸟兽散了。但楚军并没有就此止步，他们打开地方仓库，赈济受灾百姓，军士也与民同食，英勇抵御进犯的敌人。大家还记得之前斗克绑架楚庄王时，救出楚庄王的戢黎吗？楚庄王又命戢黎领兵攻入庸地，楚庄王也亲自抵达庸国的都城。与此同时，庸国对楚国的先锋部队进行了还击，还俘获了楚将子扬窗，幸而子扬窗在三夜后趁乱逃了回来。

子扬窗逃回来以后说："庸军虽然兵多，不过是一群乌合之众，我们不如再派大军，并起用大王的卫兵，合力进军攻打他们。"

师叔潘尪说："这不可行。如果双方再次相遇，你要诈败以助长他们的嚣张气焰，对方一旦骄躁，必然会疏于防备，而我方强压怒火，士气大涨，一定可以克敌制胜。先王楚厉王蚡冒就是这样征服陉隰的。"

后来楚军又与庸军相遇，七次碰面均诈败而逃。因此，庸国的军队便开始掉以轻心，仅派出部分轻蔑楚军的联盟宗族在深入追击，对于楚军的部署毫无防备。他们自以为："楚军根本不是我们的对手。"

此时，楚庄王乘驿站快马，与作战的楚兵在临品会师，然后兵分两路。其中一路由斗越椒率领，走石溪水道，另外一路由子贝率领，走仞山小道，前去偷袭庸国；并且，楚军还请援秦军、巴军一同作战，降服了诸群蛮族。庸国的西北为秦包围，南面为巴国包围，东面为楚包围，走投无路。最终，楚庄王率领着包括诸群蛮族降兵在内的联合军队，彻底灭掉了庸国。

在这场战争中，楚国充分地展示出了自己的实力。首先，楚国军队可以迅速地在攻击和防守之间切换。当时的楚国并不擅长依靠城池被动作战，而是擅于直接抓住敌人的弱点进攻。其次，楚军很懂得区分谁是主要敌人或者帮凶。我们在读中国历史的时候，经常会听到"胁从"二字。

所谓的"胁从"就是指被胁迫而随从别人参加叛乱的人。虽然他们参加了叛乱，但一般都会被原谅。实际上，我们根本不知道他们究竟是为人所迫，还是为了追逐自己的利益而参加了叛乱。但是，王朝不可能将那么多人全部处死，便替他们想出了"胁从"的借口，好对他们网开一面；尤其是针对异族的时候，这个词汇经常会用到。近代，清朝在远征蒙古的时候，为了打赢心理战，便放出了"胁从不究"的政策，而最先应用这一战术的便是楚庄王。楚国"胁从不究"的传统，为中国从一个狭小的中原国家演变成今天的大国发挥了重要的作用。楚国对"蛮夷"的宽大处理，对楚国的东征事业也大有裨益。

《左传》在叙述完这一事件以后，做了如下总结：

群蛮从楚子盟，遂灭庸。

楚庄王确实是一位可以亲御战车，进行战场冲锋的勇士。但他
更懂得，必须发挥楚国的政治力量才能取得战争胜利的道理。面对
内忧外患的形势，楚庄王反而将其视为扩张国力的契机，他的这种
政治才能日后得到进一步发挥。攻击主要的敌人，剩下的只要小惩
大诫即可；最大限度地发挥地方军队的力量；在战争中，比起武力俘
获俘虏，更注重让他们主动屈服：这些都是楚国政治军事方略的一些
特点。

第 4 章

乘风破浪时机成熟

楚庄王扭转了战争局势，鹏鸟终于腾空而起，而且气势冲天。楚庄王雄起以后，北方和东方的国家都十分恐惧。然而，仅靠个人的气度是不能成就霸业的。要成就霸业，首先应当具备有利的客观条件，并且君主要拥有敏锐的政治眼光，有效利用外部条件，把握有利时机前进。在对政治的敏锐程度方面，楚庄王稍逊于晋文公，他没有晋文公的工于心计。但是，他能够把握住事物的关键，并且拥有强烈的个性和韧性。在我们叙述楚庄王逐鹿中原之前，我们首先来看一下当时的客观条件是怎样的，对楚庄王有何益处。

1. 在大国夹缝中疲惫不堪的小国

首先让我们来想象一下春秋时期诸侯国之间的理想关系。从小国的立场上来看，如果大国以仁德为基础执掌会盟的秩序，他们会觉得舒服一些。因为他们可以从大国获得财物，并且依靠大国的权威来稳定国内政治。然而会盟从一开始便不是那么理想。实际上，会盟表面上标榜以和平为宗旨，本质上却是靠武力来说话。最初，管仲在管理会盟秩序的时候，还保留了一些理想成分。但在管仲辞世几十年以后，会盟的秩序已经完全变质，沦为一种封建剥削。我们可以通过《左传》和《史记》的记载来印证弱小国家对会盟的不满。

由于宋昭公暴虐无道，甚至连他的祖母，宋襄公的夫人王姬（周襄王的姐姐）都讨厌他。相反，宋国公子鲍形貌昳丽、风度翩翩，宋国发生饥荒时，公子鲍就把粮食全部拿出来施舍给灾民，因此，他在宋国的名望很高。王姬也有意与公子鲍私通，但公子鲍不肯。即便如此，王姬依然向公子鲍频献殷勤。

王姬讨厌自己的孙子，而又爱慕公子鲍，于是她计划了一个阴谋，准备在宋昭公围猎时乘机刺杀他，然后拥立公子鲍为君。猎场是古代阴谋家掩盖罪行最为完美的场所。终于，在宋昭公前去打猎的这一天，这个老女人主使卫伯去刺杀宋昭公。

实际上，宋昭公在去围猎之前就已经知悉了王姬的阴谋。因此，他出行时带上了全部金银财宝。此时，担任司城之职的荡意诸劝宋昭公说："您为何不逃到其他诸侯那里去呢？"宋昭公叹息道："寡人得不到自己的卿大夫、君祖母以及人民的信任，诸侯谁肯接纳我？况且寡人已经做了君主，再去做别人的臣下，还不如死了好。"然后，宋昭公把他携带的金银财宝悉数赐给左右随行人员，遣散了他们，自己则选择了死亡。

经历了这些波折之后，公子鲍继位，是为宋文公。据《左传》记载，宋昭公的死是由于其残忍无道。但是，从宋昭公最后的行为来推测，他似乎并非那么残忍无道。现在我们已经无法得知，究竟他是真的很残忍无道，还是他那位为情欲迷了双眼的祖母看错了。但是，前文我们曾经提到过，作为一位弱小国家的君主，他曾经做过楚穆王出猎时的帮手，甚至其部下还因此遭受鞭笞。

那么，当时以春秋霸主自居的晋国，对宋国之事又当如何处理呢？晋国应当为宋国拨乱反正。因此，晋国的荀林父率领卫国、陈国、郑国的军队，对宋国施压。可是，他们最终却承认了宋文公已经继位的事实，然后便打道回府了。晋国的行为证明，虽然它以卫道士的身份自居，但其实是追逐实利的伪善者。实际上，无论宋国发生任何事情，都跟晋国毫无关系。只不过，在退兵之后，晋国再次打着稳定宋国的旗号，在扈地举行了诸侯会盟。这次会盟真正的目的就在于，在不采取实质性军事行动的前提下明确晋国的霸权，震慑其他的诸侯国。

但在这次会盟之中，晋灵公却没有接见郑穆公，因为他臆断郑国有二心，已经倒向了楚。从郑国的立场上来说，这实在是奇耻大辱，但这种行径也让晋灵公在众人面前暴露出了自己的拙劣。因为晋国以霸主自居，却任意怀疑没有过错的国家，不予接见他们的君主，这在当时来说，实在令人难以心平气和地接受。

因此，郑国的执政大臣子家（王公贵族，名归生）向晋国的执政大臣赵盾发去公函表示抗议。这份函文写得悲切而惨烈，可看作一封宣战檄文，其主要内容是：

> "寡君即位三年，召蔡侯而与之事君。九月，蔡侯入于敝邑以行，敝邑以侯宣多之难，寡君是以不得与蔡侯偕，十一月，克减侯宣多而随蔡侯以朝于执事。十二年六月，归生佐寡君之嫡夷，以请陈侯于楚而朝诸君。十四年七月寡君又朝，以藏陈事。（中略）以陈蔡之密迩于楚，而不敢贰焉，则敝邑之故也。虽敝邑之事君，何以不免？在位之中，一朝于襄，而再见于君，夷与孤之二三臣，相及于绛。虽我小国，则蔑以过之矣。今大国曰：'尔未逞吾志。'敝邑有亡，无以加焉。古人有言曰：'畏首畏尾，身其余几？'又曰：'鹿死不择音。'小国之事大国也，德，则其人也；不德，则其鹿也。铤而走险，急何能择？命之罔极，亦知亡矣。将悉敝赋以待于鲦，唯执事命之。文公二年，朝于齐；四年，为齐侵蔡，亦获成于楚。居大国之间而从于强令，岂有罪也？大国若弗图，无所逃命。"

子家的字里行间都恳切地阐明了弱小国家的处境，不愧是历史名篇。同时，文章中还有一些果决的言辞，透露出一股威胁的意味：如果你们胆敢再无理挑衅，我们将不惜与你们一战，并完全倒向楚国。从晋国的立场上来说，霸主的地位已经岌岌可危，本来就不想与郑国为敌，不是说"兔子急了也会咬人"吗？于是，狡黠的晋国以与郑国互换人质为手段来安抚了郑国。

当时的鲁国不仅要忍受齐国的折磨，还要被迫接受晋国的支使，处境与郑国类似。只不过，郑国夹在晋楚两大强国之间，处境更加艰难，受到的伤害更大。本来军队行动一次就很困难，可郑国军队却要时时刻刻地听任调遣。另外，陈国的物资匮乏，晋国却也没有像齐国称霸时那样为弱小国家提供援助。相反，他们即便为晋国效劳，还是会受到晋国无端的猜疑。从这一点上来说，楚国反而没有那么可恶。从郑国的立场上来说，只要楚国诞生一位值得信赖的君主，那他们随时都可以背叛晋国。

作为霸主，晋国的行动有些自相矛盾。两年之前，鲁国遭受齐国侵犯时，作为盟主的晋国曾经筹划召集诸侯援助鲁国，但后来晋国接受了齐国的贿赂，便再也没有什么行动了。在这次为讨伐宋国而召开的扈地会盟上，晋国对宋国并没有采取什么实质性的行动，反而对参与会盟的诸侯做出了无礼之举。于是，郑穆公就坦言："晋国是无法与之共事的。"

所以，楚庄王能够北进的首要条件便是，位于缓冲地带的弱小国家开始动摇了。

2. 暴虐的晋灵公意图谋杀执政大臣

宋国刚刚发生内乱之时，赵盾就请求晋灵公立刻派兵镇抚，可是晋灵公却不怎么情愿。《国语·晋语》中记载了他们之间的对话。

灵公："这并不是晋国的当务之急。"

赵盾："世间最大的是天地之间的关系，其次是君臣之间的关系，这是一种明确的规定。现在宋国人杀了自己的国君，这是违反天地人伦的事情，一定要遭受上天的惩罚。晋国作为盟主，如果不替天行道，恐怕祸患就要降临了。"

赵盾的回答可谓十分尖锐。晋灵公很不情愿地听从了赵盾的谏言，但依然对派兵这件事心怀不满。最后，晋国的军队虽率领诸侯出征了，但并没有采取什么实质性的军事行动，因为军队的主帅都明白君主的心思。

我们再来了解一下晋灵公和赵盾之间的矛盾。起初，赵盾是反对年幼的灵公继位的，晋灵公不可能不知道这一点，因此他从内心讨厌赵盾；而且，灵公虽然年幼，但性情却很暴虐。暴虐之人如果感到恐惧，就会在内心产生一种极端的憎恶。当时，赵盾是执政大臣，掌握着晋国的实权，年幼的晋灵公无法忍受他事事都要对自己进行劝谏。在执政大臣和君主之间的冲突如此激烈的情况下，晋国在压制楚国发展的战略方法上就更为捉襟见肘了。

在楚庄王正在积聚力量时，晋国又发生了一次混乱。

天性凶恶之人虽然很罕见，但人类之中的确有这样的人，晋灵公就属此类。他大肆搜刮民脂民膏，把宫室装饰得金碧辉煌。他从高台上用弹弓射行人，以观看他们惊恐躲避的样子取乐。

有一次，一位厨师没有把熊掌蒸烂，晋灵公一怒之下便把厨师杀死，并将他的尸体放在筐里，让宫女们抬着丢到外边。经过朝堂时，赵盾和随会看见筐里露出的死人手，大为惊骇。他们打算规劝晋灵公，随会阻止了赵盾，并表示由他去劝谏。随会觐见了晋灵公，并恳切地进行劝谏，然后灵公回复说："我已经知道自己的过错，正打算改正。"

晋灵公虽然表面上答应了，但依然我行我素。耿直的赵盾再次劝谏晋灵公，这次晋灵公决定下黑手，派刺客锄麑刺杀赵盾。锄麑一大早就潜入了赵盾家，只见卧室的门户敞开，当时赵盾已穿戴好礼服准备上朝，由于距离上朝时间还早，赵盾正和衣坐着打盹儿。锄麑看到赵盾的这副模样以后，不敢再有刺杀之心，悄然退了出来，感叹说："这种时候还不忘记效忠国君，真是百姓的靠山。杀害百姓的靠山，这是不忠于国；背弃国君的命令，这是失信于君。忠信不能两全，我还不如一死了之！”

说完，锄麑就撞死在赵盾庭院的槐树上。这段故事可能有美化的成分，但通过它我们可以知道，作为春秋时代的贵族，赵盾的表现确实能成为当时的楷模。晋灵公将晋国推向了这样混乱的局面，这是楚庄王一飞冲天的第二个条件。

3. 难以修复的秦晋关系和齐国的齐懿公之乱

秦晋关系融洽的时候，发生了商密和城濮大战，楚国大败。但是，在崤之战以后，秦晋关系极度恶化，再加上后来晋国因公位继承问题，与秦国发生了令狐之战，秦晋关系到了无法挽回的境地，秦晋之间的你进我退如今已是常态。但是，晋国要维持自己的霸权，就必须和秦国和解。因此，晋国的赵穿想出了一个计策。而此时楚庄王正打算以郑国为基础北上。赵穿说：“我去攻打崇国（关中的一个小国，是秦国的附属国），秦人必然会去救援崇国。我们就以崇国为要挟，逼秦国与我们结盟。”

这条计策看起来实在浅薄，秦国对此毫无反应，反而更加坚定了报复晋国的决心。实际上，每次楚国对晋国采取军事行动的时候，秦国都做好了随时呼应楚国的准备。后文我们也将会看到，楚庄王利用郑国攻打宋国之时，秦国就攻打了晋国的焦地。秦晋的恩怨和晋楚的对立交织在一起，对日后的事态发展产生了各种有形或无形的影响。

下面我们再来看一下齐国的情形。楚庄王继位第二年，齐懿公继位。他继位的过程不仅违背人伦，就连他最后的死也是一样的荒诞不经，原因除了君主个人品性的问题，还有很多其他问题。齐国在失去霸主地位以后，一直到战国时期恢复强国地位之前，已经没有了什么远大的视野，逐渐沦为一块软骨头。下面我们就依次来看一下齐懿公的粉墨登场、对外政策和最终结局。

齐懿公名商人，是齐桓公之子，齐昭公的弟弟。齐桓公薨逝以后，他也参与了争夺公位的斗争，虽然以失败告终，却一直没有停止对君权的觊觎。因此，他散尽家财，收买管理国库的官吏，进而笼络民心。后来齐昭公薨逝，其子舍即位。公子舍的母亲本就不受昭公宠爱，故而舍虽然已经登上君位，却没有得到朝中大夫们的支持。在这种情况下，公子商人便杀死了孤立无援的侄儿，然后又虚情假意地与自己的兄长元（后来的齐惠公）推让君位，但公子元早就洞悉了商人的想法。他说："这件事你已经胸有成竹了，我也可以侍奉弟弟为君主。大家都希望你能当君主，你不可以让他们寒心，你如果不想让我为难，那么就请你当君主吧。"

于是，商人自立为君，史称齐懿公。齐懿公即位以后，首先做的事情就是侵犯弱小的邻国。他首先去攻打了鲁国，因为他觉得晋国不可能染指鲁国之事。接着，他又去攻打和鲁国邦交友好的曹国。于是，鲁国便向盟主晋国求援。晋国便集结了宋国、卫国、许国、郑国、蔡国、陈国、曹国的军队，准备讨伐齐国。齐懿公便迅速地向晋国行贿，晋国拿了贿赂以后，就没有采取讨伐齐国的行动。齐懿公在继位后的第二年和第三年都对鲁国发动了侵略战争。

国家之间的冲突本来是难免的，但战争会消耗国力，因此战争必须有明确的目的。齐国出师无名，只知道乘虚而入攻击别人，被逼上绝路之后又行贿赂之事，这些行动都表明齐国已经失去了远大的目标，处理事情时只顾贪恋眼前的蝇头小利。笔者猜测，齐懿公大约是想通过对外的这些行动，消除国内外的不安定因素，借机给支持自己的人一定的物质补偿。最终，鲁国向齐国求和，齐国也接受了鲁国的请求。从这一点来看，齐懿公并没有想要侵占鲁国土地的明确想法。然后，鲁国派出了东门襄仲出使齐国，以表示对齐国接受和解的感谢。回到鲁国之后，东门襄仲准确地指出了事情的本质。《左传》里记载了东门襄仲向鲁文公禀告出使齐国情形的过程。

"下臣听说齐国人将要吃鲁国的麦子。据下臣看来，他们恐怕做不到。齐国国君的话极不庄重。先代大夫臧文仲曾说过：'老百姓的国君如果说话不庄重，必然很快就会自取灭亡'。"

　　东门襄仲的意思就是，齐懿公作为君王，却说一些极其浅薄的谎话，他的命不久矣。虽然，齐懿公本身年事已高，但他的死却跟年纪没有关系。齐懿公之前曾有目的地施恩予人，但那些不过都是一些伪善的举动罢了，刚一即位他就原形毕露。

　　齐懿公为公子时，与邴歜的父亲争田①失败而怀恨在心。等到懿公即位以后，邴歜之父早已死去，懿公于是挖开死者的坟墓并砍断了他的脚，又把邴歜安排为自己的车夫来奴役。另外，见到阎职有一位貌美如花的妻子，懿公便把他的妻子强行纳入宫中恣行淫乐，而任用阎职担任骖乘（国君出行时随从于两侧和后方的马车谓之骖）之职。

　　夏日，齐懿公和他们出行至申池，在洗澡时，邴歜不知为何打了阎职。阎职大为恼火，辱骂邴歜。邴歜便讥讽道："别人把你的妻子给抢去了，你居然也不生气，打你一下算什么，你竟忍不了了？"阎职也不甘示弱："你的父亲被掘尸断足，而你却在这里没心没肺地给人当下手，你又怎么样呢？"

　　说完以后，二人都感到羞愧难当，于是他们齐心协力杀死了齐懿公，并将尸体抛入竹林，回来以后置酒痛饮，然后逃之夭夭②。这一结局对于伪君子齐懿公再合适不过了。

―――――――――――

① "田"有可能是土地或者狩猎的意思，因此，他们既有可能是争夺田地，也有可能是争夺猎物。

② 上面的故事主要是以《左传》为中心组织而成的。但是，在《史记·齐太公世家》里，两人的名字不是邴歜和阎职，而是丙戎和庸职。据说庸职的妻子很美。

齐国因为失去了目标而随波逐流，这对楚国也没什么坏处。齐懿公薨逝之后，齐惠公即位。齐惠公就是一开始拒绝继承君位的公子元，由此可知，他是一个比较温和的人，年纪也很大了。我们暂时不能对东方的强大齐国抱有什么期待了。

　　楚庄王实力大增之时，齐国的实力并不能和南方（楚国）或者西方（秦国）相提并论。而楚庄王很好地把握了当时的政治形势并制定了这样的一个计划，即将已经与晋国关系破裂的秦国视作亲密的同盟，而将齐国视为关系相对疏远的友邦，征讨那些位于黄河以南、站在晋国阵营的国家。现在，楚庄王大展宏图的时机已然成熟了。

第 5 章

乘风破浪的序幕

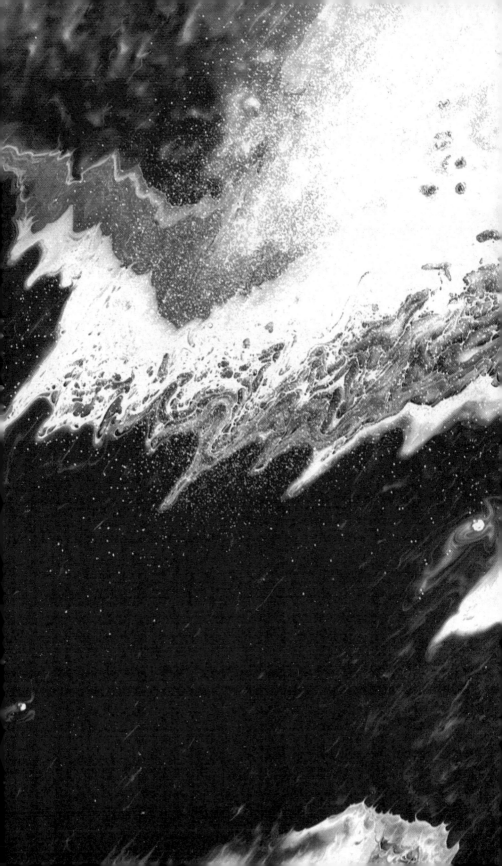

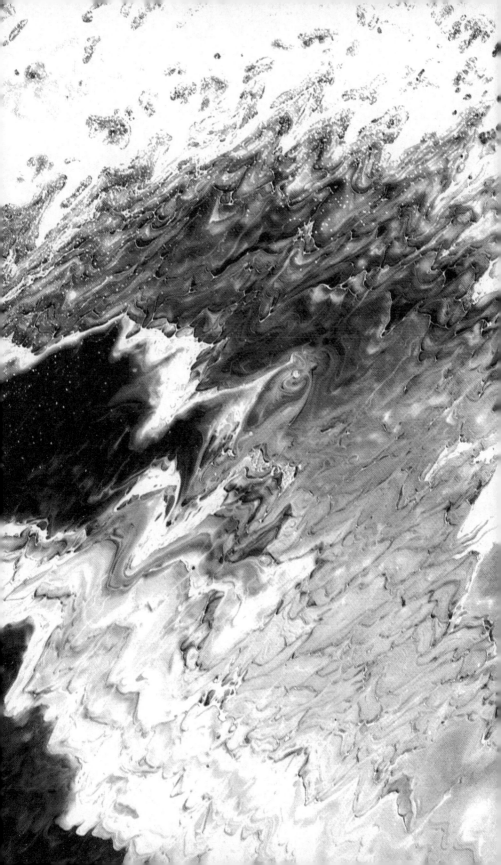

楚庄王一开始就有志称霸，他计划威胁北方的同时，东进扩张领土。因此，他首先制定了利用郑国来瓦解晋国联合势力的作战计划。对于晋国的无理要求，以及反复无常的举动，郑穆公早已疲惫不堪，最终倒向了楚国。郑穆公也是一位经验丰富的政治家，他凭直觉判断，晋国最终将会成为楚国的手下败将。

1. 令郑伐宋

公元前 608 年，楚国终于挥师北上。楚国第一个打击的目标是附晋的陈国，并顺道攻宋。

楚、郑联合军连续攻打了陈国和宋国以后，赵盾就联合诸侯攻打郑国，楚国的芳贾迎击联合军并大获全胜，俘获了晋国大夫解扬，赵盾因此被迫撤军。

后来，郑国奉楚国之命攻打宋国。祸不单行，秦国为报晋国攻打崇国的一箭之仇，便攻击晋国的焦地。楚国伐宋的原因在史书中没有明确的记载，可是从楚庄王日后的行为来看，楚国应当是代替晋国向宋国兴师问罪，因为晋国没有表现出霸主应有的德行。在这场战斗中，军纪散漫的宋军遭遇了惨败，下面我们就到战争现场去看一看。

郑国的归生（公子家）奉楚国之命进攻宋国，宋国的华元、乐吕率军抵抗。最终两军在大棘（位于郑国首都新郑到宋国首都商丘的连接线上大约三分之二的位置）相遇。

从一开始，两军对待这场战斗的态度就是不一样的。郑国冒险站在了楚国的一方，是绝对不能输掉战争的。因为他们知道，一旦战败就又要遭受晋国的折磨。相反，通过政变上台的宋文公的臣子们士气不足，尤其是指挥中军的华元，实际上只是一个只会纸上谈兵的将领。

战争一开始，郑国的军队就势如破竹。最终，华元被郑军俘获，乐吕战死。郑国还缴获了宋国的兵车460乘，俘虏士兵250人，歼灭宋军100人。

《左传》里详细地记载了宋国的军纪已经涣散到了何种地步。

宋国有一个叫狂狡的人迎战郑国军队，郑军士卒不慎落入田野的井坑中，狂狡倒过战戟让他们抓住戟柄爬上来，郑国的士兵从井坑里爬上来以后，接着就俘虏了狂狡。狂狡的举动是很善良的，但我们也不能指责郑国士兵，他们只是在遵守自己的军纪罢了。这个场面让我们想起了被楚成王击溃的宋襄公的"仁义之师"①。

出征之前，华元命人杀羊犒劳士兵，却没有分给他的驾车人羊斟，羊斟怀恨在心，等到作战的时候羊斟根本不听华元的指令。他说："昨天杀羊犒军的事由你做主，今天驾车作战的事由我做主。"然后，他故意把战车驱入郑军阵营，使华元被俘。

《左传》里诘难羊斟说"羊斟非人也"，但华元也一样应当受到批评。对于古代的战士来说，名誉和生命是一样重要的。作为为主将驾驶战车的人，羊斟却没有得到该有的礼遇，他的愤怒情有可原。

宋国决定用兵车100乘、毛色华丽的战马400匹去郑国赎回华元。兵车和马匹已经有一半进入郑国了，华元却自己逃回来了。这也是懦夫的行径，两国明明已经约定用物品赎回他，他自己却半途溜走，这实在可笑至极。日后华元在宋国玩弄权术，导致宋国产生无数弊病。当然，因为他经历丰富，所以也拥有一定的政治手腕。

---

① 宋襄公讲究"仁义"，要待楚兵渡河列阵后再战，结果被楚军击溃。这句话是在嘲讽一些明明没有什么实力，却偏偏要威风的人。

看到华元的为人处世，笔者想到了普鲁塔克记载的恺撒的故事。恺撒为海盗所俘，承诺将支付比自己身价高许多的财宝。在支付了赎金以后，恺撒就被释放了。接着，恺撒就剿灭了海盗，可以说他的行为和华元形成了鲜明的对比。

晋国的援军终于抵达宋国，摆出了帮宋国一雪前耻的架势。这时，楚国的斗越椒也介入了争端援助郑国。血气方刚的楚国大将斗越椒说："楚国既然想得到诸侯的拥护，难道会知难而退吗？"

然后，晋国的赵盾说："他那个宗族在楚国争权夺利，差不多就要病入膏肓了。今天暂且让他病上加病吧。"

斗越椒的确傲慢放肆，但目前楚国的所有举动都表现出了明确的一致性。郑国奉楚国的命令攻打宋国，如果晋国干预此事，那么楚国介入其中是理所应当的。相反，宋国本来很相信晋国，但赵盾此时却撤兵了，于是宋国的斗志一落千丈，因为赵盾相当于承认了晋国目前无法与楚国抗衡的事实了。

2. 赵穿弑晋灵公

楚国已成功拉拢了郑国，而晋国却没能够采取相应的对策，原因就在于晋国内部的局面日益艰难。当时，年幼却暴虐的晋灵公最终决定杀死赵盾。可是，在晋国受赵盾之恩惠的人太多了，看来赵衰没有白教育自己的这个儿子。

在楚国利用郑国伐宋的那一年秋天，晋灵公又想出了一条杀害赵盾的毒计。晋灵公请赵盾喝酒，事先埋伏好了兵士，准备杀掉赵盾。但赵盾的车右提弥明发现了晋灵公的阴谋，便走上殿堂。他说："臣下陪君王宴饮，酒过三巡还不告退，就不合于礼仪。"

这时候赵盾也发觉了晋灵公的阴谋，于是光着脚走下殿堂。晋灵公先放出一条恶狗来咬赵盾。提弥明徒手上前搏斗，打死了恶狗。赵盾边逃跑边喊道："抛弃贤人，使用恶狗，虽然凶猛，又有什么用？"遗憾的是，提弥明在与凶徒搏斗的过程中壮烈牺牲。这时，晋灵公的侍卫灵辄也提枪阻挡欲刺死赵盾的凶徒，赵盾趁机得以逃脱。

提弥明是赵盾的心腹，当然会帮赵盾，但灵辄为什么要拼死保护赵盾呢？原来，赵盾经常到首阳山打猎，住宿在翳桑。有一次，赵盾看见有人倒地，便问他："你生什么病了吗？"那人回答道："我已经三天没吃过东西了。"于是，赵盾便给他食物吃，但他只吃了一半，留下了一半。赵盾于是问他："为什么不都吃完呢？"那汉子回答道："我给别人当奴仆三年，不知道家中母亲是否活着。我离家近，请让我把留下的食物给她吃吧。"赵盾让汉子把食物吃完，另外又给他准备了一些饭和肉，让他带回家。此人便是日后成为晋灵公侍卫的灵辄。

此时，赵盾看到灵辄和晋灵公的侍卫相搏，边逃跑边问他："你为什么要帮我？"灵辄答道："我就是当年翳桑的那位饿汉子。"

有人说，有德行的人必不孤单，赵盾就这样在提弥明和灵辄的帮助下逃走了。在赵盾还没有逃出晋国的时候，就传来了赵穿弑晋灵君的消息。史官董狐在史书中如此记载："赵盾弑其君。"赵盾对此反驳说："弑君的赵穿，又不是我！"董狐回答道："您身为正卿，逃亡没有越过国境，回来后又不声讨叛贼，弑君的人如果不是您，又会是谁呢？"赵盾无奈，只能接受了史官的记载。对此，孔子评价道："赵盾虽是贤良的士大夫，却为了法度严明而只能接受恶名，只可惜他逃得不够远，要是他索性逃出晋国，就没有弑君的罪责了。"

在这种情形之下，晋国很难正面阻挡楚国北上的步伐。

3. 问鼎中原

在攻打完宋国的第二年，楚庄王又接着攻打了陆浑戎。在攻打完陆浑戎之后，又接着去了雒（洛水），在周王朝的王畿举行阅兵仪式。那么，我们首先来看一下，陆浑戎是何方神圣？楚庄王又为什么要攻打陆浑戎呢？我们可以从《左传》里找到关于陆浑戎的只言片语，但对于楚庄王攻打他们的理由却没有记载。下面我们就把零散的记载集中起来，推测一下当时的状况。

《左传·僖公二十二年》里有"秋，秦、晋迁陆浑之戎于伊川"的记载。伊川是比较确定的一个地名，在今天河南省嵩县伊川一带，位于周朝首都洛阳的西南。根据记载，秦国和晋国将原本在自己势力范围之内的少数民族赶到了这里。将碍眼的民族赶走，是历代中国统治者惯用的手段。但问题在于，秦晋竟然将他们驱赶到了周朝王都的附近。换个角度来说，即便他们被秦晋驱赶到了山区，他们也很有可能自行来到肥沃的洛河平原。

楚庄王攻打陆浑戎，大概和他所追求的以攻为守的理念有关。崤之战时，晋国就曾经将戎族拉了进来，从位置上来看，当时的那支戎族也有可能是浑戎。晋国的历代君王都很擅长利用戎族；而且，楚庄王攻打陆浑戎是师出有名的，即压制秦晋放在周王室近侧的戎族；同时，楚庄王也防患于未然，使戎族不为晋国所利用，而这些推测都是有一定根据的。八十年以后，晋国发动了大规模的军事作战，直接消灭了与楚国走得很近的浑戎，这一事件也可以成为推测的依据；而且，楚国在攻打陆浑戎之时，周王室还派出了王孙满慰劳楚军，由此来看，楚国讨伐陆浑戎，应该是师出有名的。如果能将陆浑戎拉拢到楚国这边，或是将他们生活的土地变成楚国的基地，那么黄河南边的战略要地就都归楚国控制了，当然，他们还可以获得维护周王室的名声。

楚庄王讨伐陆浑戎，来到洛水边上以后，周王室立刻派出了王孙满慰劳他。楚庄王见到王孙满，劈头便来了这么一句："不知九鼎有多大，轻重几何？"所谓的九鼎，是周王室权威的象征，各国诸侯都不敢提出此等问题。然后，王孙满回答道："天子的权威在德不

西周时期的大鼎（左）和楚国的大鼎（右） 遗憾的是，周王室的九鼎遗失了。

在鼎。"然后，楚庄王说："不要太相信九鼎了。我们楚国只要把矛上的铜尖折下来，就足够铸成九鼎了。"[①]

　　除了楚庄王，估计谁都不敢说出这种胆大包天的话。对此，王孙满向楚庄王准确地说明了九鼎的来历。"夏桀昏乱无德，九鼎迁到商朝，达六百年。商纣残暴，九鼎又迁到周朝。德行如果美好光明，九鼎虽小，也重得无法迁走。如果奸邪昏乱，九鼎再大，也轻得可以迁走。上天赐福有光明德行的人，是有尽头的。周成王将九鼎固定安放在王城时，曾预卜周朝传国三十代，享年七百载，这个期限是由上天决定的。周朝的德行虽然衰退了，但天命还未更改。九鼎的轻重，是不可以询问的。"

　　因这段故事，"问鼎"就变成了觊觎天下的意思。我们无法得知楚庄王究竟是怎么回答这段话的，不过我想他应该会首先肯定王孙满的说法。总之，此时楚庄王的霸气足以震慑北方。

---

① 《左传》中没有这一句，只有《史记·楚世家》中有。

楚庄王像（上图）和楚庄王墓（下图） 楚庄王墓如今已经破败不堪，被当成民间祈福祭祀之地，它似乎在告诉我们楚地百姓的生活智慧：过去的都已经过去了。

本来楚庄王询问九鼎的大小只是一种震慑，并非在宣布意图谋取得天下。杜预在给《左传》注疏时，将楚庄王问鼎的原因解释为"为逼迫周朝，获得天下"。但从楚庄王日后的举动来看，杜预的评论实在言过其实。不过，楚庄王蔑视周王室是不争的事实。从根本上讲，楚庄王的政策并不是要越过黄河，他只是想以黄河为界，将黄河以南的地方变成楚国的霸权地带；而且楚国以后忙于沿长江和黄河东进，并没有做出什么威胁周王室宗主名义权的行为。在很久之后，吞并郑国的是从晋国分裂出来的韩国，灭掉周王室的则是秦国。楚庄王虽有机会吞并郑国，但他并没有那么做，他的确是一位尚武的君王，但他懂得节制，心中时刻铭记着扩张势力的上限。现在，楚庄王只是对南方的富有和力量志得意满。特别自先代以来，楚国沿长江东进而获得了不少铜矿，它们成为楚国的骄傲。

可是，楚庄王大胆地征讨陆浑戎，震慑周王室，这对于晋国来说是一个巨大的威胁，因为楚国任何一任君主都没敢做出此等举动。楚庄王就是拥有这样一种特异功能：可以不通过直接攻打，就能让别人产生压迫感。

4. 平定内乱

下面让我们回到楚国的内政。此时，楚国王权和若敖氏族权的对立是否已经尘埃落定了呢？笔者前文已经交代过，斗越椒此人性格非常偏激。最终，斗越椒基于对自己勇猛的信赖，制订了一个挑战王权的计划。

《左传》里曾记载了这样一段故事。斗越椒是斗谷于菟之弟子良（名字不详）的儿子，斗谷于菟的侄儿。子良任司马时，生下了斗越椒。

难以置信的是，斗谷于菟见了斗越椒之后，竟这样告诉自己的弟弟："这个孩子貌似熊、虎，而声似豺狼，如果现在不杀死他，他长大以后必然让我们遭遇灭族之祸。谚语说'狼子野心'，这是一匹狼啊，怎么可以把他养大呢！"可是，子良思量再三，最终也没有忍心杀死自己的儿子。

笔者想，这段故事很有可能是斗越椒叛乱失败以后人们杜撰而成的。不过，斗谷于菟的遗言还是可信度颇高的。因为他已

斗谷于菟（子文）像

经看透了斗越椒的本性，在他临终时边哭边说："假设斗越椒掌权，你们就赶快逃命（到别的国家）吧，不要被他所连累。听说鬼魂要靠子孙祭祀才能有食物吃，那么若敖氏的鬼难道不得忍饥挨饿吗！"

这些故事也只不过是故事罢了，我们听听就好了，下面我们来看一下后来发生的历史事件。

斗谷于菟死后，他的儿子斗般当了令尹，斗越椒也做了司马，芳贾做了工正，但芳贾诬陷斗般并最终置他于死地，斗越椒便成为令尹，芳贾成了司马。此时斗越椒已经参加过一系列的战争，积累了不少斗争经验，于是斗越椒接着又把芳贾给害死了。对于他们之间是怎么相互陷害的，史书里语焉不详。一开始阴险之人可能会为了各自的利益而狼狈为奸，一旦目的达成，他们就又会分道扬镳。在斗越椒看来，芳氏也是楚国的巨族，因此必须除掉他们的首领，即芳贾。如果事件就此平息，也没有什么大问题，但他竟然接着攻击楚庄王。若敖氏的势力实在强大，楚庄王只好提出以楚国三王（文

85

王、成王、穆王）之子为人质作为与斗越椒和谈的条件，但斗越椒断然拒绝了楚庄王提出的条件，他大约觉得楚国已是囊中之物了。最终，楚庄王在漳水边上命军队征讨斗越椒。在楚庄王灭庸国时，我们已经见识过斗越椒，他是一个特异之人，在战争开始之前将自己的姿态放得很低，而战争一旦开始，他就会扭转状况。

终于，双方在泥泞的楚国田野上展开了激战。无论楚庄王还是斗越椒，勇猛都不输于他人，他们近身作战，战斗十分激烈。双方的距离有多近呢？近到彼此的将领可以向对方射箭。斗越椒首先示威，他嗖地射出一箭，穿过楚庄王的车辕，又穿过鼓架，射在了铜钲上，发出了咣的一声锐响。第二箭又穿过了楚庄王的车辕，噗的一声射穿了芦苇编成的车盖。两支箭连续威胁着楚庄王的性命。斗越椒射过来的箭，似乎特别大、特别疾，楚庄王的军队被斗越椒的阵势吓到了，开始后退。

若敖氏的主要人物

斗伯比	武王时期的令尹，曾经追随武王东征西讨建功立业。
斗谷于菟（子文）	斗伯比之子。成王时期的令尹，曾经在《论语》中出现，名望很高。他让若敖氏成为楚国最大的家族。
成得臣（子玉）	斗谷于菟的弟弟，他继兄长之后成了楚成王时期的令尹，在城濮之战时，因战败引咎自杀。
成大心	成得臣之子，穆王时的令尹，推行东进的政策。
成嘉	成得臣之子，成大心的弟弟，继兄长之后成为令尹，平定了东方新属国的叛乱。
斗般	斗谷于菟之子，楚庄王时期成为令尹，但被诬陷而死。
斗越椒	斗谷于菟之侄，曾是若敖氏一族的宠儿，因叛乱失败而死于非命。

然后，楚庄王命巡视士兵的将军散播消息说："我们的先君文王攻克息国，曾得到两支箭，这是斗越椒偷去的两支，现在已经全部用完了。"军心稳定后，楚庄王下令击鼓进军，若敖氏的军队被楚军

的士气吓得魂飞魄散，叛乱最终失败。平定叛乱之后，楚庄王诛灭了若敖氏一族。

此时，斗谷于菟的孙子克黄刚刚结束出使齐国的任务，正在回国途中，在宋国得知了斗氏灭族的噩耗，随行之人劝克黄不要再回楚国。但克黄却说："一个人如果背弃国君的命令，还有谁能接受他？国君就是上天，我难道能逃避上天吗？"说完这些话，克黄就回国请罪了。楚庄王大为感动，他说："如果让子文（斗谷于菟）这样的贤士绝后，寡人将来如何劝人为善呢？"因此下令，若敖氏一族留下斗谷于菟的孙子克黄为斗氏一族传宗接代。

若敖氏和王权的对立持续了很久，最终也没能和解，双方的斗争以悲剧收场。至此，楚庄王平定了内乱，强化了王权，已然势不可当。但楚国还有另一个祸乱的苗头正在滋长，因为斗越椒的儿子贲皇逃到晋国去了。

5. 楚国的铜矿

既然说到了铜，我们就来考察一下铜的经济发展历史。楚庄王曾说："我们楚国只要把矛上的铜尖折下来，就足够铸成九鼎了"，那么，他说这句话有什么根据吗？

青铜是铜合金，在古代被称为"金"，它的确如金子一般贵重。青铜不腐烂，可以保存很久，而且随时都可以重新熔化，完全不会浪费。春秋时代虽然已经有铁器，但要调节铁里的碳成分，改良铁的物理性质，还需要等很长的时间，待技术进步以后才能实现；而且，铁在自然的状态下很容易生锈腐烂，而青铜则不会。随着青铜鼎的普及，人们迁徙起来方便多了，而且还可以带着青铜鼎进行远距离的军事作战。用青铜制作成的武器，其重要性更是不言而喻。

对于青铜的重要性，我们可以通过墨子的一段话来了解。墨子

曾侯乙墓的铜鼎

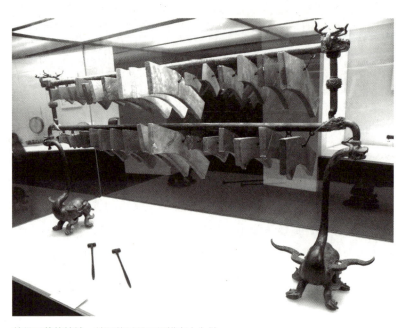

曾侯乙墓的编钟　楚国的乐器以规模宏大为傲。

很了解青铜的贵重，他反对用珍贵的青铜制作乐器，也反对把这些珍宝当作随葬品。

> 今王公大人之为葬埋，则异于此。必大棺中棺，革阘
> 三操，璧玉即具，戈剑、鼎鼓、壶滥、文绣、素练、大鞅
> 万领、舆马、女乐皆具（中略）。此为辍民之事，靡民之财，
> 不可胜计也。
>
> ——《墨子·节葬》

鼎和壶是生活的必需品，戈和剑则是保卫性命的武器，把这些东西埋葬起来，实在是太可惜了。墨子后文继续说：

> 今王公大人虽无造为乐器，以为事乎国家，非直培潦水，
> 拆壤坦而为之也，将必厚措敛乎万民，以为钟（大钟）、鸣鼓、
> 琴瑟、竽笙之声。
>
> ——《墨子·非乐》

要制作鼓、琴、笛子这些乐器并不需要花费很多钱，但要制作钟，情况就不同了。要制作大钟，会消耗相当多的铜，墨子认为，在这上面消耗铜也是非常可惜的。在墨子生活的战国时代初期，铜和金是一样贵重的。墨子抗议，为什么要浪费这么贵重的铜去制作一些没用的大钟呢？如果用铜来制作铜车或是铜鼎该多好啊。

但众所周知的是，楚国的乐器以其恢宏的规模而著称。在楚国全盛期制作的青铜器具，体积比中原的大许多。难道楚国的君主比中原的君主更加横征暴敛吗？这一点我们不得而知，但可以确定的是，楚国的铜矿资源确实比中原要丰富得多。

楚国的扩张政策是很具实用性的，他们不太受中原礼法的约束，而是为了寻找自己所需要的东西采取行动。在楚国的发展过程中，最

《琴台知音》雕塑伯牙和钟子期　代表了楚国的美妙音律，他们的友情可与"管鲍之交"比肩，是"知音""伯牙绝弦"等成语的主人公。（位于湖北省武汉市）

重要的是什么呢？答案首先是"人"，其次是"耕地"，然后是"铜矿"，尤其是铜矿，只能为国家所管理。国家对这一垄断资源管理的情况如何，决定着整个国家的发展形势。特别是在楚国，从传统上来讲，掌管工业的工尹势力很强大。他们既管理日常的军需用品，也在战斗中也发挥着主导作用。后面我们会讲到邲之战，在这场战斗中，工尹齐率领右矩，打击了晋国的下军，为战争取得胜利起到了决定性的作用。从这一点来看，工尹不仅会管理军需用品，还会率领军队冲锋陷阵。

现在中国大规模的铜矿也都集中在楚地。中国的铜矿大部分集中在江西、西藏、云南、甘肃、安徽、内蒙古、山西和湖北等地[1]。众所周知，西藏、云南、甘肃和内蒙古等地并没有出现在春秋时代

----

① 参照《中国矿业年鉴》。

90

的历史舞台上。剩下的四个地方，湖北本就是楚国的中心，江西和安徽则从春秋中期逐渐纳入了楚国的势力范围，到了战国时代，这里干脆成为楚国的领土。这样看来，春秋战国时代的楚国，跟坐在铜矿上没有什么两样。自楚成王以来，湖北省大冶的铜绿山、江西省瑞昌的铜岭等巨大的铜矿逐渐落入楚国之手。

铜绿山似乎是在楚成王吞并了大别山一带的小国之后纳入楚国版图的。这座铜矿成为楚国的领土，对楚国的发展具有决定性的意义，至少楚国没有了缺乏战略物资的忧虑。到了楚成王之子穆王时期，楚国继续东进，领土扩张至大别山和鄱阳湖之东，江西的铜矿也落入了楚国之手。因此，楚庄王说那句话的时候，中国重要的矿产区都已被楚国占领。原本占领这些铜矿的是越族，他们拥有很高超的冶炼技术。"越剑"闻名天下，足以证明他们的技术在某些方面是领先于中原的。楚国在把这些矿产收入囊中的同时，似乎也吸收了越族先进的冶炼技术。楚庄王深知东南方的富庶，尤其在坐拥天下矿产以后，在他看来，中原九鼎也许是不足一哂的吧。

为了寻找铜矿，楚国继续东进，东方的土地对他们来说意味着丰富的矿源；而且，目前东方还没有出现可以与楚国势均力敌的国家。

楚国铜矿的相关遗址

①采矿用的铜斧（实物）
②铜矿熔矿炉的复原模型
③采掘铜矿的情形（位于黄石博物馆）
④采掘铜矿的情形（位于湖北省博物馆）

楚国的铜剑　非常明显地体现出了楚国与吴越文化圈的交集。

第 6 章

大鹏之翼

——孙叔敖

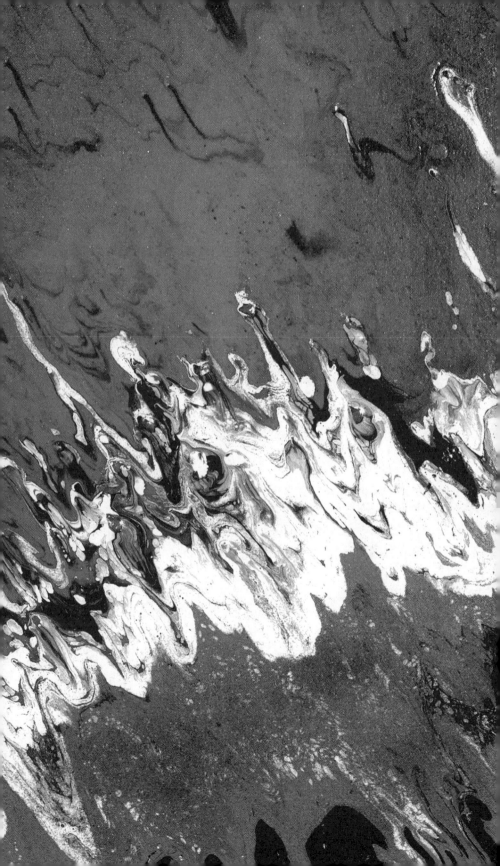

齐桓公得管仲而兴齐，晋文公得狐偃和赵衰而成就晋国的霸业。那么楚庄王有谁呢？答案是孙叔敖。他既不是管仲，也不是狐偃，但也同样成就了一番事业。那么，孙叔敖果真是一位可以与管仲、狐偃相提并论的人物吗？下面，我们就去寻觅大鹏之翼——孙叔敖。

1. 孙叔敖，理想官吏的原型

《吕氏春秋·十二纪》中有一段对孙叔敖的总评：

> 世人之事君者，皆以孙叔敖之遇荆庄王为幸。自有道
> 者论之则不然，此荆国之幸。荆庄王好周游田猎，驰骋弋射，
> 欢乐无遗，尽傅其境内之劳与诸侯之忧于孙叔敖。孙叔敖
> 日夜不息，不得以便生为故，故使庄王功迹著乎竹帛，传
> 乎后世。

楚庄王本身是泰然自若而又英明果决的，可以说，他具备了大
国君主的资质。但是，要成为霸主，仅仅依靠君主个人的资质是
远远不够的。大国的国情复杂，君主需要帮手来帮助自己协调各
方面的关系，领导各种人才，齐桓公的管仲和晋文公的狐偃就是
这样的人物。在楚庄王看来，也许孙叔敖是不懂得风趣的，可是
他依然与孙叔敖携手并肩，任用孙叔敖这件事情本身就体现了楚

孙叔敖像 齐桓公有管仲，晋文公有狐偃，而楚庄王则有孙叔敖。楚庄王任用孙叔敖以后，才能够成为春秋时代的第三位霸主。

庄王的能力。

孙叔敖还创造了中国的一种典型，即完美无缺的官吏。管仲虽担任了宰相之职，但我们很难将其称为官吏。他并不是一个助手，而是更接近于权力的行使者和策划者。随着历史的推移，王权逐渐强化，君主开始需要真正的助手。也许成为一名助手比成为策划者更加困难，因为权力是君王的，助手是不能侵犯王权的；同时，助手还要处理一些君王所不能染指的事情。在权力变小、工作变多的情况下，助手怎样才能完成所有的任务呢？答案是清廉。官吏如果做不到清廉，就无法履行自己的职责。

管仲并不曾以清廉自居。行使权力的人，其首要任务并不在于清廉，而是在于巩固权力本身。但是，在王权之下，依据制度执行权力的官吏却需要清廉，非如此无以立权威。在官吏体制确立以后，许多宰相都因腐败问题而栽了跟头。使明朝实现中兴的名相张居正不就是这样的吗？张居正是一位出生于楚国首都江陵的名臣，但他因为很琐碎的腐败问题，直到死后也有擦不去的污点。

司马迁在将人物分门别类方面，表现出了卓越的才能，尤其是列传中的人物分析，让《史记》成为不朽的古典名著。在无数列传篇章之中，有一篇《循吏列传》。所谓"循吏"，就是指为工作呕心沥血的优秀官吏。《史记》列传的主人公虽多，春秋时代的人物却寥寥无几，除了管仲之外，就是孙叔敖了。司马迁为塑造优秀的政治家典型而描写了管仲，为塑造官吏的典型而刻画了孙叔敖。在关于春秋时代楚人的资料很不充分的情况下，本身就想成为一名优秀官吏的司马迁，挖掘了孙叔敖这一典型，并把他塑造为官吏的典范。

要想成为一名出色的官吏，除了要具备处理事务的才能这一基本的要求以外，还要具备另外两种美德。首先，官吏必须清廉。官吏在执行公务的时候，如果不清廉，训令就得不到贯彻落实。其次，官吏不能将自己凌驾于君王之上，这是官吏和当权者的差别。当权者需要在百姓面前凸显自己的形象，而官吏却需要"默默"地做事情。只有这样，当权者（君王）才会信任他。优秀的官吏需要承受来自上下两方面的压力，而孙叔敖正是这种官吏式宰相的典型。直至清朝，像孙叔敖这样的典型不断涌现。《循吏列传》是这样开篇的：

> 法令所以导民也，刑罚所以禁奸也。文武不备，良民惧然身修者，官未曾乱也。奉职循理，亦可以为治，何必威严哉？

孙叔敖树立了这样一位备受百姓敬畏的官吏形象。下面就让我们梳理一下关于孙叔敖的故事，看看他拥有怎样的人格，了解他是怎样被发掘出来的。

2. 杀死双头蛇的少年

我们首先来读一段有趣的故事。

孙叔敖年少的时候，有一次出去游玩，碰到了一条两头蛇，就把它杀死并且埋了起来。回到家中孙叔敖忍不住哭了起来，他的母亲便问他哭泣的原因。

孙叔敖说："我听说见到两头蛇的人一定会死，现在我见到了，恐怕我要抛下母亲先死了。"

母亲说："两头蛇现在何处？"

孙叔敖说："我怕后来的人又会看见，就把它杀死并埋了起来。"

母亲说："我听说暗中助人的人，上天对他必定有善报，你一定不会死的。"

等到孙叔敖长大，出任楚国令尹，还没有开始推行自己的治国主张，国人就已经信服他的仁义了。

上面的故事出自刘向编纂的《新序·杂事》，也出现在了中国的儿童图书中。这也是"有阴德者，天报以福"这一成语典故的出处。笔者推测，这应当是孙叔敖成为令尹以后，后世之人杜撰出来的，但这个故事却淋漓尽致地体现出了孙叔敖的性格，他正是这样一位默默地做好事的人。后文我们也将会看到，孙叔敖并不追求以武力安邦定国，他通过提高生产力，获得民心的支持，把楚国打造成了一个强国。他不强求老百姓遵守规则，而主张用自然的方法，潜移默化地改变老百姓。我们会发现他的举动和《老子》的政治思想有很多契合之处。

在进入具体的史料之前，我们先来读一下《循吏列传》中的故事。首先来看第一个故事。

孙叔敖鼓励人们秋冬两季进山采伐林木，春夏时便借上涨的河水把木材运出山外。百姓各有便利的谋生之路，都生活得很安乐。

描绘孙叔敖杀死两头蛇故事的图画（右）和孙叔敖墓（下） 这座墓穴并非真的埋葬着孙叔敖本人，而是乾隆年间的一位观察使为了供奉孙叔敖而修建的。

楚庄王认为楚国原有的钱币太轻，就下令把小钱改铸为大钱，百姓用起来很不方便，纷纷放弃了自己的本业。市令（管理市场的长官）向孙叔敖报告说："市场乱了，老百姓无人安心在那里做买卖，秩序很不稳定。"

　　孙叔敖问："这种情况持续多久了？"

　　市令回答："已经有三个月了。"

　　然后，孙叔敖上朝向楚庄王劝谏说："先前更改钱币，是认为旧币太轻了。现在市令来报告说市场混乱，老百姓无人安心在那里做买卖，秩序很不稳定。我请求您立即下令恢复旧币制。"

　　于是，楚庄王同意了，颁布政令才三天，市场就恢复了原貌。

再来看第二个故事。

　　楚国的民俗是爱乘坐矮车，楚王认为矮车不便于驾马，想下令把矮车改高。国相孙叔敖说："如果政令屡出，会使百姓无所适从，这样不好。如果您一定想把车改高，臣请求加高闾巷的门槛①。乘车人都是有身份的君子，他们不能为过门槛而频繁下车，自然就会加高车的底座。"楚王答应了他的请求。过了半年，上行下效，老百姓都自动把坐的车子加高了。

孙叔敖强调不要以强行颁布政令来治理国家，而主张自然的无为而治。这些故事虽然琐碎，但我们可以通过它们透视到事物的本

---

① 应该指的是在都邑闾巷前面设置门槛，如果马车高的话可以顺利通过，但过低的话就无法通过。

质。首先，孙叔敖站在货币使用者的立场上去考虑问题，货币应当方便百姓使用。其次，在改革制度的时候，他采取了顺其自然的方法。君子乘坐低矮的马车是为了自己方便，因为矮车上下起来方便。但这种车对于马匹来说很不舒服，而且在危机之时也很难转变为战车。那么，对于乘坐这种舒适矮车已经习以为常的人们来说，会轻易地改造加高马车吗？孙叔敖没有强令人们加高马车，而是想办法让矮车变得不方便。将闾巷的门槛加高是很容易操作的，孙叔敖就是用这种简单的方法来处理困难问题的。

3. 孙叔敖是乡野村夫

前文曾经说过，楚庄王最了不起的地方就在于任用了孙叔敖，但是，任用贤才顺理成章，怎能算得上是了不起呢？答案是楚庄王的伟大之处在于他起用的孙叔敖并不是什么王孙贵胄，而是一位出类拔萃的乡野村夫。齐桓公了不起的地方在于起用了管仲，而管仲也不是王孙贵族，他只是一位隐士。秦穆公厉害的地方在于起用了曾是奴隶的百里奚，晋文公的过人之处在于笼络了宦官，甚至是鸡鸣狗盗之徒。孙叔敖是"鄙人"，并非"国人"。所谓的"鄙人"，是指生活在国都之外的农民或是地方小镇上的人。春秋战国时期是贵族当道的社会，因此，把鄙人引进中央行政系统并不是一件容易的事情。但楚庄王果敢地任用了鄙人孙叔敖。

几乎所有的古代资料都证明孙叔敖是鄙人，只有一种最不靠谱的资料否定了这种说法，而且很多后世人都相信这一资料，正是它让孙叔敖脱胎换骨成了贵族。中国人所特有的寻根溯源的热情使《世本》这一奇书应运而生。这本书的原稿大约在战国时代形成，历经多人之手，居然整理出了古代王室贵族"准确"的谱系。顾颉刚尖锐地指出，这本书不是伪书，却是搜罗伪史的结果。首要问题不在于这本书内容的荒谬绝伦，而在于这本书严重地干扰了后世历史学家的判断力，甚至连流入韩国的译本也受到了不良影响。

孙叔敖为蒍氏，"孙叔"是他的字。然而，《世本》却仅凭孙叔敖是蒍氏这一点，就臆断孙叔敖是被斗越椒所诬陷致死的司马蒍贾的儿子。人们毫不怀疑地接受了这一说法，甚至为《左传》注疏的杜预也接受了这一说法，至今，大部分人也仍然相信这一点。但杜预还是要比今天很多教条主义的学者优秀许多，因为他推断出《左传》中出现的蒍艾猎就是蒍敖，即孙叔敖。①

如果说孙叔敖果真是蒍贾之子，那么楚庄王在任用人才方面的魄力就要打折扣了。可是，楚庄王所任用的孙叔敖并非贵族，我们很容易就能找到相应的证据。除《世本》以外，古代所有可靠的记载都表明孙叔敖是"鄙人"。直到突然有一天，一个证据不足的主张被记载下来以后，人们竟信以为真了。下面笔者将通过文献资料，简单地来证明一下孙叔敖并非豪门贵胄。首先让我们来看一下《孟子》中的相关文字：

> 管夷吾举于士，孙叔敖举于海，百里奚举于市。故天将降大任于斯人也……
>
> ——《孟子·告子》

"海"这一地名指的是哪里呢？《左传》里记载了郑襄公向楚国投降时所说的话："其俘诸江南以实海滨，亦唯命"，意思是"君王您要把我俘虏到江南，放到海边，我也听您的吩咐"。那时，楚国并没

---

① 像《列国志》这样的小说推测孙叔敖是蒍贾之子，还可以理解。可是，这样的看法也在学界弥漫。比如，张正明在《楚文化史》中指出，史书上并无蒍艾猎之子就是蒍敖之子的记载，而得出了蒍艾猎是蒍敖兄长的结论。但严格来讲，"没有记载"和"并非事实"是两码事，他的主张实际上依然是在遵从《世本》的记载。

有海。我们可以推测，"海"并不是某一个地方的地名，而是指大江大河岸边偏僻的地方。孟子的话意在强调管仲、百里奚、孙叔敖的出身都很一般。因此，孙叔敖绝不可能是芳贾之子。

接下来，我们再来看《荀子》，其中也记载了孙叔敖的出身。荀子既是一位伟大的思想家，也是一位极具眼光的历史学家。

> 楚之孙叔敖，期思之鄙人也，突秃长左，轩较之下，而以楚霸。
>
> ——《荀子·非相》

"鄙人"是历史用语，是"国人"的相对概念。所谓的"鄙"，就是指从事农业生产的人所生活的郊外地区。荀子出生于孙叔敖死去300年之后，从引文来看，至少当时大部分知识分子都认为孙叔敖出身平民。后代的小说，或类似于小说的历史读物，都说芳贾死后，孙叔敖来到了期思生活。荀子难道不知道这一点吗？如果知道的话，为什么会说他身为微贱呢？而且，芳贾死后没多久，孙叔敖就得到了任用，怎么能说他是乡村野夫呢？这完全讲不通。这说明，孟子和荀子所说的"鄙人"，指的就是孙叔敖的出身低微。

下面再来看《墨子·所染》中关于孙叔敖的记载，这是有关孙叔敖的年代最为久远的记载了。墨子说："齐桓染于管仲、鲍叔，晋文染于舅犯、高偃，楚庄染于孙叔、沈尹"，由此可知，孙叔敖与沈尹这个人之间有某些关联。我们再来看《吕氏春秋》，其历史年代的久远程度仅次于《荀子》。《吕氏春秋》的语言保留着春秋时代的语言风格，因此，它应当是以春秋时代的一些历史草稿为基本框架写成的。这份记载留下了许多线索，笔者选出了其中的三处。

> 孙叔敖三为令尹而不喜，三去令尹而不忧。皆有所达也。
>
> ——《吕氏春秋·知分》

> 齐桓公闻管子于鲍叔，楚庄闻孙叔敖于沈尹筮，审之也。
>
> ——《吕氏春秋·察传》

> 孙叔敖、沈尹茎相与友。叔敖游于郢三年，声问不知，修行不闻。沈尹茎谓孙叔敖曰："说义以听，方术信行，能令人主上至于王，下至于霸，我不若子也。耦世接俗，说义调均，以适主心，子不如我也。子何以不归耕乎？吾将为子游。"沈尹茎游于郢五年，荆王欲以为令尹，沈尹茎辞曰："期思之鄙人有孙叔敖者，圣人也。王必用之，臣不若也。"荆王于是使人以王舆迎叔敖，以为令尹，十二年而庄王霸。此沈尹茎之力也。功无大乎进贤。
>
> ——《吕氏春秋·赞能》

上面的这三段记载的真实性并不确定，只是向我们展现了当时公认的说法。首先我们可以知道，孙叔敖曾经多次担任令尹，担任这一要职的时间足有 12 年之久。楚庄王平定斗越椒之乱，取得邲之战的胜利，成就霸业也经历了 12 年的时间。那么，孙叔敖应该是在斗越椒死后就得到任用了。如果说上面的这些记载都是事实的话，那么楚庄王如何会不知道孙叔敖是蒍贾之子呢？而且，沈尹为何不直接告诉楚王这一点呢？《吕氏春秋》的记载证明，孙叔敖就是一位"鄙人"，他连隐士都算不上，只是一介农夫罢了。蒍贾死后，蒍氏家道中落，于是搬到了期思，然后又在那么短的时间里恢复原来的地位，这样的故事近乎传奇小说。从史书的记载和当时的情况来看，《世本》的记载明显是错误的；并且从多处记载来看，孙叔敖曾受到沈尹这位地方长官的举荐。《吕氏春秋》中所出现的沈尹茎极有可能是实际存在的。《左传》中也曾经提到，在邲之战中，率领中军的人就是沈尹齐。那么，我们可以知道沈尹可能是当时有名望的人物所担任的官职。《吕氏春秋》还记载，在邲之战中，辅佐孙叔敖的人就是沈邑，这更增加了记载的可信度。

我们再来看一下历史年代相对靠后的《史记·循吏列传》。

> 孙叔敖者，楚之处士也。虞丘相进之于楚庄王以自代也。

《史记》也说孙叔敖出身平民，只不过将他的地位比之前的记载稍微提高了一点，把他视为一个没有官职的隐士。最后，让我们来看一下《说苑·至公》中的一段。

> 令尹虞丘子反思自责无能的同时，举荐了孙叔敖。
>
> 他说："我举荐一个国内杰出的人，是乡下的士人，名叫孙叔敖。他虽然文雅瘦弱，但十分能干。他的本性恬淡寡欲。君王举拔他并授给他国政，那么国家就能得到治理，并且能使士人归附。"
>
> 楚庄王说："你辅佐我，寡人才能在中原做盟主，号令行施到极边远的地方，终于称霸诸侯。没有你，寡人该怎么办？"
>
> 虞丘子说："长久维护自己官位的人，是贪鄙的；不举贤进能的人，是欺骗国君；不能让出职位的人，是不正直的。有这三不能的人，就是不忠。作为人臣不忠，君王又为什么要把他当作忠臣呢？"
>
> 由于虞丘子的坚持，最终楚庄王任用了孙叔敖。

这一记载也将孙叔敖描写成了一位隐士。因此，从先秦至汉代的记载都证实孙叔敖的出身是很微贱的，只有最不靠谱的《世本》硬是给孙叔敖杜撰了一个家族谱系。在古代，要令国家强盛，只能依靠人才。诸多的记载都表明，楚庄王起用了一位乡间的无名之辈，许多人因此对楚庄王交口称赞。但是，今天的很多人却依然笃信《世本》或《东周列国志》这样的伪史或小说，以为里面描写的是事实。

总之，笔者的结论就是，孙叔敖是一个乡野村夫，而正是因为楚庄王起用了这个乡野村夫，才成就了楚国的霸业。

4. 技术官吏孙叔敖，开创水稻的黄金时代

究竟孙叔敖有什么样的本事，能够被称为"圣人"，受到楚庄王的传召呢？这件事情并不简单，需要从当时的社会经济背景来分析。《淮南子·人间训》中有这样一段话：

> 孙叔敖决期思之水，而灌雩娄之野，庄王知其可以为令尹也。（……）此皆形于小微而通于大理者也。

由此推断，孙叔敖本来是一位从事筑造堤防的技术人员。孙叔敖作为一位土木工程技术人员的记载也可见于《左传》。楚军攻打宋国之时，当时的令尹孙叔敖（艿艾猎）在沂地筑城，准备与宋国进行持久战。

> 楚左尹子重侵宋，王待诸郔。令尹艿艾猎城沂，使封人虑事，以授司徒。量功命日，分财用，平板干，称畚筑，程土物，议远迩，略基趾，具糇粮，度有司，事三旬而成，不愆于素。

从上文的记载来看，孙叔敖是一位土木工程的专家。不过孙叔敖不同于普通专家的一点在于，他不仅懂得土木工程，更在了解每个人的才能方面表现出了卓越的才华。现在我们就回到水利工程上

安丰塘 后世人将孙叔敖所修建的期思陂（芍陂）重建，即为安丰塘。后来这座水库为楚国最后的据点寿春提供了粮食。难道孙叔敖预见了楚国有一天会被赶到这里来吗？

来，先了解一下春秋时代的水利工程为什么如此重要，然后再探寻孙叔敖工作的意义。孙叔敖并不是一位单纯的技术人员，他还是一位政治家，试图从经济上进行殖民地经营。

春秋时代，孙叔敖是第一位在江河筑堤蓄水历史上留下记载的人。据《汉书·地理志》记载，期思县属于汝南郡，雩娄县则属于庐江郡。人类从很久之前就开始筑堤，利用水源。然而，当时孙叔敖所做的不仅仅是将水堵起来那么简单，他主持修建了一项调用水源的巨大工程。从历史记载上来看，孙叔敖所修建的人工湖"期思陂"是距今最早的大型水利工程。

这项工程大概是将从大别山向北流淌的水堵住以后，不让它流入自然水路，而是将其引入田野。现在安徽省寿县的安丰塘就是将古代的期思陂重建而成的，不过它和古代期思陂的位置稍有不同。这座期思陂成为楚国东进的桥头堡。截至战国初期，领土扩张最多的当属楚国。因此，战国初期倡导楚国改革的吴起用一句话概括了楚国的情况，那便是："荆所有余者，地也；所不足者，民也（楚国有余的是土地，不足的是百姓）。"他还据此推行积极的徙民政策，但楚国的贵族依然拒绝搬到首都以外的地区，最终引发了叛乱。

孙叔敖可谓吴起的前辈，他采用了一种比吴起更加简单的、更加根本的方法。首先，他将边境变成了楚国息地的农田。难不成孙叔敖未卜先知地预见了楚国的未来？战国时代楚国在秦国的攻打之下迁都到了寿春，也就是今天安徽省的寿县，正是孙叔敖当初所开发的水田，发挥了为楚国提供粮食的作用。在春秋时代，水田真的有那么重要吗？

都江堰 这座大坝将岷江之水引入了四川平原，改变了岷江的流域。这座大坝对四川人口的增长发挥了极大的作用，也成为秦国一统天下的基础。公元前的这座水利设施至今依然维持着原貌。

《吕氏春秋·八览》中的"先识览"里，有一段有趣的文字，告诉我们古代的水田和旱田的差异。根据当时魏国的战争制度，一口人可以获得百亩田地，只有邺地可以获得两百亩，这是因为邺地没有什么灌溉设施，土质很差。但自从西门豹引漳水灌溉农田之后，这片土地就变成了一片盛产大米的沃野。从这段记载来看，水田的生产能力至少是旱田的两倍。古代的水田农耕法相对简单，冬天就在田野里放火焚烧枯草，春天就放水让杂草无法发芽。只要除草成功，谷物的平均生产量就会大幅上升。如果在水田里种植水稻，效果就会翻倍了。

孙叔敖开创了东部边境的稻米时代。《史记》中"饭稻羹鱼"的记载为我们呈现出当时楚国人的饮食生活。鱼虽然一开始就有，但米饭却是祖先筑堤蓄水、开垦土地取得的成果。

笔者曾经多次去都江堰考察。这座大坝将岷江之水引入了四川平原，改变了岷江流域。它对四川人口的增长发挥了极大的作用，也成为秦国一统天下的基础。"地广乃为大国"这一著名的说法就是秦国占领蜀地（四川）时出现的。从春秋至战国，领土最广的国家肯定是楚国。但光有土地，不加利用是没有任何用处的。土地只有开垦以后，才能发挥领土的价值，孙叔敖就是这样一位执着于开垦土地的人物。

孙叔敖将水引进农田，把旱田变成了水田，于是楚国的管辖之地大幅增加了。后来秦国才在四川平原修建了都江堰这一巨大的水利工程，但早在数百年之前，楚国就已经先行一步了。百姓本以为粮食的事情取决于上天的决定，但水利设施的修建改变了百姓的看法，孙叔敖在农耕社会里受到推崇也就不足为怪了；而且，粮食之中最重要的当属稻米了。

今天，中国等东亚国家的人民都生活在稻米时代。从国家统计局发行的 2008 年中国粮食的生产量来看，大米约为 19200 万吨，小麦 11250 万吨，玉米 16600 万吨。由于玉米的消耗多用于饲料，所以我们可以先将其排除。而大米和小麦的热量基本相等，可是在如今的中国，大米这种农作物的重要性几乎是小麦的两倍。中国占全世界大米生产和消费总量的三分之一，这一伟大稻米时代的基础就是楚人孙叔敖奠定的。如果没有大米，中国大概不能养育这么多人口。从比较准确的近代统计来看，自20世纪30年代到20世纪40年代，中国大米的生产量是小麦的2倍多。然而，更重要的是农作物单位面积的生产量。当时大米的亩产量是小麦的2至2.5倍。[1]当然，最早开始种植稻米的并非楚人，但开启稻米全盛时代的非楚人莫属。楚人东进的同时，修建了大规模的水利灌溉设施，到了战国时代，楚国的水利工程规模更加宏大。如果能把占领的地方变得更加富饶，叛乱就会变少。楚庄王时期楚国虽然迅速向东方扩张，但那些被占领的地域都很自然地变成了楚国的一部分。如果楚人没有能力提高这些新占领地域的土地生产能力，那么这一过程肯定不会进行得很顺利，技术者孙叔敖就这样拓展了楚国的疆域。

楚庄王的确是一位武功卓越的君主，但如果没有孙叔敖，他还是不能成就霸业。孙叔敖反对战争，却并非对打仗没有天赋。在战斗开始以后，孙叔敖就会集中精力，打败敌人。以后我们将会看到孙叔敖在邲之战中的出色表现。

孙叔敖死后，楚庄王赐给孙叔敖的儿子一片肥沃的土地，他却推辞了，只接受了寝丘这片贫瘠的土地。《淮南子·人间训》中说："楚国之俗，功臣二世而爵禄，惟孙叔敖独存"，意思是按楚国的法规，功臣的封禄传到第二代就要被收回，唯独孙叔敖一家保存了下来。从这一点来看，我们也可以知道楚庄王是有多么敬重孙叔敖了。孙叔敖之于楚庄王，正如管仲之于齐桓公。楚庄王正是在获得了孙叔敖的辅佐以后，才开始大展宏图的。

---

[1] 严中平等编，《中国近代经济史统计资料选辑》，北京科学出版社，1955年，第360~361页。

关于楚庄王任用孙叔敖一事，这里再增加很重要的一段史料。《左传·襄公二十六年》中，有一段楚秦进攻吴国的记载。

楚子、秦人侵吴，及雩娄，闻吴有备而还，遂侵郑。

从这段记载来看，楚庄王死后，雩娄的田野要么变成了吴国的地盘，要么就变成楚吴接壤、楚国的最东边。从雩娄转向北方，就是郑国了。从这一点来看，孙叔敖不仅是鄙人，而且还是边疆人。笔者推测，是楚国在东进时，发现了孙叔敖其人。而孙叔敖所诞生的地方一开始并非楚国土地。我们已经很难考证孙叔敖具体的出生地在哪里，但如果说他出身于雩娄附近地区，那么楚庄王的胸襟就更非同凡响了，他竟然将名门贵族撇到一边，任用了边疆一位小小的技术人员做令尹！孙叔敖曾经多次出任令尹，毫不夸张地说，楚庄王在位期间，令尹被孙叔敖一人承包了。肯任用这种人才的君主，即便他整日享乐，也没有理由受到谴责。

从火鸡和秃鹫的体重来看，两者是很相似的。但它们一个是家禽，另一个则是鸟中之王。它们的区别在哪里？其实就在于翅膀的大小。刘备在遇到诸葛亮以后，用"如鱼得水"来形容自己，楚庄王遇到了孙叔敖，就像是大鹏获得了翅膀。日后，孙叔敖将会稳扎稳打地将楚庄王送上霸主的宝座。

第 7 章

霸业的第一步
——立大义

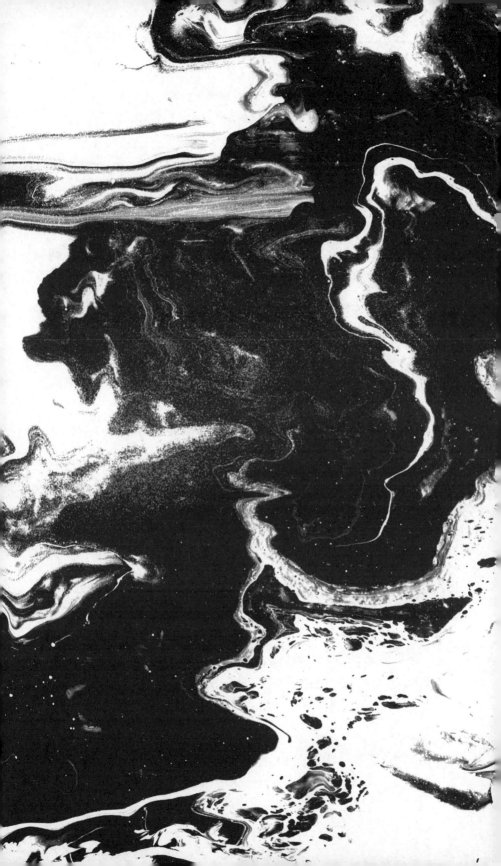

楚庄王平定了内乱，任用孙叔敖稳定了国内政治局势，又获得了周王室的劳军，地位上升了不少，他的下一个动作就是进军中原。楚庄王和之前楚国君主的思考方式不同，他有一个野心勃勃的计划，为了让楚国的地位坚如磐石，他打算将夹在晋楚之间的小国全部都拉拢到楚国这边来，他渴望成就楚国的霸业。但是，要当霸主，仅有力量是不够的，还需要树起"大义"的旗帜，并且积极地实践大义。

　　秦晋因晋国的公位继承问题打了一仗以后，两国的关系迟迟没有得到改善。当楚庄王决心北伐时，晋国刚刚结束了和白狄的战争，双方决定休战，晋国还反过来引白狄攻击秦国。此时，秦晋两国之间展开了激烈的谍战。秦国的间谍还曾经在晋国的都邑被处以死刑。可是秦晋之间的矛盾对于楚国来说却是一种机会。楚庄王一一处理了一些力量微弱的对手，然后逼近中原。

　　楚庄王首先以群舒不服从楚国的名义，讨伐并消灭了舒、蓼。由于春秋战国时代的史料大部分都是以中原为中心的，这一事件的记载比较简单，但这件事却是楚国东进政策全面展开的起点。楚庄王一举占领了现在的安徽省一带，确定了楚国的国境线，然后与吴越结成同盟，班师回朝。当时安徽省东部一带的弱小民族属于吴越民族的文化圈。下一步，崛起于东方的强者吴国和楚国的冲突也在所难免了。

　　楚庄王之所以要将这一片地区纳入楚国的版图，是因为之前楚国以郑国为桥头堡进军中原时，没有获得多大的实际利益。要在中原发挥楚国的实力，楚庄王必须拉拢郑国，但要占领吞并郑国却并非易事。相反，群舒地区水产和木材都很丰富，尤其铜矿遍布。从鄂西地区顺长江而下，经过鄱阳湖，直至群舒一带，至今仍然是中国铜矿生产的中心。楚国在占领了战略物资和南方丰富的粮食以后，凌驾于中原仅仅是时间问题了。

从这一地区出发，无论顺着淮河向东北走，还是沿着长江向东走，楚国都可以统一。特别是沿着淮河向东，改变方向，然后再沿着泗水向北，就可以对齐国南部的各个国家进行监视了。在以后的中国历史上，江淮一带因为其优越的水稻种植环境、便利的水上交通以及大量的铜储存量而变得越来越重要，楚庄王不可能放过这一带。楚庄王用武力征服一个地方以后，孙叔敖就会迅速在那里开垦土地，设置郡县。如今楚庄王不再像以前一样，仅仅从军事上进行示威之后就退兵，而是以实际的支配为目标进行殖民地的开拓。

1. 惩处乱臣贼子

　　楚庄王想一口气收拾一下那些位置上离楚国比较近，却站到了
晋国一边的小国；尤其是陈国，它就在楚国门外，态度却一直模棱两
可，楚庄王想趁此机会把它变成楚国的一个郡县。晋国感受到了楚
国向东北进发的威胁，因此急急忙忙地召集了同盟。联合军首先决
定攻打因为楚国的威胁而态度模糊的陈国。但进攻刚刚开始，晋国
君主晋成公却薨逝了，没工夫展开军事作战。楚庄王没有错失这个
大好的机会，据《吕氏春秋·六论》中的《似顺论》的记载，为了
攻打陈国，楚庄王首先召集了间谍潜入陈国侦察敌情。

　　　　荆庄王欲伐陈，使人视之。

　　　　使者曰："陈不可伐也。"

　　　　庄王曰："何故？"

　　　　对曰："城郭高，沟洫深，蓄积多也。"

　　　　宁国曰："陈可伐也。夫陈，小国也，而蓄积多，赋敛

重也，则民怨上矣。城郭高，沟洫深，则民力罢矣。兴兵
伐之，陈可取也。"

其实，楚庄王的心里早有定论："陈可伐也"。但是，伐陈还需要
一个名分，而现在这个名分却不请自来了。

夹在大国之间的小国总是战战兢兢，但小国的灭亡却并不全都
因为大国。在古代，攻击和防御之间存在着明显的差异，即使国家
再小，只要国人团结，也不会轻易倾覆。然而，一旦他们忘记了自
己是一个小国的处境，立刻就会被大国吃掉。有楚庄王这一强敌在
前，陈国的君主和臣子的举动就是这样不靠谱。《左传》中淋漓尽致
地刻画了陈国的悲剧。下面笔者就以《左传》的叙述为基础，还原
一下当时陈国的君主和贵族围绕一个女人所发生的世间奇闻。

当时陈国有一个名叫"夏姬"的美艳寡妇。据《国语·楚语》
的记载，她是郑穆公之女。她嫁给了陈国大夫夏御叔，生下儿子名
叫"夏征舒"，可惜丈夫早亡。当时陈国的君主灵公和大臣孔宁、仪
行父等都没有放过这位美丽的女人。他们不仅经常出入夏姬家，甚
至还公然以此事相互调笑。有一天，他们穿着夏姬的汗衫在朝堂上
炫耀嬉戏，耿直的臣子泄冶对陈灵公进谏说："国君和臣卿宣扬淫乱，
百姓就无所效法，而且名声不好。君王还是把那件汗衫收起来吧！"
陈灵公随口就答应他了："寡人会改过的。"

陈灵公说完就把泄冶的话转告了孔宁、仪行父，然后孔宁和仪
行父便提议杀死泄冶，以堵住他的嘴巴。陈灵公对此不加制止，他
们两人最终把泄冶害死了。对此，孔子感叹道："《诗》云：'民之多
辟，无自立辟。'其泄冶之谓乎。"

在谋害了泄冶以后，他们三人放荡的举止更加肆无忌惮。有一
天，他们在夏姬的家里喝酒，陈灵公首先开起玩笑来，说："夏征舒
长得很像你们俩。"孔宁和仪行父也回答陈灵公："跟君主您也长得
很像。"

年轻的夏征舒在外面听到他们的对话感到很羞耻，怒不可遏。陈灵公喝完酒出来，夏征舒便在马棚边埋伏弓箭手射死了他。陈灵公薨逝以后，孔宁与仪行父越墙逃走，逃到了楚国。就是这件事给了楚国讨伐陈国的名义。孔宁与仪行父到楚国以后，当然不会提及自己淫乱的丑行，不幸的夏征舒忽然之间成为各诸侯国之间征战的中心。

　　第二年冬天，楚庄王以征讨夏征舒之乱的名义入侵陈国，此时，他已经看透了陈国混乱的内政。同时，他还对陈国人说："陈人无动，将讨于少西氏（陈人不要惊慌，寡人只是讨伐夏征舒罢了）。"然后，楚庄王就攻入了陈国的都城，抓住了夏征舒并将他五马分尸。攻下陈国后，楚庄王就把它划作了楚国的县，当时陈国的新任君主陈成公逃去了晋国。当然，楚庄王的举动并非正当，表面上他宣布去征讨夏征舒，杀死了夏征舒以后却占领了陈国的土地。但当时的诸侯都慑于他的威言而不敢多言，群臣也都向楚庄王表示祝贺。

　　但是，当时在楚国很有名望的楚大夫申叔时却对此存有异议。当时，申叔时刚刚出使齐国回来，复命以后也没说什么祝贺的话就回去了。楚庄王派人责备他说："夏征舒做出了大逆不道的事，杀死了他的国君，寡人率领各诸侯前往讨伐，把他杀了，诸侯和各县都来祝贺寡人，为什么只有你不向寡人道贺？"

　　申叔时回答道："微臣可以斗胆进一言吗？"楚庄王说："但说无妨。"

　　申叔时说："夏征舒杀害自己的国君，当然是罪大恶极了。出兵讨伐将他正法，这是君王应该做的。不过民间也有句俗语这样说：'有人牵牛践踏别人的田地，田的主人就把他的牛据为己有。'牵牛践踏田地的人，固然是有过错的；但夺走他的牛，惩罚就未免太重了。诸侯跟从君王，说的是讨伐有罪的人。如今大王您把陈国设置为楚国的郡县，这就是贪爱陈国的财富了。借伐罪的名义号召诸侯，而最终以贪婪收场，这恐怕不妥当吧？"楚庄王若有所思，然后说：

"很好！我以前从没有听说过这样的高论。如果现在归还陈国的土地，可以吗？"申叔时回答说："当然可以！这就是我们这班下臣所说的'从别人怀里取出东西然后还给他'。"

就这样，楚庄王重新封立陈国，从每个乡里带一名人质回楚国，然后把孔宁和仪行父放回了陈国。楚庄王虽然用了一些小小的欺骗手段，但最终却轻易地放过了陈国，原因何在？楚庄王虽是一位尚武的君主，但他特别重视内政和外政的平衡。楚庄王所任用的孙叔敖，以及刚刚登场的申叔时，他们都非常重视内政。这与秦穆公重视的百里奚和蹇叔是很类似的。楚庄王还很重视有识之士的谏言，他克服内部纷争是为了进一步加强王权。在加强王权时，很需要这些有识之士的鼎力支持。

《国语·楚语》中记载了申叔时关于教育太子的言论，被认为一篇完整的教育哲学论文，而他基本上是站在原始儒家的立场上展开论述的。

楚庄王委派士亹教导太子箴，士亹辞谢说："我没有才能，不能对太子有所帮助。"但楚庄王很确定，比起才能，他更重视教育者的品性。他说："靠您的才德可以使太子变好。"士亹再次辞谢道："变好的关键难道不在于太子吗？太子想变好，有才德的人就会聚拢到他的身边来；如果太子不想变好，有才德的人教导他，他也会置若罔闻。"

但楚庄王最终还是坚持让士亹教导太子，于是士亹向申叔时咨询这个问题。申叔时回答说："用历史来教育他，从而使他懂得褒扬善行而贬抑邪恶，以此来诫勉他的心；用历代先王的世系来教育他，从而使他知道有德行的人能声名显扬，昏庸的人要被废黜，以此来鼓励和约束他的行为。"

从这一点来看，申叔时在楚国的名望的确很高，甚至可以对太子的教育问题提出有益的观点，因此楚王肯听取他的建议，也就不足为怪了。

我们再将视线转向夏姬这位不幸的女子，看看她最终的结局是怎样的。据《新序·杂事》的记载，楚庄王自己也想得到夏姬。

> （楚庄王）得夏姬而悦之。将近之，申公巫臣谏曰："此
> 女乱陈国，败其群臣，嬖女不可近也。"

楚庄王听了这番劝谏以后，没有接近夏姬。

通过很多史籍的记载来看，楚庄王绝对是一个喜好美色的人。原本这些秘史是很难还原真相的，可《左传》里却记载了这位女子坎坷的一生。在楚国讨伐陈国夏征舒之时，楚庄王本来的目的之一就是得到夏姬，可见楚庄王的好色已经达到无可救药的地步了。

但申公巫臣劝谏说："不行。君王召集诸侯，是为了讨伐有罪之人；现在收纳夏姬，就是贪恋她的美色了。贪恋美色叫作淫，淫就会受到重大处罚。《周书》说：'宣扬道德，谨慎惩罚'，文王因此而创立周朝。宣扬道德，就是致力于提倡它；谨慎惩罚，就是致力于不用它。如果出动诸侯的军队反而得到重大处罚，就是不谨慎了。君王还是考虑一下吧！"

因此，楚庄王就放弃了夏姬。

子反想要娶夏姬，巫臣说："她是个不祥之人。她令子蛮①早死，杀了御叔，弑了灵侯，诛了夏南，使孔宁、仪行父逃亡在外，陈国因此被灭亡，还有比她更不祥的人吗？人生在世实在不易，如果娶了夏姬，恐怕不得好死吧！天下漂亮的女人多得是，为什么一定要娶她？"

因此，子反也放弃了夏姬。于是，楚庄王就将她赐给了连尹襄老，但襄老的儿子却与夏姬私通。也不知道夏姬中了什么魔咒，后来襄老在邲之战中阵亡，甚至连尸首也没有找到。

后来的故事非常复杂。巫臣以寻找襄老的尸身为由，将这个女

---

① 子蛮究竟是谁不可考，大约是夏姬在嫁给夏御叔之前的丈夫。

人护送回了郑国，因为一个失去了丈夫的女人没理由再继续待在楚国。实际上，巫臣虽然屡次诽谤夏姬，但他其实很喜欢夏姬，并跟夏姬约定自己会娶她。果然，在出使齐国的途中，他带上夏姬私奔到晋国去了。所以，夏姬最终的结局是去了晋国，而且还和巫臣生下了一个非常漂亮的女儿。

说句题外话，夏姬的行为的确不够庄重。但她只是一个弱女子而已，并非蛇蝎心肠的恶毒女人。只不过因为她倾国倾城的美貌，导致她在残酷的岁月中任人摆布。她不曾谋划过什么阴谋诡计，在她身上发生的一切悲剧都是男人的问题。她失去了丈夫，被淫乱的诸侯和大臣盯上，为陈国陷入忧患的事态所连累，甚至失去了儿子。但在《列女传》和《东周列国志》等历史小说中，她被刻画成了遗臭万年的妖女。

2. 扶起跪倒之人

下面让我们到楚国真正想攻打的目标郑国去看一下。在辰陵，郑国和陈国都立约侍奉楚国，但后来又出尔反尔，想再次倒向晋国。在南北对决的过程中，意外获得的几次小小的胜利，导致郑国打错了如意算盘。

自楚庄王继位以来，就不断拉拢北方的郑国，希望郑国能和楚国联盟。在两国的军事冲突中，郑国也曾经取得过为数不少的胜利。楚庄王十一年，郑国在厉之战中战胜了楚国。楚庄王十五年，楚国以报厉之战的一箭之仇为由，再次入侵郑国。此时，郑国在晋国的帮助下，击退了楚军。因此，郑国举国上下都在为自己的胜利而陶醉不已，只有子良感到很忧虑。他说："这是郑国的灾难，离我死去的日子不远了。"第二年，楚庄王亲自带领陈国一起攻打郑国，子良主张讲和。

子良说："晋国、楚国不讲德行，用武力争夺郑国，谁来我们就接近他。晋国、楚国没有信用，我们哪里能够有信用？"

于是，郑国就和楚国在辰陵会盟。在《春秋战国》的下一卷，我们会提到，子良在郑国已经算是很有判断力的人了，但他却不像他的后辈子产一样目光长远。当大国做出无道之事的时候，小国总是苟且追求权宜之计，这绝非长久之计。子良知道郑国战胜大国是很有害的，但是面对涌进郑国的楚人，他只能根据当时的情况想到应该向他们投降，却没有去想一想如何才能避免重蹈覆辙。

当然，子良已经算是一个颇有才能的人了，问题在于郑国的君主。郑襄公不掂量一下自己的实力，而是用一种赌徒的心态去对战楚国。郑国战胜了楚国几次，郑襄公就得意扬扬，过高地估计了郑国的实力。眼下，这场小规模的战争随着北方的晋国再次介入而不断地扩大，最终发展成了一场大规模的战争。

公元前 597 年春，楚庄王的北上征途势如破竹，战争规模慢慢扩大。楚庄王很快就包围了郑国的都城新郑。楚军里有许多像孙叔敖和申叔时这样擅长持久战的专家。孙叔敖在攻打宋国的时候，就曾经为持久作战而修建城池。申叔时后来在攻打宋国的时候，干脆在宋国的都城外面种起了庄稼，通过这种作战方式，沉重地打击了宋国的斗志。孙叔敖和申叔时从根本上都属于反战的人，然而一旦战争开始，他们又都会竭尽所能地打赢战争。他们是春秋的史籍之中最早出现的善于持久战的大师。

郑国的城池被包围了，而且楚军丝毫没有要撤退的样子，这把郑襄公逼上了绝路。摆在他面前的只有两条路，要么投降，要么死战。因此，郑襄公来到太庙里大哭了一场，对投降一事进行占卜，结果是不吉；于是，又对出车于街巷、决一死战进行占卜，结果为吉。占卜时很多人都在场，所以和楚国一战是在所难免了。郑国的大臣聚集在太庙里，抱头痛哭说国家就要灭亡了，守城的人也都跟着哭了起来。

楚庄王在外面看到郑国的这副模样，感觉很可怜，又以为郑国好像准备投降了，于是将军队撤退到了30里以外。但是，楚军一退，郑国又开始修筑防御城墙，于是楚庄王再次掉头包围了郑国的都城，历经3个月，终于攻克了郑国的都城。3个月的时间，连农事的季节都错过了，历时这么久的攻城战，这在春秋时代还是第一次。

郑国一直在等着楚军退去，可是左等右等，楚军怎么也不退，他们最后终于坚持不住了，城池陷落，楚军通过皇门，来到了城中央的广场。郑襄公作为亡国之君出来谢罪。他光着上身，牵着一只羊，来到了楚王的面前。"肉袒牵羊"这个成语就源于此，意思是彻底投降：光着上身，意思是请求对方鞭打罪人，牵着羊的意思是要招待远道而来的士兵，这是一种彻底投降的仪式。

郑襄公说："寡人不能顺承天意，不能侍奉君王，使君王带着怒气来到敝都城，这是我的罪过，岂敢不唯命是从？如果君王要把我俘虏到江南，流放到海边，我也听从您的吩咐；如果君王要灭亡郑国，把郑地赐给诸侯，让郑国人作为奴隶，我也听从您的吩咐。如果君王顾念从前的友好，向我们的祖先求福，而不灭绝我国，让我国像楚国的诸县一样重新侍奉君王，这便是君王的莫大的恩惠，也是我的心愿，但又不是我所敢于奢望的了。现在坦露我的心迹，请君王考虑斟酌。"然后，楚庄王左右的随从纷纷反对："君王不可以答应他，已经得到了的国家没有赦免的。"但楚庄王的想法却不同："郑国的国君能够甘心屈居他人之下，必然能够取信和驱使他的百姓，这样的国家恐怕还是很有希望的吧！"说完，楚庄王就命令楚军退兵了。

《新序·杂事》里记载了这件事情的后续。子重（楚庄王的弟弟熊婴齐）对楚庄王的这一举动表示非常不满。他说："南郢与郑国相去数千里，我们好不容易才打到了这里。诸位大夫之中有很多为此而死的，在这场战争中死去的士兵也有数百人，现在我们都已经战胜了郑国，却不要郑国的领土，这难道不是对楚国百姓力量的浪费吗？"楚庄王回答说："寡人听说，古代的贤明君主只要饮水的器具、身上的皮裘不坏掉就不会轻易出征讨伐四方，这是说君子重视礼仪而轻视财利，（即使出征）也是想要那里的人民臣服，而不是（想要那里的）土地，既然人民已经宣告服从我了，我如果不赦免他们，就是不祥的事情，我带着不祥之兆立于天下，距离灾难降临到我身上就没有多少日子了。"

楚庄王最终也没有侵占郑国的土地。郑国为表示投降的诚心，令子良到楚国为人质。楚国占领了陈国和郑国，但又恢复了他们的权力。从楚庄王的这些举动来看，他的性格虽然如火一般炽热，但同时感情又比较脆弱，很重视名声，对楚庄王的这种感觉在笔者心中挥之不去。

总之，楚庄王以后，楚国的基本政策就是东进。跟人口众多、不易治理的北方中原各国相比，东方如同一片新天地。难道楚庄王不想占领中原吗？或者，楚庄王认为自己的实力不够雄厚吗？在下一章中，我们将仔细地探讨这一问题。

第 8 章

成就霸业
——郱之战

初秋，天空中淅淅沥沥地飘着雨丝，我在邲之战的遗址漫步。雾气缭绕，视线所及不足百米。当时，楚军如何能在这里埋伏下来，将敌方大军逼入困境呢？难道是历史记载有误？地图上也没有山的踪影，稍微再前行一会儿，我看到在波光粼粼的黄河岸边，有一团黑乎乎的东西，我想，那难道是山吗？

　　"邲"是一个地名，位于现在郑州以北的荥阳黄河岸边。从郑州乘坐大巴向黄河驰去，会看到一些出人意料的地形变化。黄河的南岸有一些虽然不高，却还算有模有样的山丘。公元前597年的那场战争就发生在这里。城濮之战中，晋文公的臣子曾说，如果战败，退兵渡过黄河就平安无事了。实际上，如果战败的话，只要将黄河两岸用船只衔接起来渡过即可。然而，这次情况却有所不同。如果晋军失败，要渡过黄河，就必须聚集到岸边，然而，这些突然出现的山丘却引发了瓶颈现象，让这些士兵无法顺利撤走。兵家最害怕的就是在撤退时遇到瓶颈地带，前有黄河，后有追兵，如果山峦再阻挡去路，军队就无法随心所欲地撤退。相反，楚军此时已经攻陷了郑国，已经没有了后顾之忧。那么，在这场战争中究竟鹿死谁手呢？

　　在这一章里，我们将会到战争现场去看一看，正是这场战争让楚庄王登上了霸主之位。整部《左传》里，作者对这场战争的描写最富有戏剧性，着墨也最多。其他的史书也都纷纷传说着那日的场景，并衍生了无数的故事。在这场战争中，楚庄王的个性得到了淋漓尽致地展现，呈现了他作为一位尚武君主的特点。同时，《左传》也同样浓墨重彩地描写了晋国的指挥官。此次的邲之战，虽说是一次南北大战，但其中也包含着和平协定的萌芽。经过此役，史家将楚庄王加入了霸主的行列。下面我们就以《左传》为中心，并旁添一些散落在其他史书中的故事，探秘当时的战斗中所发生的故事。

1. 迟到的援军

　　夏日，晋国的援兵终于向郑国进发了。在那样长时间的包围过程中，晋国没有出击，实在是失算。不过，他们的确没有想到楚国会包围城池那么长时间。此时，郑国已经投降，晋国在没有明确定好作战目标的情况下，急急忙忙地领军出发了。之前，帮助晋文公成就霸业的狐偃曾经警告过晋国，出师目的不明，军队作战就不会勇往直前。这一次晋军是否能够克服这种困难呢？

　　晋国的中军由荀林父率领，中军佐是先縠；上军由士会率领，上军佐是郤克；下军由赵朔率领，下军佐为栾书。另外，赵括、赵婴齐是中军大夫，巩朔、韩穿是上军大夫，荀首、赵同是下军大夫，韩厥为司马。本来荀林父曾辅佐赵盾担任中军副将，赵盾死后，他升任为大将。赵朔是赵盾之子。大体上来讲，这一军队的指挥团是由赵盾一族主导，其他氏族首长联合而成的。赵盾就是前文曾提到过的在晋国独揽大权的执政者。问题在于，晋军的这些指挥官，主战派和主和派各占了一半。

晋军指挥部和将领们对战争的态度

	大将	部将	大夫
中军	荀林父	先縠 *	赵括 *、赵婴齐
上军	士会	郤克	巩朔、韩穿
下军	赵朔	栾书	荀首、赵同 *
司马	韩厥 **		

* 总体上来说，最高司令部不想开战，反而是众位部将力主作战。中军和下军里主战派和主和派鱼龙混杂，意见分歧很大，只有士会领导的上军维持了意见的统一性。司马韩厥的地位相当于战争的总参谋，他是站在如何在战后明哲保身的角度做出决断的，其目的并不是为了追求战争的胜利。总之，晋军内部压根儿没有统一。（* 主战派，** 主和派）

晋军赶到黄河边时，斥候前来报告说，郑国已经向楚国投降了。晋军已经失去了战争的第一层意义，因此，晋军的总指挥官荀林父认为晋军应当班师回朝。他说："救郑已经来不及，而与楚战等于徒劳晋民，等楚军回去再兴兵伐郑，也为时未晚。"

上军大将士会表示同意。他说："对！我听说用兵之道，要看敌人有机可乘，而后才动用兵马。敌人的德行、刑罚、政令、事务、典则、礼仪都合乎常道，就会锐不可当，因此我们不能与这样的国家为敌。楚军讨伐郑国，厌恶郑国存有二心，又怜悯郑国卑服于楚，郑国叛楚，楚国就讨伐它，郑国服罪，楚国就赦免它，这样楚国就实现了德行与刑罚。讨伐背叛的国家，这就是刑罚；用怀柔办法对待服罪的国家，这就是德行。楚国将这二者都树立起来了。去年楚国征伐陈国，今年又征讨郑国，而楚国的百姓并不感到疲敝，楚君并未因连年出兵而受到楚人的怨谤，这说明楚国的政令合于常道。

楚军摆成荆尸之阵①而后发兵，井井有条，商贩、农民、工匠、店主都不废时失业，步兵车兵关系和睦，上下（左右）的就会互不

---

① 《左传》的原文是"荆尸而举"。《左传·襄公四年》中也有"荆尸"一词，杜预和孔颖达都将其解释为楚国的阵法。

相犯。苋敖（孙叔敖）做令尹，选择适合楚国国情的政令和军典。行军时，右军拉车（运输军需品），左军打草（为宿营歇息做准备），前军以旄旌开路以防敌军埋伏，中军斟酌谋划，后军以精兵压阵[1]。各级军官必须根据旗帜所表明的趋向分别行动，军中政令不待下达警戒，士卒就都已有所防备，这就意味着楚国能正确运用军典了。

楚君（庄王）选拔人才，与国君同姓的要从亲族中选出有才干的人，与国君异姓的要从世家旧臣中选出有才干的人，选任人才不遗漏有德行的人，赏赐官爵不遗漏有功劳的人。老人有优待，过路的旅客会得到赐予。有社会地位的贵人和无社会地位的庶民，各有规定的服饰。对尊贵的有相应的礼节示以尊重，对低贱的有相应的等级示以威严，楚国的尊卑之礼就不悖逆了。德行树立，刑罚施行，政事成就，事务合时，典则执行，礼节顺当，我们怎么能抵挡楚国？见其可战就进兵，知其难攻就退兵，这是治军的良策。兼并衰弱的国家、进攻昏聩的国家，这是用兵的好规则。您暂且整顿军队、筹

---

[1] 这一部分《左传》的记载太过简单，对其解释也是众说纷纭。原文为："右辕，左追蓐，前茅虑无，中权，后劲。"从整体上来说，是在描述楚军的秩序井然。可是，为什么在运用"荆尸"的阵法时，原文中会提到这对商贩、农民、工匠、店主的生计没有影响呢？这一部分还需要仔细地研究。这一段文字以其太难解，先人也各持己见。在北宋时期的阮逸所写的《唐太宗与李靖问对》中有如下的记载：

太宗问："按《左传》所载，楚庄王的军队有'二广'的编制，其规定说，'军中百官根据旗鼓的号令而行动，军队的事情不待命令就有所准备'，这也是来自周朝的制度吗？"

李靖答："根据《左传》的记载，'楚庄王的亲兵广（车队）三十辆，每辆车士卒人数为一卒（一百人）'，比周制每车人数多一倍，步卒在车的右边行动，以车的右辕为准，在两车之间进行战斗，这都是周朝的制度。"

因此，我们可以大致这样推测：楚国的军队属于远征军，一般军队远征时，农民都要担任杂役，手工业者要跟着制作器具，商人在事前要流通战争物资，然而，楚国的远征军却不同，士卒自己拉车、打草为歇息做准备，因此楚国的军队属于自给自足类型的；也就是说，这样的军队不需要运输军需品的杂役。士卒自己拉车，自己准备宿营地。由此可知，当时的楚军训练得井然有序，很擅长长期作战。

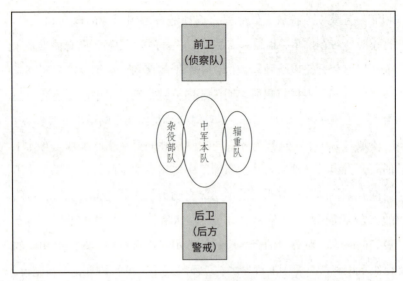

楚国荆尸之阵法（想象图） 远征部队不需要单独的杂役部队或工兵部队，具备了完美的体系。"尸"似乎被描写成了这样一种狭长的阵型。

划武备吧！还有那些弱小而昏聩的国家可以去讨伐，为什么一定要进攻楚军？仲虺[1]说：'对淫乱、失道的国家，可以征伐和侮慢。'说的就是兼并衰弱昏聩的国家。"

2. 强硬派占上风

士会的话音刚落，中军副将先縠便反驳说："不行！晋国所以能称霸诸侯，是由于军队勇武、群臣尽力。现在失去了郑国，不能说是尽到了力量；有敌人在眼前而不去追逐，不能说是勇武。晋国因为我们而丢掉霸主的地位，不如一死为快；况且晋国兴兵出战，听到敌人强大就想退兵，非大丈夫所为。奉国君之命作为三军的统帅，却做出

---

① 《尚书》中出现的商汤王的宰相，以直谏闻名。因此，后世之人在谏言的时候，经常会提到仲虺。

非大丈夫所为的事，唯有诸公能忍受这种耻辱，我是不会干的。"

说完，先縠就带领中军副帅所属的军队渡过了黄河。根据军法，作为统帅的荀林父当然应当处罚先縠，但是他却没有果断地做出决定。先縠这个人物是靠着赵盾登上下军部将之位的，而荀林父也是因为赵盾的信任才成为全军统帅的。赵朔是赵盾之子，赵括、赵同和赵婴齐都是赵盾的弟弟。因此，从整体上来说，这次出征带着浓郁的赵氏家族的阴影。大概是由于这种原因，荀林父无法制止先縠的手下渡过黄河。

看到此种情况以后，中军荀首叹道："先縠这些军队危险了。《周易》上有这样的卦象，从'师卦'变成'临卦'，爻辞说：'出师要有法度纪律，法度纪律不善，结果必凶。'每办一件事，若听从主帅命令，完成使命，结果自然是好的；如违背主帅命令，结果必然是不好的。众心涣散，力量就会变得柔弱，流水壅塞，就成为沼泽。军队有法度纪律，是为了让部下听从主帅的命令，进退如主帅之意，所以叫作律。水由盈满而枯竭，壅塞而不能整流，自然是凶险的征兆了。行不通叫作'临'，有主帅而不服从其领导，还有什么比临卦更坏的呢？这说的就是先縠的这种不服从命令的行为。果真和敌人相遇，先縠一定要打败仗的，即使免于战死而侥幸回国，也一定会有大祸临头。"

由于先縠的离队，事情变得越来越怪异了。此时，韩厥劝荀林父说："如果先縠带领他所属的军队陷于失败，您的罪过就大了。您是三军最高统帅，军队却不服从您的命令，这是谁的罪过？丢掉了属国（郑国），丧亡了军队，构成的罪过已经很重了，不如干脆进军。战而不胜，失败的罪过可由大家共同分担，与其您一个人承担罪责，不如六人分担罪名，不远比独责元帅更好吗？"于是晋国的军队就渡过了黄河。

以后韩厥这个人物还会占据春秋舞台的一席之地。韩厥也是受到赵衰的信任才出仕的。他天性仁慈，不忍心让先縠的部队独自去攻打楚国。先縠的离队和荀林父的优柔寡断让晋国越发陷入不利的境地。

3. 和平奇遇记——麋鹿阻止了战争

楚国的令尹孙叔敖根本不喜欢战争，他希望所有问题都有万全的解决之策。楚国士兵的强悍虽然已经被证明，但经过多次的驱使和远征，他们已疲惫不堪。楚庄王也很慎重，他认为，楚军长时间在外，与强敌作战，确实是件很残酷的事情。既然已经降服了郑国，楚军就可以撤退了。正当楚庄王预备让军队撤退时，他听说了先縠的部队渡过黄河的消息。楚庄王一向自尊心很强，得知消息后，当场便调转马头向北迎战。

当时沈尹率领中军，子重率领左军，子反率领右军。这里我们再看一下《新序·杂事》里子重和庄王的对话。不过《新序·杂事》作为史书的价值稍微低一点。子重认为这场战争很艰难，他说："晋为强国，他们路途比较近，力气比较足，然而我楚军已然筋疲力尽，我们就不要迎战了。"结果楚庄王回答道："不可，欺软怕硬，寡人无以立乎天下。"

对于先縠的挑衅，楚庄王感到很是气愤，于是他便重新让军队掉头，准备迎敌。但孙叔敖的想法却有所不同。宠臣伍参力主迎敌，孙叔敖便对他说："往年攻打陈国，今年攻打郑国，没有一年不打仗的。打起来以后如果不能得胜，你伍参的肉够吃的吗？"伍参也血气方刚，他回答道："如果作战得胜，就证明孙叔您没有谋略。不能得胜，我伍参的肉将会沦丧在晋军那里，哪里还能吃得上呢？"

可是令尹孙叔敖不听伍参等主战派的主张，回车向南，倒转旌旗。他认为君王出征的时间已经太长，如果在战斗中失败，将会失去之前所获得的一切，即便不战，楚国也没有什么损失。然而，伍参不管顽固不化的孙叔敖的意见，直接游说楚庄王。他说："晋国的参政换了，新任执政者（荀林父）的命令还不能被执行。他的中军佐先縠刚愎自用，不讲仁义，不肯听从命令。他们的上、中、下三军统帅都各行其是，无法统率。军中听不到主帅的命令，士兵不知该听从谁的话才对，这一次，晋军必败；况且国君您如果逃避晋国的臣子，将来楚国的社稷怎么办？"

伍参深谙楚庄王讨厌失败的性格。楚庄王听了伍参的这一番话以后，愤怒不已，于是又命孙叔敖把战车改而向北，对此，孙叔敖也无可奈何。不过，楚庄王认为，只要晋军不再度挑衅，就没必要真正开战。

当时晋军驻扎在敖和鄗之间。对于这两个地方究竟在哪里，学界有许多考证，但都不足为信，不过，它们应当是黄河南岸荥阳周围的两座山。晋军纵队来到两山之间，如果战争形势不理想，还要再从这条路撤退，问题在于这条路实在太狭窄了。兵法上忌讳的就是军队被困在窄路上，更加忌讳的是向窄路逃跑。晋军只是急躁冒进地履行作战计划，但对于如何撤退并没多想。春秋时代的第二位霸主晋文公在城濮之战时，已经做好了充分准备，如果战争结果不尽理想，还可以尽快地撤军渡过黄河，这与荀林父毫无计谋的进军是有着天壤之别的。

此时，郑国的皇戌出使晋军中，他说："郑国服从楚国，只是为了保全社稷的缘故；郑对晋国并没有二心。楚军因屡次得胜而骄傲自大，而且他们出征已久已经疲困，又不设防御。只要您攻击楚军，郑国的军队愿意作为后继，楚军一定会战败。"

先縠说："打败楚军，降服郑国，在此一举，您一定要答应皇戌的请求。"栾书说："不可。楚国自从战胜庸国以来，他们的国君没有一天不在治理楚民，并教导他们注意，人民生计艰难，祸患可能随时会到来，警戒和畏惧不能懈怠。在军事上，楚王没有一天不在整治军器，并加以申明告诫，使军士注意，战场上没有常胜不败的，殷纣虽屡战屡胜，最终却亡国绝后。楚王就用楚国的先君若敖、蚡冒的事迹来教导楚民，先民乘着简朴的柴车，穿着破旧的衣服，来开辟山林；楚王用良言劝诫军民说，'百姓的生计在于勤勉地劳作，

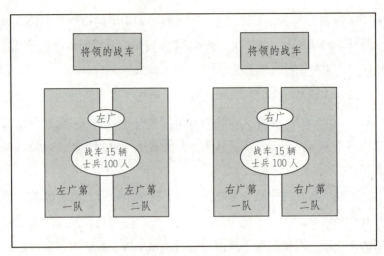

楚国"广"的概念图 左广和右广轮流攻击敌人，左广和右广将领战车的主帅位置是空的。君王轮流乘坐左广、右广将领的战车。在邲之战中，由于楚军所向披靡，楚庄王没有从左广将领的战车上下来，就结束了战斗。

能勤勉劳作，生活就不会贫乏。'因此，我们不能说他们骄傲自大。晋国的先大夫狐偃说过，'出兵作战，理直（如果有正义的名分）就气壮，理亏（没有名分）就气衰。'我们师出无名，又和楚国结怨，我们理亏而楚国理直，这就不能说他们气衰。"

"楚军用兵之法，分为左右二广，每广有一卒，每卒又分左右两偏①。右广先套车，计算时间等到中午，左广就接替它，一直到黄昏。晚上，左右近臣按次序值夜，以防备发生意外，这就不能说没有防备。子良是郑国的杰出人物；师叔（楚国的潘尪，主张与郑国讲

① 《左传》的原文是"广有一卒，卒偏之两"。"卒"这一单位的意思比较明确。《周礼》中记载一卒由100人组成，我们可以相信，在《周礼》成书时，"卒"的编制依然维持，因此我们可不必怀疑。可是，《周礼》中也有对"两"这一单位的描写。每"两"由25人组成。因此，《左传》的记载可以有两种解释。既可以说"每广有一卒，每卒又分左右两偏"，还可以参考《周礼》，译为广由一卒构成，每卒又以25人为单位重新整编。可以确定的是，楚王的直属部队分为左广和右广，各广的人数为50人或100人，他们可以说是楚国最精锐的部队。

和）是楚国地位崇高的人物。师叔进入郑国促成结盟，子良作为人质留在楚营，因此现在楚国和郑国的亲近友好并非权宜之计。郑国人如今来劝我们出战，如果我们战胜就来归服，不胜则去依靠楚国，这是在拿晋楚决战的结果来决定他们的外交立场！我们不能听信郑国的谗言。"

可是，担任中军大夫和下军大夫的赵括、赵同却和栾书吵了起来，他们说："领兵而来，就是为了寻敌立功。只要可以战胜敌人，得到属国的归附就行了，现在还等什么？我们一定要听从先縠的号令。"

荀首叹息说："赵同和赵括，将来一定会为此付出代价。"赵朔则叹服说："栾伯（栾书）说得太好了！实践他的话，一定能成为晋国执政者的首脑人物。"

赵朔是赵氏家族的嫡子，他虽然统帅下军，但从家族的辈分来看，赵括和赵同都是他的叔父，赵氏家族内部已表现出内讧的征兆了。

现在，晋国阵营的立场，我们基本都梳理完毕了。中军将荀林父虽然不想打仗，但没有能够当机立断，中军佐先縠违抗军令，单独采取行动。统领上军的士会坚决地反对与楚国开战，但是中军佐先縠、中军大夫赵括、下军大夫赵同等部将都希望与楚国一战。参谋长司马韩厥虽然在战斗中表现消极，但认为应该支援已出战的先縠。正如伍参所说的那样，晋国军中的意见四分五裂，总司令荀林父的命令还不能让大家马首是瞻。

可是楚庄王的态度依然比较慎重，他知道先縠率领着极少的一部分士兵前来挑衅，但晋军的指挥部并不希望双方开战，也清楚楚军因为长时间的远征而疲惫不堪。

楚庄王派少宰为使者出使晋营，少宰到晋营后说："寡君年轻时就遭到忧患，不善于辞令。我们楚国的楚成王、楚穆王二位先君所以来往于此路以征伐郑国，为的是教导和安定郑国，我们岂敢得罪晋国呢？所以希望你们也不要久留于此！"

士会回答说:"从前周平王命令我们先君晋文侯说,'晋国要与郑国共同辅佐周室,不要废弃天子的命令。'现在郑国不遵循王命,寡君派遣下臣们质问郑国,岂敢劳动楚国官员前来迎送?晋军愿意拜受楚君赐予的命令!"

主战派先縠认为士会的回答是在向楚国屈服。因此,他派遣赵括跟上楚国的使者更正说:"我们刚才那位临时代表把话说错了。寡君要求臣下们把楚国从郑国迁移出去(通过战争赶出去),命令说,'不许躲避敌人!'臣下不可以违抗国君的命令。"

先縠不仅违抗总指挥官的命令,还公然地篡改了士会和楚国使者的约定。可是,楚庄王耐下性子,又向晋国派出了使者,这次晋军指挥部又答应了楚国的请求,并约定订盟,商定了订盟的日期。但这次楚军的人又惹了麻烦。

楚军将士意气用事,要去攻打晋军。楚国的许伯驾驭着乐伯的战车,以摄叔作为车右,向晋军单车挑战。他们的名字里既然有"伯"和"叔"的字眼,就说明他们是楚军阵营里的高级军官。和晋国的先縠一样,他们都属于不逞英雄就浑身难受的人物。

许伯说:"据我听说,向敌人挑战的人,应该驾着战车疾驰,把军旗斜举着,迫近敌营,然后回来。"乐伯回答说:"据我听说,向敌人挑战的人,应该从车左射出利箭,替驾车的人执掌缰绳,驾车的人故意下车,整齐马匹,整理好马脖子上的皮带,然后回来。"然后摄叔又说:"据我听说,向敌人挑战的人,作为车右应该冲进敌营,割掉一个敌人的左耳、擒获一个俘虏,然后回来。"

于是,这三个人都疾驰进了晋国的军营,然后实践了一遍刚刚自己所说的话。晋人追赶他们,左右两面夹攻。乐伯左右开弓,实力非凡,使晋军左右翼不敢再前进。可是,这样射下去,箭都射光的话,他肯定也就被生擒了。终于,箭只剩下一支。就在此时,有一头巨大的麋鹿受到四方逼近的晋军的惊吓,突然向乐伯的方向跑了过来,乐伯一箭射中了麋鹿的背部。晋国的鲍癸正在后面追赶他

楚国的战士　楚国的战车都漆成了彩色，以防因受潮而腐烂。图中是楚国士兵所使用的竹制的特殊弓箭。

们，乐伯便让摄叔拿着麋鹿献给他，摄叔发挥他的聪明机智，说道："由于今年还不到时令，献禽兽的人还没有来，谨把它奉献给您的随从作为膳食。"鲍癸让部下停止追击，他说："他们的车左善于射箭，车右善于辞令，他们都是君子。"因此就将许伯等三人放回。

　　楚国的将士不仅豪气干云，更有临机应变的能力，而晋国的鲍癸则懂得节制。如果此时鲍癸将他们捉住的话，一场大战就在所难免了。

　　结果，晋国的魏锜又请战。至于他请战的目的，人们并不清楚，但据《左传》记载，魏锜曾请求做公族大夫，没有达到目的，因而很生气，想使晋军战败。总之，他和先縠、赵括等一样，都是主战派的。他请求向敌军挑战，没有得到指挥部的允许，他又请求出使楚营，这次指挥部允许了。然而，他却并没有遵守出使的约定，反而到楚军营中掠战而回，于是楚国的潘党便追赶他，潘党和楚国的养由基一样，都是楚国有名的神射手。当潘党到达荥泽时，魏锜看到了六只麋鹿，他射死了其中的一只，回车献给潘党，也说道："您平时有军务在身，打猎的人恐怕不能给您供上新鲜的肉类吧？谨以此奉献给您的随从人员。"前面鲍癸也曾对楚军施恩，因此潘党便下令不再追赶，而放过了魏锜。

在一触即发的危机局面下，两只麋鹿献出了自己的身体，送来了和平。《左传》里的有些场面实在太富有戏剧性，有的地方并不能令人信服，可是这段故事应当是真实的。战斗的队形和围猎的队形是一样的，禽兽被困其中也是很正常的。特别是当时，黄河一带还没有开发的沼泽地是麋鹿生活的天堂。

如果双方就此打住，也就没有后面的故事了。

4. 孙叔敖激流勇进

晋国的军中还有一个想造反的人，他就是赵旃。他和魏锜一样，请求卿位而没有达到目的，因此内心很是不满，他也很想通过战争证明一下自己；而且，他对于没能捉住楚国挑战的乐伯等人十分生气，就请求向楚军挑战，但也没有得到允许。于是他也像魏锜一样，想出了一个歪点子。他谎称去召请楚国人前来订盟，指挥部便允许了他的请求。于是，赵旃和魏锜各自都接受命令到楚军中去了。

但郤克很担心他们俩会闯出祸端，他说："这两个心怀不满的人去了楚营，如果我们不加防备，晋国必然会遭遇失败。"

这时，首先渡过黄河挑起事端的先縠却冷嘲热讽道："郑人劝我们同楚军作战，我们不敢听从；楚国人要求讲和，又不能好好地答复他们。出兵作战没有始终如一的命令，多加防备做什么？"

士会劝道："还是有防备的好！如果二人激怒了楚军，导致楚人暗中袭击我军，我们很快就会溃不成军，所以应该立刻准备。就算

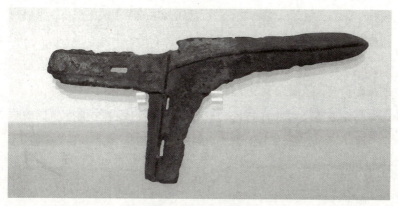

屈荡的戈 上面写着"屈叔沱戈"的字样。据推测这把戈属于曾活跃于邲之战之中的屈荡。

楚国人没有恶意，有了戒备而和楚国订盟，对和好又有什么损害呢？倘若楚军带着恶意而来，有了防备，我们就不会失败；况且两国诸侯集合和好相见，军事防卫也并不撤去，在战争场地做准备，哪里会有什么错误？"

先縠还是执拗地认为没必要做准备。士会便对上军大夫巩朔、韩穿下令说："率领七队伏兵埋伏在敖山之前！"

潘党已经赶走了魏锜，赵旃在夜间到达楚军驻地，铺开席子坐在军门的外面，派遣他的部下先进军门请战，这种挑战实在是有勇无谋的表现。那么，这位有胆在别人的军门外铺开席子的赵旃命运如何呢？

第二天早上，两军对峙，楚庄王亲自迎战。楚庄王的直属部队战车30辆共分为左右两广。彭名驾驭左广的指挥车，屈荡作为车右；许偃驾驭右广的指挥车，养由基作为车右。养由基和屈荡是楚国武艺最高强的人，而彭名和许偃则是楚国最善言辞的人。楚庄王可以乘坐其中的任何一辆战车。那天，楚庄王选择乘坐左广的指挥车来追赶赵旃。赵旃本来就不是楚庄王和屈荡的对手，待楚庄王的战车快要追上他的时候，赵旃吓得魂飞魄散，丢掉车子跑进树林，他大概以为跑到树林里，战车就无法追赶他了。可是屈荡从战车上跳下来，一直追到树林里，和他搏斗，将他身上的铠甲和下衣扒了下来。

晋军指挥部正在担心魏锜和赵旃会激怒楚军，看到他们被楚军的战车追赶，便派战车做好迎接他们的准备。

潘党远望飞起来的尘土，便派战车奔驰报告楚军说："晋国的军队打来了。"楚人正在担心楚庄王陷入晋军包围，就出兵迎战。终于，孙叔敖要下达军令了。一开始，孙叔敖尽量地想回避战争，但如果战争无法回避，就必须打赢。他说："前进！宁可我们迫近敌人，也不要让敌人迫近我们（宁我薄人，无人薄我）。《诗经》说，'大的兵车十辆，冲在前面开道'，这是要我们抢在敌人的前面。兵法上也说，'先发制人，可以夺去敌人的斗志。'这是要我们主动迫近敌人。大家都前进！"一向温和的司令官下达了严命，于是楚国的战车和步兵同时蜂拥着向晋军攻去。

战争的胜负早已经决定，晋军没有什么先锋，最早去挑衅的赵旃被俘之后，他手下的士兵畏于楚庄王的气势，忙着四处逃亡。中军统帅荀林父不知所措，在军中击鼓宣布说："先过河撤退的人有赏。"就这样，晋军士兵如潮水般退去。中军、下军闹哄哄地来到黄河岸边，互相争夺船只，先上船的人用刀砍断后来者攀着船舷的手指，船中砍断的指头多得可以用手捧起来。司令官的其他命令士兵不怎么听，而逃跑有赏的这个命令却执行得非常到位。

5. 剖蚌得珠

楚国工尹齐追逐晋国的下军（左翼），晋国的整个军队都倒向了右边。但是，老练的士会所率领的晋国上军（右翼）却没有惊慌。晋军没有全军覆没，是因为上军还稳定着队伍。可是楚庄王却打算让晋军全军溃败。因此，他派唐狡和蔡鸠居去报告隶属于楚国联军的唐惠侯①说："我无德而贪功，而又遭遇强大的敌人，这是我的罪过。楚国如果不能得胜，这也是君王您的羞耻。谨借重君王您的威力，以帮助楚军成功取胜。"

向唐惠侯发出请求之后，楚庄王又派遣潘党率领后备的战车40辆，跟随唐惠侯作为左方阵，以迎战晋国的上军。本来，在晋国中军和下军忙着撤退，局面一团糟的时候，上军依旧井然有序地坚守着自己的位置。但遇到这样的突变，上军也遭受到了威胁。

上军部将郤克急忙问道："我们等待着同楚军作战吗？"士会回答说不可以，他说："楚军的士气正旺盛，如果楚军集中兵力对付上军，我上军必然会全军覆灭，不如及早收兵撤退。分担战败的指责，保全士兵的性命，不是更好吗？"

因此，晋军的上军也撤退了。士会亲自作上军的殿后退兵，队伍没有涣散。上军撤退时井然有序，而且上军已经派人率领七队伏兵埋伏在敖山之前，楚军不敢轻易追击，上军因此没有溃败。相反，中军和下军则输得一塌糊涂，死者不计其数，惨不忍睹。

楚庄王在奋勇作战的时候，瞥见了右广，便准备乘坐右广的战车。但屈荡此时正想好好表现一番，便豪气干云地喊道："君王乘坐左广开始作战，也一定要乘坐它结束战争。"从此楚国的乘广改以左广为先。屈荡的话的意思是，楚庄王不必换车，就能打赢这场战争，由此可见他对这场战争的自信。

胜负既定，楚军甚至开始怜悯起晋军来了。晋国人有战车陷在坑里不能前进逃跑，此时楚国人逼近了他们，但没有俘虏这些晋军的士兵，反而教他们说："抽出车前的横木吧。"看样子是因为横木卡在坑里，车出不来了，于是晋军士兵便抽出了横木。但车没走多远，老是盘旋不进。看样子是因为战车太轻，而巨大的旗帜一直在摇晃，所以

---

① 楚军中有许多从别的地区借来的士兵。唐狡和蔡鸠居等的姓"唐"和"蔡"都是地名。唐国的君主随楚庄王出征。

战车才老是盘旋不前。因此，楚国人又告诉他们说："拔掉大旗，扔掉车辕头上的横木吧。"晋国的战车士兵再次接受了楚人的意见，拔掉了大旗，战车才开始正常运转。他们从泥坑里出来以后，一边逃跑，一边转过头来对楚国人说："我们可不像你们，有这么丰富的逃跑经验。"

不知道晋军士兵这是在恭维楚军，还是在嘲讽楚军，总之这一段文字淋漓尽致地体现出了晋军的狼狈不堪。如果战车上插着大旗，就表明这辆车上坐着晋国有头有脸的人，或是这辆战车发挥着指挥战争的作用，就连这样的战车居然也没能跑掉，反而要靠接受敌人的帮助才能逃脱。即便如此，他们还是颇有自尊心的，表示自己是因为没有逃跑的经验才会如此狼狈。相反，楚军看到胜负已定，就很从容了，他们并没有狠狠地攻打晋军。虽是战场，楚军却对敌人表现出了同情之心。

引发晋楚之战的赵旃，被屈荡扒了铠甲之后，似乎很快就被释放了，因为他再次出现在了战争里。《左传》里面还记载了赵旃在撤退的混战中的一个举动。赵旃把自己的两匹好马给了他的哥哥和叔父，帮助他们逃跑，而改用他们两人的瘦马拉自己的战车，当他碰上敌人时逃脱不掉，就又丢弃车子跑到了树林里。逢大夫和他两个儿子坐在车上，看到了赵旃，便对他两个儿子说："不要回头望。"他是想首先拯救自己的家人，但是他的儿子却固执地回头望了望说："赵老头在后边。"逢大夫大怒，指着一棵树说："下车！我会在这里为你们收尸。"然后，逢大夫就调转车头，把缰绳交给赵旃，以两个儿子为代价，载上了赵旃。赵旃因此幸免于难。第二天，逢大夫到那棵树底下收尸，逢氏兄弟果然死在了树下。

楚国的熊负羁在战斗中生擒了知罃，其父荀首为了营救儿子，率领他的部属回来又进行了一场激烈的战斗，魏锜驾驭荀首的战车，下军的士兵大多也跟了回来。荀首每次引弓发射，如果抽到的是利箭，就放在魏锜的箭袋里。魏锜发怒说："不去救儿子，反而舍不得蒲柳

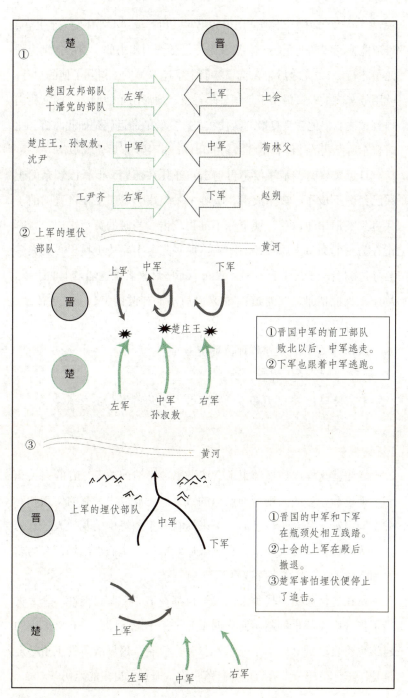

① 楚　晋
　楚国友邦部队
　十潘党的部队　左军 → ← 上军　士会
　楚庄王，孙叔敖，中军 → ← 中军　荀林父
　沈尹
　工尹齐　右军 → ← 下军　赵朔

② 上军的埋伏部队　黄河

　上军　中军　下军
　晋
　　　楚庄王
　楚
　左军　中军　右军
　　　孙叔敖

①晋国中军的前卫部队
　败北以后，中军逃走。
②下军也跟着中军逃跑。

③　黄河
　晋　上军的埋伏部队
　　　中军
　　　下军
　楚
　上军
　左军　中军　右军

①晋国的中军和下军
　在瓶颈处相互践踏。
②士会的上军在殿后
　撤退。
③楚军害怕埋伏便停止
　了追击。

邲之战示意图

151

（箭），董泽的蒲柳，难道能用得完吗？"荀首说："不抓住别人的儿子，难道能换回我的儿子吗？利箭我是不能随便射出去的，要活捉别人的儿子才行。"说完之后，荀首果然射中了连尹襄老，得到了他的尸首，就用战车装上；又射中了楚国公子谷臣，便俘虏了他回去。前文我们提到过襄老，他就是夏姬的新任丈夫，夏姬的命运就是如此曲折。此时晋军所俘获的战俘谷臣和襄老的尸体，将用于以后营救知䓨。

日近黄昏时，楚军便不再追击，驻扎在邲地，但晋国剩余的士兵已经溃不成军，夜里渡河，喧吵了一整夜。楚庄王在将晋国的士兵赶到黄河岸边以后，便下令不准再攻击。当时的黄河岸边，晋军正在为登船而争先恐后，一团糟。那些先上了船的士兵担心人太多会导致翻船，于是手起刀落，砍断了那些后来者攀在船舷上的手指。楚庄王见此情景，叹息道："看来以后不能与此国（君主）为伍了，百姓有何罪过呢？"

《新序》的作者是这样评价楚庄王的。

诗曰："柔亦不茹，刚亦不吐。不侮鳏寡，不畏强御。"庄王之谓也。

战斗就这样惨烈地结束了，留下了数不清的故事。有的人丢车弃甲地逃命，有的人则帮助撤退的敌人。贵族之中，有的父亲和儿子一同出征，舍弃了自己的儿子来拯救陷于困境中的其他人。有的大将为了保护自己的军队，自己殿后，最后一个撤出战场，有的君主则因敌人死伤者太多而叹息不已。

就在这样惨烈的战争里，人类也都在追寻一些可能性。逢大夫为了拯救引发战争的赵旃而弃两个儿子于不顾，即便是有勇无谋的赵旃也将自己的马匹给了兄长和叔父。但是，这场战争的主角必定是楚庄王。楚庄王没有穷追猛打落水狗，避免了更多的死伤。

6. 胜利的原因——绝缨之会

　　《左传》是描写邲之战的最原始的资料，里面如绘画一般勾勒出了邲之战的轮廓。《左传》里描写在战争发生以前，晋军指挥部已经被楚军的井然秩序吓破了胆。晋军在邲之战中的大败，当然有环境、战略等方面的综合因素，但是最大的原因应当是楚国军队的战斗力过于强大。现在，我们再来分析一下晋国失败、楚国胜利的原因。

　　在《说苑·复恩》篇里，记载了著名的"绝缨之会"的故事，前文曾经提到过，在此我们来回顾一下这段文章的译文：

　　　　楚庄王有次宴请群臣喝酒，天已黑了，酒兴正浓，灯烛突然灭了，有个大臣拉美人的衣服。美人扯下这个人的帽缨，告诉楚庄王说："刚才蜡烛灭后，有人拉我衣服，我把他的帽缨扯下来了，您催促人点灯，看看是谁的帽缨断了。"楚庄王说："赐人饮酒，使他们醉后失礼是人之常情，怎么能为了显示妇人的贞洁而使臣子受辱呢？"于是，楚庄王马上命令群臣说："今天与寡人饮酒，不扯断帽缨的话不算尽兴。"群臣们百多人都把帽缨扯掉，然后才点上灯接着喝酒，最后尽欢而散。

　　　　过了两年，晋国与楚国交战，有一位大臣奋勇争先，五次交战五次擒获甲首，打退敌军，最后取得胜利。楚庄王感到奇怪，就问他说："寡人德行浅薄，又未曾特殊礼待过你，你为什么奋不顾身拼死战斗呢？"这位大臣说："我该当死罪，从前在宴会上我酒醉失礼，大王您隐忍不治我的罪，我始终不敢空受您庇护之恩而不思回报。我常怀为您肝脑涂地、浴血杀敌的愿望，已经有很长时间了。我就是当年帽缨被扯下的那个人。"于是，晋国被打败了，楚国强盛了起来。

这个故事是汉朝刘向通过各种文字资料整理而成的，这段故事发生在 2600 年前，现在已经无从证实其真实性，但这段故事却淋漓尽致地体现出了楚庄王的个性。我们经常说领导人要宽宏大量，而楚庄王就是这种领导人的典型。邲之战的先锋是楚庄王的亲兵，这些亲兵中肯定也有人发生过类似于唐狡绝缨之后被宽恕的故事。

打造出楚国强悍军队的不是别人，正是令尹孙叔敖。他将楚国的传统军队用现代的方式重组，打造出一支同时拥有向心力和严明纪律的部队；而且孙叔敖本来就不好战，这一点更加获得了士兵的信任。在战场上，孙叔敖为了减少楚军的损失而竭尽所能，然而战争一旦开始，他又绝不手软，当机立断下令。如果司令官珍视战士的生命，那么战士在打仗时反而会不顾性命，这也许是人之常情吧。正因为楚庄王和孙叔敖都如此珍视手下人的生命，他们手下的人才会这样舍生忘死地去战斗吧。

下面让我们到晋国的军中去看一看。不听中军统帅指挥的部队是不可能打赢战争的。晋国的士会知道，在战争发生以前，晋国就已经失去了战争的正当借口，因为晋军到这里来本是为了援救郑国，但郑国已经投降。晋国屡次接受楚国讲和的邀请，但又不停地违背约定。

在麋鹿闯出来阻止这场战争的时候，或是当楚国想讲和的时候，如果晋国能够停下来就好了，那样的话就不至于伤亡如此惨重了。

7. 楚国的战后处理——止戈之武

楚军的辎重车（运输军需品的车）终于到达邲地。潘党建议楚庄王说："君王何不建筑起军营显示武功，收集晋国战死的尸体来建造京观？下臣听说古人战胜了敌人，一定要把克敌之事告示给子孙后代，使他们不忘记武功！"然而，楚庄王的想法却不同，他说："卿所言差矣。从文字构造来看，止戈合起来叫作武。"

这就是著名的"止戈之武"的故事起源。到了后世,"止戈之武"变成了武人的理想,朝鲜时代忠武公李舜臣的刀上也刻有"止戈"二字。

楚庄王接着说:"武王战胜殷纣王,作《周颂·时迈》(宗庙祭祀的舞曲歌辞)说,'武王让把干戈武器都收藏起来,良弓利箭都装进囊鞴中。武王求美德之士治理天下,把求贤之意颁布于华夏四方,武王实在能保有天下。'又作《武》篇颂辞,其第三章说,'我前去征讨只是为了求得安定(我徂惟求定)。'武功,是用来禁止强暴、消灭战争、保持强大、巩固功业、安定百姓、调和大众、丰富财物的[①],所以让子孙不要忘记周颂的诗句。

"今寡人一战让晋楚两国之民尸横遍野,太残暴了;显耀武力以使诸侯畏惧,战争就不能消弭了;残暴而没有消灭战争,哪里能够保持强大?晋国这个强敌依然存在,如何能够巩固功业?违背百姓愿望的地方还有很多,百姓如何能够安定?没有德行却强争诸侯,拿什么使百姓和睦?乘人之危谋取自己的利益,趁人之乱追求自己的安定,如何能期待丰年?武力具有七种美德,寡人对晋国用兵却没有一项美德,用什么来昭示子孙后代?还是给楚国的先君修建宗庙,把服郑胜晋的事祭告给先君就够了,黩武不是我追求的事。

"古代圣明的君王征伐不事王命而肆意作乱的人,抓住它的罪魁祸首杀掉埋葬,作为一次大杀戮,这样才产生了'京观',以惩戒荒淫、奸诈之人。现在晋国并没有什么罪恶,士卒都极尽忠诚,为执行国君的命令而死,怎能建造京观来以示惩戒呢?"

楚庄王说完,就在黄河边上祭祀河神,修建先君的祠庙,报告了战争的胜利,然后退兵回到了楚国。之前晋文公在城濮之战中取得胜利以后,用楚国将士的尸体筑造了京观,这与楚庄王的举动形成了鲜明的对比,他们两人的处事风格完全相反。

楚庄王的这种举动很有可能与他的个人品性有关,但这种举动

---

① 原文为"丰财",意思是丰年。古人认为只有做祥瑞之事,才会有丰年。

在诸侯国中引起的反响是巨大的。隐然之中，人们就会觉得楚庄王是一位比晋文公更加杰出的君主。在城濮之战中，晋文公曾退避三舍。这虽然看起来像是在遵守约定，实际上却是一种诱敌之术。在邲之战中，楚庄王本来不想开战，一直回避战争，这种举动发自他的真心；而且，城濮之战胜利以后，晋文公感到很高兴，而邲之战后，楚庄王却把胜利看得很悲伤。楚庄王还将自己和周武王相比，认为黩武并不是自己追求的功业。所以，后世人们对两者的评价截然不同，也就不足为怪了。

8. 晋国的战后处理——大国风度

下面我们再来看一下晋国的战后处理。晋国虽然失败了一次，但它毕竟是大国，国内依然很有秩序。

荀林父想为战败负责，请求晋景公处自己死罪，晋景公打算如其所愿。士贞子劝谏晋景公说："城濮那一次战役，晋军连续三天吃着楚军留下的粮食，文公还面带忧色。左右的人说，'有了喜事而忧愁，如果有了忧事反倒喜悦吗？'文公回答说，'得臣（子玉，也就是成得臣）还在，我怎能不忧愁呢？困兽犹斗，何况是一国的宰相呢！'但是，楚成王追究成得臣的战败之责，让成得臣自杀，文公便喜形于色，说，'现在没有人来同我作对了。'楚国杀了成得臣，晋国就赢了两次，楚国就失败了两次。楚国从此以后的两代君主治理期间都不敢跟我们作对。

"现在（晋国被楚国打败）或许是上天要大大地警示晋国，如果我们再杀了荀林父以增加楚国的胜利成果，这恐怕会使晋国迟迟无法再度强盛起来吧？荀林父侍奉国君，进，想着竭尽忠诚；退，想着弥补过错。因此，他是一位捍卫国家的忠臣，您怎么能杀他呢？他的失败，如同日食月食，怎会损害日月本身的光明（如日月之食，何损于明）？"①

晋景公听了士贞子的话，就放过了荀林父，并让他官复原位。晋国又与宋国、曹国、卫国等结成了同盟，加强了战后的团结。

那么，邲之战的祸根——先縠怎么样了呢？他也获得了赦免。在获得赦免以后，先縠还曾负责晋国、宋国、曹国、卫国的会盟。但第二年，他再次因为用兵之事卷入是非之中。赤狄攻打晋国，晋国人便怀疑是他作祟，《左传》里的记载是"先縠召之"。笔者认为，先縠应该不会故意召敌前来，大概又是像邲之战时那样，他的鲁莽激怒了敌人，导致了战争的爆发。

晋国最终降罪于先縠。不仅先縠本人，连他的族人也都因他在邲之战中的不良表现，以及召来赤狄的罪过所连累，被晋国国君诛杀。晋国因先縠的个人原因，就诛杀了先氏一族，的确有违常理，也未免有些残忍。然而，在邲之战中失去家人的人们，却随时都希望先縠垮台。躲得了初一，却躲不过十五。曾经帮助晋文公成就晋国霸业的先轸的后代因此一蹶不振。

9. 邲之战的意义

自齐桓公在召陵给了楚国一点颜色之后，楚国和北方势力的战争波涛汹涌地持续了半个多世纪。晋国通过城濮之战成为霸主，现在又发生了邲之战。邲之战以楚国单方面的胜利而告终，但它的性质与城濮之战不同。城濮之战时，晋国联合了北方各国与楚国作战，但在邲之战中，晋国只是派出了本国的军队与楚国作战。就算输掉了邲之战，晋国在各诸侯国中也并不需要承担太大的责任。

---

① 士贞子的意思是荀林父是一位优秀的人才，不能因为他犯了一次错误，就将他全盘否认。因此，"日月之食"和"老虎也有打盹的时候"意思是一样的。

在邲之战中，楚庄王为了避免和晋国对决，做出了各种努力，而晋国的司令部也很想避免这场战争。在战争结束以后，楚庄王没有炫耀威风而是尽快撤退，也是因为不想更多地刺激晋国。楚庄王希望南北势力以黄河为界和平共存，因为他真正的目标在东方。邲之战以后，楚庄王立刻东征的举动也证明了这一点。日后南北对峙虽然依旧持续，但楚国的基本政策却是东进。如今晋国和楚国都感觉到战争对彼此都没有什么好处，小国也都更加狡猾，准备利用两大强国之间的战争谋取利益。晋国的栾书曾经说过，"郑国是在拿晋楚决战的结果，来决定他们的外交立场"，通过这句话我们也可以感受到这一点。日后楚国继续东进，到了战国时代，楚国的疆土已经扩至黄海。当然，楚国的东进是准备好在东方展开另一场恶战。

另外，为邲之战提供口实的郑国，则分为亲楚派和亲晋派，两派之间总是争吵不休。在齐桓公称霸之时，郑国太子华甚至想以将郑国的半壁江山拱手齐国为代价，发动叛乱谋取政权，可见郑国的分裂也由来已久。这次是石制想要背叛楚国，引发叛乱。据《左传》记载，郑国的石制打算把楚国军队引进来，立公子鱼臣为国君，并且割让一半土地给楚国。因此，楚国的士兵才会攻打郑国。在这种情况下，亲晋派又把晋国军队引进来，好比为赶走猛虎，又引来了豺狼，实在是愚蠢至极。我们来看一下《左传》对此的评论。

　　辛未，郑杀仆叔子服。君子曰："史佚所谓毋怙乱者，谓是类也。《诗》曰：'乱离瘼矣，爰其适归？'归于怙乱者也夫。"

站一条队就够累的了，郑国却还想夹在两大强国之间，朝三暮四、摇摆不定，哪有那么容易的事情？不过，郑国通过这件事情，也汲取了很多教训。在经历这些波折之后，郑国的下一代政治家学到了在大国之间堂堂正正地生存下来的技能。

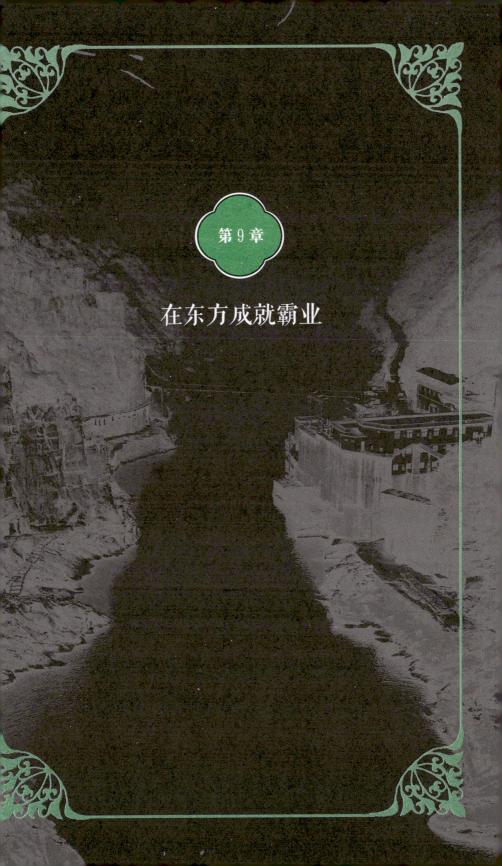

第9章

在东方成就霸业

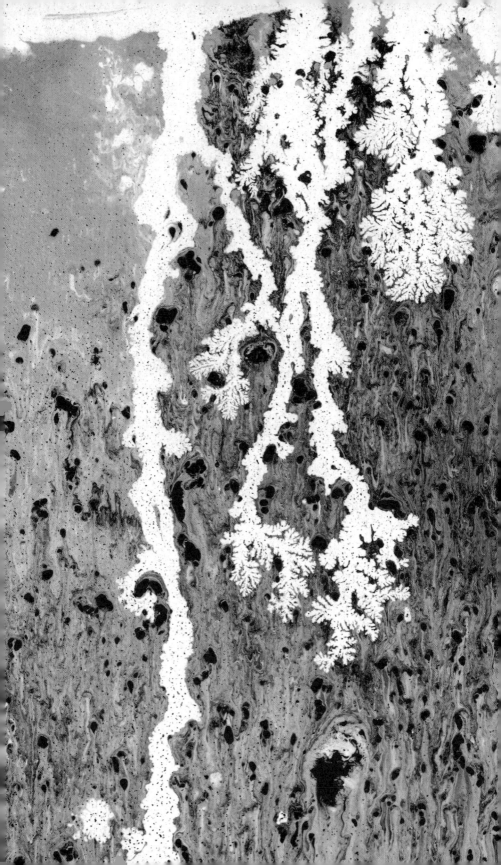

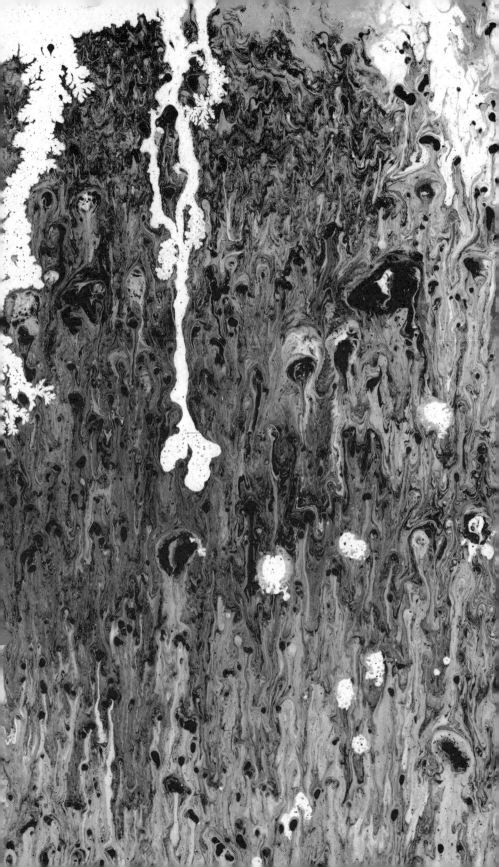

1. 灭萧国

　　楚国在结束了邲之战的当年冬季，接着去攻打了萧国。楚庄王为什么要攻打萧国呢？我们首先来看一下萧国是一个怎样的国家。《左传》和《史记·宋微子世家》里都提到了宋闵公时期萧国的情况。从《史记》的记载来看，宋闵公时南宫万引发叛乱，"各位公子逃奔到萧国，萧国和宋国的诸位公子联合击杀了南宫牛（南宫万的弟弟），并杀死了新立的国君公子游（南宫万），而立闵公弟弟御说"。由此可见，萧国和宋国的距离非常近，而且两国的关系也很要好。萧国是一个小国，极有可能是宋国的属国。《春秋左传正义》里说"萧乃沛国萧县"。这么看来，萧国就在今天的安徽省萧县，在宋国的都城商丘以东100公里，离今天江苏徐州很近。

　　现在情况已然明了，楚庄王这是在威胁淮河以北的地方。令尹孙叔敖已经大规模地开垦过淮河以南的土地，他们避开与北方晋国的正面冲突，而采用了迂回的战略。楚国果然忍耐力不错。从这个地方继续向东走200公里就到大海了。楚庄王目前的打算是东进之后建设根据地，然后以这些根据地为基础，兼并淮河以北的土地。

从当时的情形来看，宋国再也不能对楚军的东进坐视不理。宋国的华椒立即率领蔡军去救萧国。当时淮北各国肯定感受到了来自楚国迂回战略的威胁，因此这场战斗格外惨烈。在这场战斗里，萧军俘虏了熊相宜僚和公子丙。熊相宜僚是熊氏，因此应当属于王族，而公子丙应该是楚庄王的儿子。楚庄王不能眼睁睁看着他们被杀，便建议双方休战，他说："不要杀他们两个人，我立即退兵。"

可萧国人最终还是杀了他们，楚庄王大为震怒，便包围了萧国，决心彻底消灭萧国。萧国受到楚国侵略，本来没有什么罪过，但他们却犯下了一个巨大的错误，那便是拒绝了楚庄王的建议。当时正值冬天，楚军来自南方不耐严寒，申公巫臣说："军营里很多士兵们都冻坏了。"

于是，楚庄王便亲自巡视三军，安抚慰勉众将士，抚背激励他们。因此，三军将士勇气倍增，全力进攻萧城。就这样，楚庄王将宋国东南方的土地变成了楚国的领土。从战国时代的地图来看，楚国的土地已从如今的荆州向东，延伸到了山东平原的南部地区。跟其他的竞争对手相比，楚国的领土具有绝对的优势，这大片的领土都是楚庄王东进过程中获得的。

2. 申毋畏折戟于宋

第二年，为了惩罚宋国支援萧国之事，也为了巩固新占领的土地，楚庄王攻打了宋国。当然，楚庄王并没有要立即占领宋国土地的意思，他只不过是想告诉宋国，如果胆敢对抗楚国，楚国必定会出兵讨伐。

次年，楚庄王又派申舟出使齐国，并命令他说："你经过宋国时，不需要向宋国请求借道。"同时还派公子冯出使晋国，同样命令他说："你经过郑国时，不需要向郑国请求借道。"

楚庄王向齐国派出使臣的目的是很明确的，即与齐国达成默契，向位于齐国和楚国之间那些参加晋国北方联合军的诸多小国施加压力，兼并一些能够兼并的国家。当时对于这些小国来说，齐国的利害关系不同于晋国，夹在齐国和楚国之间的国家，多半都会选择依靠晋国的力量，企图以此牵制齐国和楚国。大国之间的角逐越来越激烈，我们通过《左传》中所记载的鲁国的举动来看一下当时弱国的生存战略。

"宣公十五年"楚国攻打宋国之时
"初税亩"①。

"成公元年"楚庄王仙逝
（经）三月，作丘甲。②
（传）冬，臧宣叔令修赋、缮完、具守备，曰："齐、楚结好，我新与晋盟，晋、楚争盟，齐师必至。虽晋人伐齐，

① 这句话虽然只有短短的三个字，却包含着十分重要的意义。它的意思是很明确的，即按照土地亩数征税。在井田制度下，只要征收公田的赋税即可，因此，"初税亩"的意思就是直接向农民耕作的土地征收赋税。在管仲根据土地的生产能力确定了区划以后，春秋时代的井田就逐渐瓦解了。就连一向以传承周王室文化自诩的鲁国都根据土地的面积征收赋税了，由此可知，井田制面临着土崩瓦解。从《左传》的上下文来看，根据土地面积征税是为了防备战争，并且我们还可以知道，土地正在被大量开垦。国家向新开垦的土地征税，以充实军备。孔子写文章讨伐这种行为，认为它破坏了井田制，让百姓的生活更加疲敝。

② 这句话的意思也比较明确。晋国为了防备秦国，将地方驻军"州兵"制度化，关于这一点，笔者在《春秋战国》第2卷里已经交代过了。鲁国夹在楚国和齐国之间，必须自谋生路。"丘甲"是鲁国征发军需用品的制度。杜预引用了《周礼》，注曰："九夫为井，四井为邑，四邑为丘，

楚必救之，是齐、楚同我也。知难而有备，乃可以逞。"

通过这些记载我们可以知道，夹在楚国和齐国之间的国家都在寻求自救之策，而楚庄王则在同晋国休战的同时，与齐国建立同盟关系，继而逼近楚国和齐国之间的小国。那么，经过别国，却有意不向别国借道，这是什么缘由呢？楚国的这种举动，旨在试探郑国、宋国对待楚国的态度，同时公然炫耀楚国的力量。

两年以前郑国已经举国投降，当然不会对不借道的事情提出什么异议。但宋国的立场就不同了，他们认为楚庄王的要求太过分了，因此途径宋国的申舟便很不安。申舟就是申毋畏，在楚穆王时期，他曾经因为宋国君主没有准备取火工具，鞭笞其随从以示众。当时，楚王必定对他的刚直不阿大加赞赏。可是，从宋国的立场上来看，他的举动只不过是依仗着楚国威势的一种目中无人的僭越行为。

申舟深知自己当时得罪了宋国，心里忐忑不安，他说："郑国明白事理，宋国稀里糊涂，出使晋国的使者没有什么危险，而我就必然会死。"楚庄王回答说："宋国要是敢杀你，寡人就出兵攻打它。"

于是，申舟把儿子申犀引荐给楚庄王，然后踏上了出使的道路。他这是在赴死之前，拜托楚庄王照顾自己的儿子。果然，出使齐国

（接上页）四丘为甸"。丘甲制规定，战斗时，每丘出戎马1匹、牛3头；每4丘，出甲士3人、步卒72人。由于《周礼》的记录并不明确，我们很难把握丘甲制的实况。只不过，明太祖实行的"里甲制"肯定是以丘甲制为参考模型的，里甲制规定，每110户为一里，以11户为一单元编为10组。

《左传》中对战斗的描写已鲜明地体现出，春秋的卿大夫在战斗时都会大举率领自己的族兵出征。因此，有时一个家族会乘坐同一辆战车。国人（主要是士）基本上都有参加战斗的义务，只要发生战争，他们大多数都会出征。因此，我们可以推测，丘甲制是面向地方农民的新制度。公元前562年，鲁国建三军。三军的大部分军人都是卿大夫日益庞大的家兵。不少家兵驻扎在国都里，但大多数都驻扎在卿大夫的采邑。综上所述，推行丘甲制的效果就是将农民编成更为精巧的行政单位。

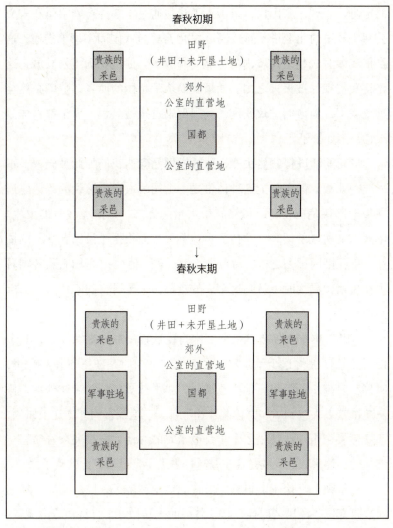

春秋初期

田野
（井田＋未开垦土地）

贵族的采邑　贵族的采邑

郊外
公室的直营地

国都

公室的直营地

贵族的采邑　贵族的采邑

↓

春秋末期

田野
（井田＋未开垦土地）

贵族的采邑　贵族的采邑

郊外
公室的直营地

军事驻地　国都　军事驻地

公室的直营地

贵族的采邑　贵族的采邑

中原的税制和兵制的变革　春秋初期，每个国家都有很多未开垦的土地，随着贵族采邑的扩大和农地的开垦，未开垦的土地越来越少。管仲根据土地的生产能力重新划分了井田的界线，税制也就随之发生了变化。到了春秋中期，随着贵族采邑的扩大，井田制开始土崩瓦解（三桓的势力凌驾于公室之上，隙氏家族的家产占公室的一半）；并且，随着井田制之下的私田也要征税，实际上井田制已经在向田赋制演变了。（初税亩，开始按照土地亩数征税。）地方的军事驻扎城市开始发展（管仲在谷地修建了一座城池，齐国好几代都受惠；州兵（驻军）实施了这一制度）。本来以筹备战争费用为目的的租税制度，就这样扩大到了全国各地。普通老百姓的私田要征税，贵族的采邑里也开始征税。（鲁国臧宣叔的丘甲制、郑国子产的丘赋制，他们的采邑里要征收两倍的赋税。）

的申舟一行到达宋国后，宋国人不让他通过。曾侍奉宋昭公和宋文公两代君主的元老华元断然说道："申舟经过我国而不请求借道，这是把我国看成楚国边境内的县城（鄙）了。他把我国当作县城，这是将我们视为被灭亡之国。如果我们杀了楚国的使者，楚国必然会进攻我国，但他们进攻我国，我国也不过是被灭亡，反正都一样是灭亡，不如拼了。"

华元的话说得毅然决然，他的意思是既然我们如此被轻视，不如决一死战。但实际上这种话不是一个司政大臣应该说的，他应当郑重地厚待楚国使臣，做出宽宏大量的姿态，以避免战争的发生。华元上文所说的话是《左传》里记载的，而根据《吕氏春秋》的描述，华元则因过去之事，对申舟心生歹意。他说："楚国召集各国君主在孟诸田猎之时，就是这个人故意鞭笞宋国君主的家仆，臣请求杀死他。"

因此，本来出使齐国的使者申舟就这样委屈地被杀死了，其余使者急忙回去将这个消息禀告了楚庄王。当时楚庄王正在寝殿里，听到申舟被杀的消息，他心急如焚，一甩袖子就站起来往外走，侍从急忙赶上去，到了寝宫前院才递上鞋子，追到宫门外才送上佩剑，追到蒲胥街市才让他坐上车子，他当时的心情大概是夹杂着愤怒与懊悔的。性格如烈火的楚庄王就这样失去了自己最优秀的臣子之一。

当年秋季，楚庄王根据和申舟的约定包围了宋国的都城。和当时攻打郑国、陈国的时候一样，楚国的士兵做好了打持久战的准备，看他们的架势好像是要直接攻陷宋国的都城。

3. 扬人之名

当时楚庄王的气势令宋国邻近的诸侯国都感到非常畏惧，楚庄王的气势类似于《三国志》里刘备为了给关羽报仇，而集结大军的情景。大军压境，气势令人惧怕，宋国的邻国鲁国狡猾地想出了应对之策。鲁国的史书《左传》淋漓尽致地刻画了鲁国此时此刻的情形。

仲孙蔑向鲁宣公谏言道："臣听说小国要免罪于大国，就得派出使臣、进献财物，因此庭中陈列着礼物上百件。君王亲自去朝见并报告治理的功绩，此时就要整饬容貌，带着各色各样的装饰品，然后用华丽的言辞道贺，且加之以额外礼物，这些都是因为担心不能免除大国对自己的惩罚。当大国开始责罚小国以后再进奉财货就来不及了。现在楚王正屯兵宋国，大王您应该考虑一下！"仲孙蔑的意思是，迫于楚国的气势，鲁国应当尽快贿赂楚国，以防火星子溅到鲁国的身上。那么北方的盟主晋国的态度又是怎样的呢？现在我们重新回到战场上去看一看。

当时，宋国隶属于晋国为首的北方联盟，努力地履行着自己的职责，尤其是在营救萧国这件事情上，招致了楚国的怨恨。晋国救宋国是理所应当的，因此晋国的君主打算援救宋国。然而，大夫伯宗却急忙阻止了晋景公（我们应当记住伯宗，后来他的儿子伯州犁在春秋末期发挥了很独特的作用）。

他说："不行。古人说，'鞭子虽然长，也打不到马肚子上。'现在上天正在保佑楚国，晋国不能和他竞争。晋国虽然强盛，可是能够违背上天的意愿吗？俗话说，'遇事能屈能伸，全在心中有数'，河流湖泊里容纳污泥浊水（川泽纳污），山林草野里暗藏毒虫猛兽（山薮藏疾），美玉也藏匿着斑痕（瑾瑜匿瑕），国君也要忍受点耻辱，这是上天的常道。①君王您还是少安毋躁吧！"

于是，晋景公就停止发兵救宋。不过晋国为了督励宋国抗楚，派遣解扬到宋国去，晋景公让解扬欺骗宋国说："晋国的军队都已经

---

① 由此，中国产生了"川泽纳污""山薮藏疾""瑾瑜匿瑕"等成语。后来秦国的宰相李斯曾说："海河不择细流"，这句话就源于《左传》中伯宗所说的这番话。

出发，快到宋国了。"解扬路过郑国时，被郑国人捉住了。楚国还未曾侵略过鲁国，鲁国就已经被楚国的气势吓倒了，有过投降经历的郑国更不必说了。因此郑国捉住解扬，把他献给了楚庄王。楚庄王送了很多礼物给他，让他把晋景公的话反过来说。楚庄王说："你去对宋国人说，晋国军队不会来救宋，让他们投降吧。"

解扬一开始不答应，经过楚庄王再三劝说，他才答应了下来。因此，楚国人让解扬登上楼车向宋国人喊话，可是解扬却乘机传达了晋君的命令。他向宋军喊道："晋国的军队都已经出发，快到宋国了！"楚庄王怒不可遏，准备杀死他，派人对他说："你既已答应了寡人，现在却又出尔反尔，是什么缘故？寡人曾经信任过你，可你却失信于寡人，快快受死吧！"

解扬回答说："臣听说，国君能制订（正确的）命令就是道义，臣下能奉命就是信用，用信用贯彻道义然后去实行，这就是国家的利益。谋划事情时不违背国家的利益，以保卫国家，这才是百姓的主人。道义（即正确的命令）不能有两种信用，信用不能接受两种命令。君王贿赂下臣，就是不知道'信无二命'的意义，下臣接受了寡君的出使之命而出国，宁可一死也不能废弃君命，怎么能接受您的贿赂呢？下臣所以答应您，那是为了借机完成寡君的使命。虽死但能完成寡君的使命，这是下臣的福气。寡君有守信的下臣，下臣死得其所，还有什么可以追求的呢？"

楚庄王为他的大义凛然而叹服，于是赦免了解扬，放他回去。由于宋军的誓死抵抗，宋楚之战演变成了持久战，楚军没有取得什么进展，楚庄王最终准备班师回国。这时，申舟的儿子申犀在楚庄王的马车前叩头说："臣的父亲申毋畏明知将死而不敢违背君王您的命令，难道君王您要背弃当时的约定吗？"楚庄王无言以对。当时申叔时正为楚庄王驾车，他说了一句话，笔者认为这句话可以称得上是改变中国历史的、屈指可数的箴言之一。他说："咱们楚军在这里建造房屋，分兵在这里耕作种田，那么宋国必然会听从我们的命令（筑室反耕者，宋必听命）。"

楚庄王听从了申叔时的建议。首先我们要知道，申叔时并非鹰派人士，他认为只有具备明确的名义才能进行战争，这次他为了让楚庄王能够遵守和申舟的约定才出此计谋。上文的句子看似简单，实际上却是很重要的言论，这是日后中国式作战的重要方法，即"屯田以自足"的开端。

人们在说明屯田的起源时，总会提到《史记·匈奴列传》里的记载："始皇帝使蒙恬将十万之众，北击胡，悉收河南地，因河为塞，筑四十四县城，临河，徙适戍以充之（秦始皇派遣蒙恬领十万大军向北攻打匈奴，把黄河以南的土地全都收复，凭借黄河为边塞，靠近黄河修起四十四座县城，迁徙因犯罪而被罚守边的人到这里，充实这些县城）。"鄂尔多斯附近的黄河沿岸有很多可以耕作的土地，他们肯定曾在此耕种。《汉书·袁盎晁错传》的记载比《史记》更明确，其中晁错对汉文帝说道："先为室屋，具田器，乃募罪人及免徒复作令居之"，意思是先建造一些房屋居室，然后配备一些耕田用的器具，招募一些有罪之人和免去徒刑而强迫劳动的罪犯，令他们居住。另外，东汉末年，曹操将黄巾起义的残党集中起来，称为"青州兵"，利用他们的家眷作为劳动力，大规模地开发屯田，成为三国时代的绝对强者。

然而，楚国的申叔时可谓这些史料记载里进行屯田的人物的先驱者。孙叔敖制定了军队的编制，让军队可以进行长期作战，而申叔时更进一步，提出了屯田的办法，采用了长期作战、令敌人疲惫的战术。因此，至少从史料的记载来看，最早将战争和耕作结合起来的国家是楚国。

下面我们再回到战争的现场去看一看。宋国人看到楚国士兵干脆在这里建造起了房屋，在地里撒下了种子，终于丧失了坚持下去的斗志。于是，宋国国君派华元去斡旋讲和。

华元在夜里进入楚军营，来到子反的寝室，叫子反起来，说："寡君派我把宋国困难的情况告诉你，寡君说，'敝邑之人交换儿子杀了吃掉，把尸骨拆开来烧火做饭。尽管如此，我们宁可让国家灭亡，也不能在城下和你们结盟。你们退兵三十里，宋国将唯命是从。'"

子反吓了一跳，就和华元私自订立盟誓，然后报告楚庄王。因此，楚军退兵三十里，宋国和楚国讲和。《史记》里记载楚庄王听了子反的报告之后说："君子哉！"然后退军三十里，而《吕氏春秋》则记载说，"宋公肉袒执牺，委服告病（宋国君主脱去衣服，露出臂膀，牵着毛色纯正的牲口，表示屈服，并述说城内困苦的状况）。"从《左传》的前后文来看，《吕氏春秋》里记载的事情应当没有发生过。只不过宋国的确被楚国的举动吓坏了，彻底投降了。华元作为人质，去了楚国。楚国接受了宋国的投降，并且盟誓说："我无尔诈，尔无我虞（我不骗你，你不欺我）。"

这一盟誓虽然简洁但是又很符合情理，因此《左传》认为这一盟誓可作为后世的榜样，便把它记载了下来。就这样，楚庄王将隶属于北方联盟的国家讨伐了个遍，由此楚国的国力达到了可以和晋国平分秋色的程度。

但是单凭武力并不能称为霸主。在这次战争中，楚庄王让两位人才扬名天下。第一位就是奉命出使齐国，途中遇害的申舟，他冒着被杀的危险，执行楚庄王的命令。另一位就是敌人的使者解扬，他也不顾死亡的危险，执行着晋国君主的命令。楚庄王为了遵守和臣子的约定而去讨伐宋国，认为敌人使臣的举动值得嘉奖而将他放走；并且楚庄王还达到了讨伐宋国的目的。楚庄王让这些人才扬名的同时，也提高了自己的威望，他的功绩完全能称得上是春秋时代的第三位霸主。

从某些方面来看，这位"蛮夷君主"的举动似乎缺乏一些功利性的追求。但是邲之战和征服宋国等事件的重要意义将会慢慢地显现出来；并且像楚庄王这样治理大国的人，他们的深谋远略经常要在很久之后才能够显现。

楚庄王的举动影响是巨大的。首先，楚国从此加入了中原诸国的行列。自从楚国从物质方面、名义方面都和中原平起平坐以后，以中原为核心的中国观便开始动摇了。在邲之战和接下来攻打宋国的战争中，楚庄王都表现出了之前北方君主所没有的雅量。因此，他"间接地"瓦解了北方联盟。对于反复无常的晋国，齐国是不肯承认他的主导权的，反而更加亲近楚国。之前，从中原各国的立场上来看，楚秦同盟只不过是蛮夷之间的结合，但是楚国和齐国的结合则有所不同。这意味着齐国作为春秋时期诸侯国之间秩序的第一任维护者，承认了楚国的地位。此后，楚齐同盟维持了相当长的时间，直至战国时代。郑国也在思考如何改正之前更加倾向晋国的邦交政策。

楚庄王北伐的最终结果是极大地扩展了中国历史的范围。"蛮夷君主"比中原的君主更好？那么，中原国家要承认蛮夷的优越性吗？在这种大背景下，华夏文明发挥了其特有的灵活性。中原当然是不可能比蛮夷要差的，那么只要把楚国蛮夷的标签撕掉不就万事大吉了吗？从楚庄王时代开始，楚国不再是中国历史上的蛮夷之国，到了战国时代，楚国已经成为泱泱大国、文明之国。以后，在北方的儒家和法家哲学日渐成熟的时候，南方的技术学和老庄哲学则绽放异彩。北优南劣的时代已经落下帷幕。

第 10 章

老子和楚庄王

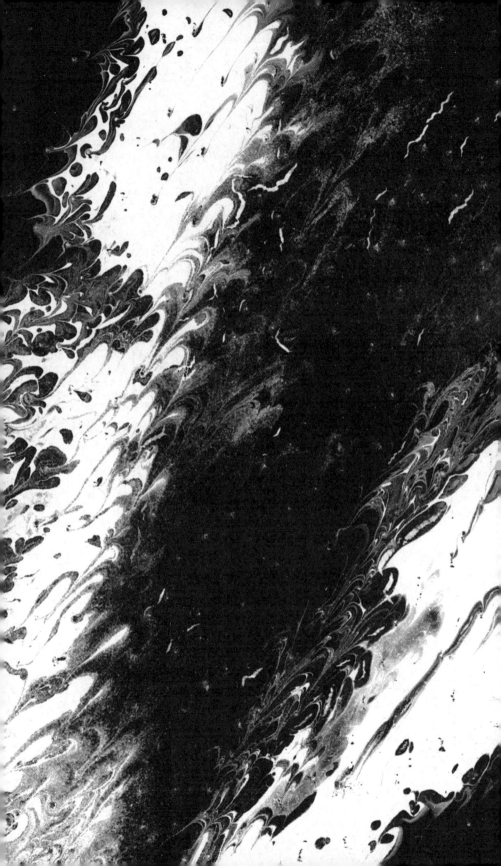

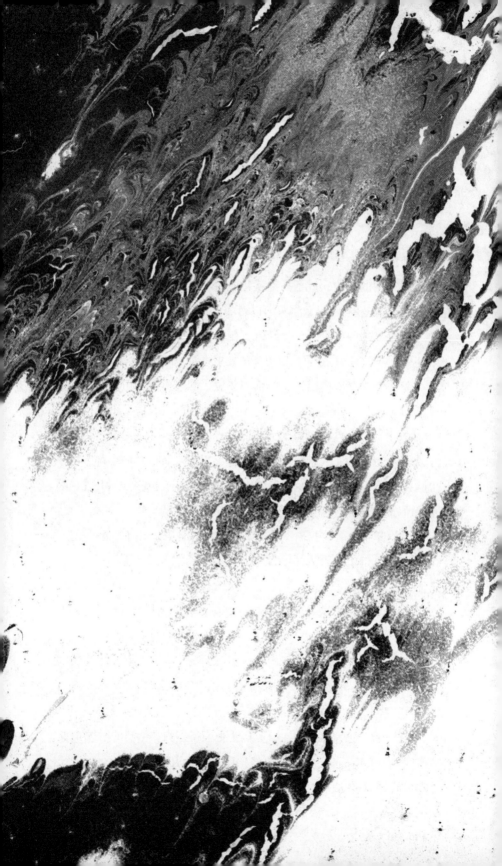

现在我们该总结一下楚庄王的性格、行为特点了。楚庄王结束了讨伐宋国的战争，过了3年就薨逝了。他在继位时受到了生命的威胁，统治楚国23年，将黄河以南的国家笼络到楚国阵营，向东将淮河和长江之间的大片土地纳入了楚国的版图。即便如此，因为楚庄王诞生于"蛮夷之地"，正史类的史书里对他的记载极少。

楚庄王头戴犀牛冠，身穿锦绣华服，游遍所有的田猎场所，并且极其好色，对所有的女人来者不拒。他生气的时候会不顾体面地赤脚跑出宫殿，性格具有多血质的特点。他作为一国之君，却经常身先士卒驾驭战车，性格激昂。从各个方面来看，楚庄王都不同于周文王所树立的传统君主的形象。据说他还没有充分地学习过文字，然而他泰然自若的风度却是历代君主望尘莫及的。

在这里，笔者将提出一种极具挑衅性，但是又很有可能的推断，以此来总结楚庄王的特点。那便是：楚庄王和《老子》是一武一文的孪生子。

果真如此吗？这一问题我们将在后文中慢慢考查。在此笔者想先将他一般化地称为"道家式的君主"。我们将用人不疑的君主齐桓公称为"儒家式的君主"，将赏罚分明的晋文公称为"法家式的君主"，而看似有勇无谋，实则拥有知止智慧，看似无为，却取得了巨大成就的楚庄王，必定是"道家式的君主"；尤其是，我们之所以将楚庄王称为道家式的君主，是因为他懂得应当在恰当的时候止步。现在我们就来看一下为什么要将楚庄王称为道家式的君主，那么这里必须引出春秋战国时代独步天下的《老子》一书了。

1. "老子"何许人也?

在具体地探讨楚庄王和老子的关系之前,我们先来探讨一下老子。"老子"何许人也?"老子"这个人物真的存在吗?或者,"老子"只是一本书的名字而已呢?在这里先将笔者的结论告诉大家:应当说,"老子"并不是一个具体的人,它只是一本书的名字。

有两点是非常明确的。首先,在司马迁撰写《史记》列传时,"老子"在人们的心目中已经是一个人名了。当时人们都以为这是一位实际存在的人物,他的著作《老子》,人们一般称之为《道德经》,所有知识分子都知道这本书。其次,在司马迁撰写列传时,人们对于老子的真实身份并无定论。因此滴水不漏的司马迁表示,虽然已参考了很多史书,但对此并不确定。下面我们就来阅读一下《史记·老子韩非列传》中一些有问题的句子。

老子者,楚苦县厉乡曲仁里人也,姓李氏,名耳,字聃,周守藏室之史也。

一个楚国人怎么会成为周朝掌管藏书室的史官的呢？我们首先保留这一疑问，继续往下看。

> 至关，关令尹喜曰："子将隐矣，强为我著书。"于是老子乃著书上下篇，言道德之意五千余言而去，莫知其所终。

从这一段记载来看，首先老子所撰写的内容大约有 5000 字。现在市面上流通的王弼本的《老子》大约为 5000 字，最近在长沙马王堆汉墓中所发现的帛书和王弼本的《老子》并无很大差别，由此可知现行版本和司马迁所掌握的版本几无二致；而且，帛书本的《老子》是汉文帝（公元前 2 世纪上半叶）时期的，由此我们可以推测，司马迁所掌握的就是帛书本的《老子》。下面我们继续往下看。

> 或曰：老莱子亦楚人也，著书十五篇，言道家之用，与孔子同时云。

也就是说一个叫"老莱子"的人也是楚国人，并且和孔子是一个时代的，他也曾经著书立论。当然，他也有可能是老子。我们继续怀着疑问，往下看。

> 盖老子百有六十余岁，或言二百余岁，以其修道而养寿也。

我们不清楚古代有什么了不起的养生秘诀，然而对于老子活了 160 年至 200 年这一点，笔者认为首先要否定掉。笔者推测，历史上之所以会将老子的寿命记载得那么长，大概是因为"孔子曾经向老子问礼"中所记载的老子，和人们推测为老子的人年代不符，为了让他们变成同一个人，古代人苦心孤诣地进行杜撰的结果。类似的

函谷关前的老子像 几乎所有知识分子都知晓《老子》一书，此书相传为老子所著，但老子究竟是谁，却没有定论。（位于河南省）

记载后面还有。

> 自孔子死之后百二十九年，而史记周太史儋见秦献公
> 曰："始秦与周合，合五百岁而离，离七十岁而霸王者出焉。"
> 或曰儋即老子，或曰非也，世莫知其然否。老子，隐君子也。

司马迁也因为手头资料上记载的混乱，无法确定老子的身份，甚至还介绍了世间的一种说法，即太史儋就是老子。最后司马迁没办法了，只能解释说老子有可能是一位隐居逃避尘世的人。但下面的记载就比较具体了。

> 老子之子名宗，宗为魏将，封于段干。

如果我们将这些零散的记载假设为真，那么就可以得出这样的结论：老子是周朝的太史，他的儿子李宗曾经担任过魏国的将军。他的家族史写得十分波澜壮阔，然而这种可能性实在是微乎其微。

首先笔者认为，"老子"这一人物的真实身份现在已经不可考究了。他作为一个出生在楚国苦县的人物，却在周朝担任太史一职，而太史极有可能是世袭的，这本身就很有问题；而且传说他的著作有5000字也是很有问题的，因为《老子》最原始的形态，即郭店本的楚简上，字数只有2000。在司马迁的时代，《老子》就已经历经了很多次补充，发展成了今天的形态。特别是老子居然没有一个弟子能够告诉人们他的真实身份，这一点很奇怪。

不过老子的儿子身份是确定的，他曾经担任过魏国的将领。可是，魏国正式成立已经是魏文侯时候的事情了，当时孔子已经仙逝40多年了。老子作为孔子的前辈，就连他的儿子肯定也作古了。所以说老子不可能是孔子同时代的人。这样来看，关于老子的说法很多都充满矛盾，有明显的后世人们东拼西凑的痕迹。

因此仅通过史料，是无法准确地知道老子的真实身份的。但我们没必要失望，即便我们不能确知老子的身份，我们仍然可以推测出《老子》这本书的成书过程和流通渠道。首先我们要知道的一点是，《老子》不可能比《左传》成书更早。从记载来看，就算往早里说，老子这一人物顶多与孔子同时代。综合各种情况来看，他应当比孔子更晚。而《老子》这本书当然是"老子"这一人物出现以后才成书的。

郭店本的《老子》出土于战国中后期的楚墓之中，而帛书本《老子》则出土于楚地的汉墓。在战国末期和秦国初期的著作《吕氏春秋》里，留下了许多老子的痕迹，然而在《墨子》《孟子》，甚至《荀子》之中，都没有出现老子的痕迹。这表明在战国时代中期，《老子》在黄河以东和以北的地区并没有多大的影响力。

相反，庄子则强烈地继承了《老子》的思想。庄子出生于黄河以南的蒙地，这一地区在战国时代已经纳入了楚国版图；而且庄子的身份是很明确的，当时楚威王甚至想过任命庄子为宰相。楚国君王之所以要任用庄子，肯定是因为庄子贤明的声誉，但无须赘言，庄子的学问是以《老子》为基础的。

《史记》里对庄子的记载是非常明确的。战国中期，《老子》的哲学似乎在楚国很是流行，出土于郭店楚墓中的竹简可以充分证明这一点。虽然《史记》里的记载有着许多无可奈何的矛盾之处，但无论老子还是老莱子，他们都是楚国人；无论将"老子"看作一本书还是一个人，都和楚国密切相关。笔者推测，由于当时在楚国非常流行《老子》的学说，所以人们便将老子看作楚国人。笔者由此得出的结论是，虽然我们无法确知老子的身份，却可以知道《老子》形成、发展于楚国。那么，《老子》就不可能和楚国的历史没有关联。从当时著书的形式特点来讲，不可能不参考一些君主的著名事迹。当时诸侯王室的书库规模是非常庞大的，可谓"竹简之山"，是民间绝对模仿不来的。

可是到目前为止，几乎还不曾有人指出《老子》最早的版本，也就是郭店本的《老子》，其中的语气及核心思想与《左传》里所出现的楚庄王的言行非常类似。笔者认为，《老子》的思想之花会在楚国绽放，其原因是和楚国的代表君主楚庄王分不开的。有人或许会问，那么楚庄王和《老子》之间究竟有什么关系呢？笔者的回答是：楚庄王的举动可以称得上是老子思想的萌芽。只不过，由于楚庄王是现实之中的君主，他的举动和思想可能会呈现出一定的矛盾性，然而《老子》纯粹是一本思想著作，因此前后更加浑融一体。可是，我们无法否认，《老子》肯定从楚国君主的举动中获得了巨大的灵感。笔者在这里将《老子》和楚庄王看作一对孪生子，只不过这一观点还仅仅是一种假设。那么，下面我们就来寻找一下证据，《老子》究竟在说些什么？

2. 知止不殆

《老子》思想对于抵达顶点是很警惕的。

罪莫厚乎甚欲，咎莫憯于欲得，祸莫大于不知足。

楚庄王是怎样行动的呢？他曾经取得过四次完美的胜利。他没有采用攻打完毕就班师回朝的方式，而是完全占领，令对方彻底降服，可是他四次又都适可而止。他曾经以讨伐夏征舒的名义攻打陈国，占领了陈国的都城，但又让陈国复国。他还曾经以惩罚郑国的背叛为名义占领了郑国的都城，但是又将都城还给了郑国。在邲之战中，楚军打败晋军之后，他就没有再对晋军赶尽杀绝。他听说宋国人在都城里已经到了易子而食的悲惨境地之后，就解除了对宋国都城的包围，接受了宋国的投降。《老子》里说：

> 为之者败之，执之者远之，是以圣人无为故无败，无执故无失。临事之纪，慎终如始，此无败事矣。圣人欲不欲，不贵难得之货。

我们将《老子》中的圣人换成楚庄王来看一看。在楚庄王看来，即便是有些东西得来不易，但如果自己不能顺理成章地占有它们的话，不如将它们舍弃。郑国君主降服以后，楚庄王就认识到了自己的局限。如果一国的君主可以为了保全国家而屈居人下，那么说明他还没有失去民心，这样的国家还不能够吞并。楚庄王曾经说过战争的目的不在于获得财物，得到了郑国，却又没有强占郑国的土地，这些都是《老子》里面所说的"不贵难得之货"的原型。

因此，《老子》又强调说：

> 反也者，道动也。弱也者，道之用也。天下之物生于有，生于无。[1]

---

[1] 这是将《老子》帛书甲本中的繁体字变成简体字之后的原文，王弼本的《老子》中，则是"天下之物生於有，有生於无"。

楚庄王在得到陈国以后，接受了申叔时的忠告，他说："很好！寡人从没有听说过这样的高论。现在寡人就归还陈国的土地，可以吗？"在战胜陈国以后，楚庄王原本想占有夏姬，但最终也听取了臣子的忠告而放弃了，并把夏姬赐给了可以堂堂正正地拥有她的人。因此，《老子》说：

> 故知足不辱，知止不殆，可以长久。

前文笔者也曾经提到过，所有的男人在得到夏姬这个美丽的女人之后，下场都不太好。楚庄王在战争中获胜，却没有勉强地去占有这个女人。可是陈国最终结局如何呢？不到100年的时间，陈国自然而然地归属了楚国。当时并没有人帮助陈国，也没有人指责楚国。《老子》又强调说：

> 始制有名，名亦既有。夫亦将知止，知止可以不殆。
> 持而盈之，不若已。揣而锐之，不可长保也。金玉满堂，莫能守也。富贵（而）骄，自遗咎也。功遂身退，天之道也。

3. 不以兵强于天下

《老子》和《墨子》都代表了春秋战国时代的反战思想。但是在那样混乱的时代，战争是不可避免的。因此，《老子》认为完全的"非战"是不可能的，要求以不同原则来对待战争与和平时代。攻击时、防御时、治理时和讨伐时的原则各不相同。

> 以正治邦，以奇①用兵，以无事取天下。

---

① 郭店本《老子》原文里的"奇"字由"奇"+"戈"构成。

平常要依靠光明正大的正理来治理家邦。在楚国，平时治理国家的人并非楚庄王，而是孙叔敖。正如《吕氏春秋》里所指出的，平时楚庄王无所事事，他以几乎"无事"的姿态来治理国家。可是，他却握有最大的名分，也就是"正"。关于楚庄王的"正"，我们后文还会再次提及。

可是，如果战争打响，应该怎么办呢？战时就应该要用一些变幻莫测的手段击败敌人，要么勇往直前、先发制人地打倒敌人，要么在敌人的农田里播种，吓破敌人的胆。无论是短期作战还是长期作战，楚庄王都有一些别出心裁的妙计。当然，这些妙计也许并非出自楚庄王，而是来自他的臣下。待楚庄王胜利的时候会怎么样呢？他又会出乎人们的预料，放下贪欲，按照事物发展的客观规律的趋势来行动。我们再来看《老子》的一段话。

> 以道佐人主者，不欲以兵强于天下。善者果而已，不以取强。

这段文字是对孙叔敖的说明。孙叔敖为了避免邲之战的爆发做出了各种努力，如果晋国接受了孙叔敖的良苦用心，战争也就不会发生了；而且申叔时和孙叔敖都是一类人。那么，君主对战争应当持怎样的态度呢？下面是《老子》中的主张。

> 君子居则贵左，用兵则贵右。故曰兵者非君子之器，不得已而用之，恬淡为上。弗美也，美之，是乐杀人。夫乐杀不可以得志于天下。故吉事上左，丧事上右。是以偏将军居左，上将军居右。言以丧礼居之也。故杀人众则以哀悲莅之；战胜，则以丧礼居之。[1]

---

[1] 郭店丙本的缺字参考了帛书本进行了补充。

这一段就是对楚庄王在邲之战中那些举动的说明。获得了春秋时代史无前例的大胜利，感到悲伤的人，却只有楚庄王而已。他说："所谓的武就是止戈，现在寡人让两国士兵尸横遍野，这是很残暴的事情。"晋文公每次在战争中取得胜利，都要大肆炫耀一番，可楚庄王却没有美化武力。因此，他是用丧礼的方式来结束战争的。

当然，楚庄王并不是一个热爱和平的君主，他虽然没有去征讨中原，但毫不手软地向东方扩张领土。他是现实中的君主，而不是像"老子"一样深刻的思想家。楚庄王在北方名声大震，在东方则获得了实际的利益。可是如果他在东进时使用的是惨无人道的方法，那么他必定会失败。萧国没有释放楚庄王的俘虏，最终灭亡了。虽然他是一个侵略者，但他也有自己的原则，那就是尽量地拯救自己和对方的百姓。因此，楚庄王是以"武"为名的兄长，而《老子》则是以"文"为名的弟弟。

4. 大成若缺

楚庄王与《老子》最为接近的地方在于通过放低自己的姿态来成就某件事情的思想。《老子》说：

大成若缺，其用不弊。大盈若冲，其用不穷。

《老子》还认为君主应当像一块没有什么用处的木料。"大成"或"大盈"的应当是君主，然而君主却不能自负完美，他应当去寻找比自己更好的人。因为他只有像是一个空空如也的容器，才会有人来填满这个容器。《新序·杂事》中有这样的一段记载。

楚庄王向孙叔敖问道:"寡人不明白怎样才能确定治国的根本大计。"孙叔敖说:"国家有根本大计,众人一定不同意,因为那是他们所厌恶的,我怕大王您不能定夺。"楚庄王说:"根本不能定,责任仅仅在于君王呢,还是臣子也有份儿呢,"孙叔敖说:"国君看不起士人,说'没有我,士人无法升官发财'。士人看不起国君,说'国家没有士人就不能安定强盛'。有的士人到了缺吃少穿的地步还不肯接受官职,君臣不和,国家的根本大计就无法确定。夏桀殷纣,不制定国家的根本大计,反而认为合乎他们好恶的就是对的,不合他们好恶的就是错的,因此而招来了亡国之祸,自己还不明白是怎么回事。"楚庄王说:"对呀!请相国与列位臣工一起商定治国的根本大计,寡人哪敢仗恃小小的楚国而蔑视人民呢?"

君王坐拥天下所有财富,分给别人一点就看不起他们的话,大家都会觉得心里不舒服而不愿接受。《老子》认为,充盈却不炫耀,不断给予别人的人就是明君。因此,《老子》说君主自称"寡人"(德行少的人)或是"不谷"(无能之人),这些称呼的意思都是自谦不如别人,因此君主才能在别人之上。《荀子·尧问》里有这样的一段记载:

魏武侯谋划政事得当,大臣们没有谁能比得上他,退朝后他带着喜悦的脸色。吴起上前说:"曾经有人把楚庄王的话报告给您了吗?"武侯说:"楚庄王的话怎么说的?"吴起回答说:"楚庄王谋划政事得当,大臣们没有谁比得上他,退朝后他就会带着忧虑的神色。申公巫臣上前询问说:'大王被群臣朝见后面带忧虑的神色,为什么呀?'庄王说:'寡人谋划政事得当,大臣们没有谁能比得上寡人,因此寡人忧虑啊。忧虑的原因就在仲虺的话中，他说过：'诸侯获得师傅的称王天下，获得朋友的称霸诸侯，获得解决疑惑者的保全国家，自行谋划而没有谁及得上自己的就会走向灭亡。'现在寡人我这样的无能，而大臣们却没有谁比得上寡人，寡人的国家接近于灭亡啦！因此我忧虑啊。'"

据说魏武侯在听完这个故事以后，深刻地反省了自己。君主比臣子优秀是一件值得骄傲的事情吗？《说苑·君道》里的故事似乎是对上面故事的补充。

> 楚庄王已经降服了郑襄公，又打败了晋国军队，将军子重多次进言均不恰当。楚庄王回师楚国，路过申公巫臣的封地。申公向楚庄王进献了饮食，到了正午楚庄王还没有吃。申公便向楚庄王请罪，楚庄王长叹一声说："寡人听说，如果君主是贤明之人，并且有老师辅佐，就可以称王；君主如果是中等才德，也有老师辅佐，就可以称霸；那君主如果是下等才德，并且群臣还不如君主的，必然会走向败亡。现在寡人就是那下等的君主，而群臣又不如寡人，寡人恐怕国家要危亡了；况且世上的圣人不会完全消失，一国之内的贤士也不会完全消失。天下有贤才，而寡人偏偏得不到，像寡人这样苟且活着的人，吃饭还有什么意义！"

世界上有许多优秀的人，君主比臣子更加优秀，并不是一件值得骄傲的事情，反而是一件应该感觉羞耻之事。君主应当是"无用"的木材，或是空空如也的容器。君主只有质朴、虚怀若谷，身边才会聚集起一帮人才，让国家更加富足，怎么能够因为自己是"有用"的而炫耀呢？楚庄王是羞愧的，可见他与《老子》是孪生子。

5. 士为知己者死

现在让我们来看一下楚庄王游离于《老子》之外的形象。君主当然是无法完全按照《老子》的原则来治理国家。现实太残酷，治国不可能完全遵守《老子》的原则。楚庄王懂得《老子》所说的"正"，也就是抓中心的方法。然而，他在抓住中心的时候，并没有采用杀人的冷酷手段，他拥有一种奇妙的魅力，给人带来感动，而感动就会让人有所行动。因此，楚庄王有许多臣子甘愿为他肝脑涂地。在《吕氏春秋·十二纪》里记载了这样一则故事。

楚庄王在云梦泽打猎，射中了一只随兕①，申公子培抢在他之前把随兕夺走了。楚庄王说："怎么这样地犯上不敬呢？"接着他便命令官吏杀掉子培。左右大夫都上前劝谏说："子培是个贤人，又是您最有才能的臣子，这里面必有缘故，希望您能仔细了解这件事的原委。"不到三个月，子培生病而死。后来楚国起兵，与晋国军队在两棠交战，大胜晋军，回国之后奖赏有功将士。申公子培的兄弟上前向主管封赏的官吏请赏说："别人在行军打仗中有功，我的兄长在大王的车下有功。"楚庄王问："你说的是什么意思？"子培的兄弟回答说："我的兄长在大王您的身旁冒着犯上不敬的恶名，遭获死罪，但他本心是要效忠君王，让您享有千岁之寿啊！我的兄长曾读古书，古书记载道，'杀死随兕的人不出三个月必死。'因此我的兄长见到您射杀随兕，十分惊恐，故而抢在您前面把它夺走，所以后来遭其祸殃而死。"庄王让人打开平府书库，查阅古籍，在古书上果然有这样的记载，

---

① 应该是犀牛的一种，当时楚国境内有犀牛。在《说苑》等史书里则说是"科雉"，科雉应该是一种珍贵的鸟。

于是厚赏了子培的兄弟。

天下还有比这更忠诚的事情吗？可子培为什么会舍生忘死保护楚庄王呢？除了他以外，还有一位为楚庄王不顾性命、呕心沥血工作的人，他便是孙叔敖。《韩非子·外储说》里曾经这样描写孙叔敖的品性：

> 孙叔敖相楚，栈车牝马，粝饭菜羹，枯鱼之膳，冬羔裘，夏葛衣，面有饥色；则良大夫也，其俭逼下。

在韩非子看来，孙叔敖的节俭有些过分了。《吕氏春秋》里曾经有孙叔敖"日夜操劳不止，无法顾及养生之事"的记载，因此他很难长寿。在《吕氏春秋·十二纪》中记载了孙叔敖的另一则故事。

> 孙叔敖病了，临死的时候告诫他的儿子说："大王多次赐给我土地，我都没有接受。如果我死了，大王就会赐给你土地，你一定不要接受肥沃富饶的土地。楚国和越国之间有个寝丘，这个地方土地贫瘠，而且地名十分凶险。楚人畏惧鬼，而越人迷信禨（似乎是一种鬼神）和灾祥。所以，能够长久占有的封地，恐怕只有这块土地了。"孙叔敖死后，楚庄王果然把肥美的土地赐给他的儿子，但是孙叔敖的儿子谢绝了，请求赐给寝地的丘陵（其他史书上出现的寝丘）①，所以这块土地至今没有被他人侵占。

---

① 从字面的意思来看，"寝地的丘陵"有可能是"死人躺着（寝）的丘陵"，因此应当是一块有很多坟墓的地方，或是位于楚国与越国边境的战场，曾经死过很多人。因此，笔者推测，孙叔敖的意思是楚国人和越国人怕鬼。

孙叔敖懂得长久之计。只不过他并不像楚庄王那样，既华丽又懂得节制。他本身就是一个节制惯了的人。究竟是谁跟谁学的呢？墨子和孟子等大学者都认为是楚庄王跟孙叔敖学习的。楚庄王赐给了孙叔敖世袭的封地，这在楚国是没有先例的，他以此来报答孙叔敖的辅佐。

总之，有一个人甘愿替楚庄王受诅咒，在绝缨之会发生以后，有一位勇士愿意拼上性命去为楚庄王战斗，而孙叔敖则为了他废寝忘食地工作，以至于积劳成疾。在隆冬时节，楚国的将士们忘却了严寒，在北方战斗着，他们在这种痛苦之中，仍然想着报答楚庄王。为什么会这样呢？因为领导人对手下无微不至的关爱，会换来手下对领导人无比的忠诚。

楚庄王虽然有爱心，却无私情。这更加让手下人愿意为他肝脑涂地。我们再来看一下《韩非子·外储说》里面的一段。

楚王急召太子。楚国法令规定，车子不准坐到茆门。天下着雨，院子里有积水，太子就把车子赶到了茆门。执法官说："车子不能到达茆门。到达茆门是不合法的。"太子说："大王召唤得很急，我不能等到没有积水再过去。"接着就赶马向前。执法官举起兵器刺向太子的马，摧毁太子的车。太子进去，对楚王哭诉（当时的太子还很年幼）说："院子里积水很多，我赶车到了茆门。执法官说不合法，举起兵器刺我的马，毁了我的车。父王您一定要杀了他。"楚王说："前有年老的君主，他不逾越规矩去办事；后有接位的太子，他也不去依附求荣，贤良啊！这真是寡人守法的臣子。"于是就给执法官加了两级爵位，开了后门让太子出去，训诫太子说："不要再犯类似的错误。"

还有一种说法是守门人杀死了太子的马夫，但这似乎有些勉强。珍惜部下甚于疼爱自己的儿子是常人很难做到的，即便儿子再不济，

192

还是要比优秀的部下可爱，这是人之常情。如果他可以原谅戏弄了自己女人的将士，可以奖励威胁了自己儿子性命的部下，那么他就很懂得为人君主的真谛。这真谛就是《老子》所说的"正"。对于近的地方和远的地方，他不区别对待，而是抓住了中心，距离楚庄王比较远的人，将这份"正"理解为了知遇之恩，因此他们甘愿为楚庄王付出生命。

荀子说君子"坚强而不暴"，楚庄王大概就是这种人吧。

6. 培养贤明的继承人

幸运的是，楚庄王留下了一个聪明的儿子。楚庄王薨逝以后，他的小儿子共王继位。曾经追随楚庄王的那些灿若繁星的将领都还健在，而且楚庄王也为儿子留下了很大的基业。这位曾经因为违反了父亲制定的法律而遭受训斥的太子，资质如何呢？他在治理楚国的时候，曾经留下了许多污点，但总体来说，他像父亲一样稳重，把握状况的能力也非常出众。现在，我们就通过《左传》里出现的关于楚共王的两则故事，来评价一下他的资质。

首先是他的稳重。在鄢之战中，夏姬的新丈夫襄老战死。前文笔者曾经提到过，申公巫臣娶了夏姬，逃到晋国去了，我们再来对这则故事进行一些补充。申公巫臣虽然反对楚庄王的重臣占有夏姬，但当他见到夏姬的时候，自己却心旌摇荡了。因此他对夏姬示爱说："你设法回娘家去，我一定娶你。"他又派人从郑国向她传话："我们可以找到襄老尸首，但是你一定要亲自来迎接。"夏姬把这话报告给楚庄王，楚庄王就向巫臣咨询，巫臣说郑国的话是可以相信的。因此，楚庄王就打发夏姬回郑国去。

后来齐国对晋国举起了反抗大旗，楚国为了和齐国协商支援齐国的相关事宜，派申公巫臣出使齐国。但是巫臣却趁经过郑国的时

楚共王像 楚共王继楚庄王之后登上楚国王位，年幼的楚共王在治理楚国时曾经留下了很多污点，但总体来说他像父亲一样稳重，把握状况的能力也非常出众。

候，带着夏姬私奔了。他本来打算逃到齐国去，但齐国被晋国打败，他就改变了方向逃到了晋国。巫臣本是楚国的重臣，备受楚王的宠爱，他来到晋国以后，晋国十分欢迎他，给了他邢大夫的职位。原本觊觎夏姬的子反想要报复巫臣，因此他对共王说："请您花费巨资收买晋国，要求晋国对巫臣永不录用。"然而，年幼的楚共王却说："不要那样做！夏姬一事，巫臣为自己打算是错误的，但他为先君的打算则是忠诚的。这份忠诚曾经巩固了国家，足可以将功抵过；而且，他如果能有利于晋国，即便我们送去重礼，晋国会同意永不录用吗？如果巫臣对晋国没有好处，晋国自然会不要他，何必求其永不录用呢？"

　　从这一点来看，当时楚共王虽然年幼，却很识大体，很明白事理。虽然申公巫臣放弃了作为使臣的责任，却遵守了和一个女人的约定；而且，他将出使齐国时准备的礼物全部都退还给了楚国，可见他并非贪欲之辈。楚共王的意思是，作为一国之君自己不会阻挡那些亡命到其他国家之人的仕途的。当时这位年幼的君主所表现出来的稳重让臣子颇为信服。

楚共王识人的能力和把握状况的能力也都很优秀。上一章我们曾经提到过在邲之战中晋国将领荀首的儿子知䓨被俘，楚国的公子谷臣被晋国所俘，襄老被晋军杀死。战争结束以后，时间过去了很久，两国就商讨交换俘虏的事宜。他们决定，楚国放回知䓨，接受襄老的尸体和谷臣。在送回知䓨之前，楚共王问他："你恐怕很怨恨寡人吧？"知䓨回答说："两国交战，下臣没有才能，不能胜任所当职务，所以做了你军的俘虏。您左右的人没有用我的血来祭鼓，而让我回到自己国家接受诛戮，这是君王的恩惠啊。下臣实在没有才能，又敢怨恨谁呢？"

楚共王说："那么你感激寡人的恩德吗？"知䓨回答说："两国为自己国家的利益打算，希望让百姓得到安宁，各自抑止一时的怨怼，求得互相原谅，释放双方被俘的囚犯，以结成友好。两国决定修好，下臣不曾参与谋划，又敢感激谁的恩德呢？"

楚共王说："你回晋国，用什么来报答寡人呢？"知䓨回答说："下臣既未曾有什么可怨恨您的，您也未曾对我有什么恩德，既没有怨恨又没有恩德，下臣不知道该报答什么。"

楚共王说："尽管这样，你也一定把你的想法告诉寡人。"知䓨回答说："承蒙君王的福佑，被囚的下臣能够带着这把骨头回晋国，假如我的国君把我杀掉，虽身死也是很光荣的。如果因为君王的恩惠而赦免下臣不死，把下臣赐给您的外臣荀首，荀首向我君请求，用家法在宗庙处死我，也是死而不朽的。假若得不到寡君诛戮的命令，而让下臣继承祖宗的地位，按次序让我承担晋国的大事，率领所属的军队以保卫边疆，那时就算遇到君王的将帅，我也不敢违背礼义回避，还是要竭尽全力以至于死，没有二心，以尽到我对晋君为臣的职责，这就是我所能报答于君王的。"楚共王感叹说："晋国是不可以和它相争的。"于是就对知䓨重加礼遇而放他回晋国去。

通过这两件事情我们可以知道，楚共王的资质绝不亚于他的父亲。齐桓公的儿子和晋文公的儿子资质都很平庸，跟他们相比，楚庄王要幸运得多了。

第 11 章

楚庄王死后的形势

——晋国重整旗鼓和天下版图的激变

楚庄王在南方掀起了一阵狂风骤雨，但霸业方成，楚庄王就薨逝了。楚国在平复紊乱的秩序上消耗了相当长的时间。此时，北方的晋国在重整旗鼓的同时，开始着手收拾黄河以南落入楚国之手的国家。另外一方面，齐国与楚国联盟之后，一直觊觎着黄河以南与晋国联盟的国家，这损害了晋国的利益，因此齐晋之间难免一战。这期间，西方的秦国一直窥伺着晋国的背后，楚庄王搅乱了北方晋国的联盟后就驾鹤西游了，仅留下了年幼的儿子继承他的霸业，诸侯国之间的关系不可避免地再次陷入了风雨飘摇的境地。

　　当时的天下形势大体上可分为四个方面。第一，晋国趁着楚国实力萎缩之际，着手壮大自己的军事实力。晋国不会因为一次失败就软弱起来，他们希望通过扩充晋国的军事实力，挽回自己已下滑的声誉。第二，齐国开始质疑晋国的霸主地位，并对晋国发起挑战，其背后当然有楚国的支持。因此，晋齐两国之间发生了一场大战，从参战军队的规模上来讲，这场战争仅次于邲之战。第三，每当晋楚或者晋齐之间发生冲突之时，西方的秦国就会趁机攻击晋国的后方。终于，秦晋到了决裂的时候。第四，东方吴国崛起了。楚国的东进对吴国来说是一种威胁，于是晋国便制定了利用吴国来牵制楚国的策略。楚国因此陷入与吴国的持久战，无暇北上。战线的扩大对于晋楚两国来说都十分吃力，两国为了更好地处理内部事务，决定暂息兵戈。然而，休战是暂时的，矛盾的根源依然存在。

1. 晋国的再次膨胀

众所周知，到了战国时代晋国分裂成为韩赵魏三国。晋国的土地面积原本并不算大，三分之后何以三个国家都是大国呢？这当然是有原因的，即韩赵魏三国都通过各种方法略夺土地。第一种方法便是夺取中原地区业已开垦的土地。韩国略夺了郑国，而魏国则略夺了卫国，各自扩大了本国的土地。第二种方法就是略夺北方狄族或非华夏民族的土地，其中最主要的就是略夺狄族的土地。简单说来，晋国对北方狄族的政策就是不断侵略，略夺他们的土地。战国时代，赵国忠实地继承了晋国的这种传统。

狄族是中国北方的原住民，但他们后来却渐渐地从中原的舞台上消失了，下面就让我们来看一下狄族被赶走的过程。太行山脉里有两条巨大的峡谷，其中右边为沁河峡谷。沿着这条巨大的峡谷，向东越过太行山脉，有一条太行路，通往邯郸。这条太行路的入口就是今天山西省的潞城，这里曾经有一个名叫潞国的狄族国家。通过地图我们会发现，在晋国有能力开拓的异族土地中，这片土地是最令人垂涎三尺的。这片土地就在上党的北方，而上党则是战国时代扼住中原咽喉的军事要塞。

当时，潞国有一位叫作酆舒的杰出人才把持着政权，并且还有从晋国逃往到潞国的狐射姑（晋文公的宠臣狐偃）等名士。但是酆舒的专权太甚了，以至于和潞国的君主产生了嫌隙。当时潞国君主的夫人是晋景公的姐姐，酆舒在执掌国政时，杀死了君主的夫人，弄伤了君主的眼睛。当敌国的宰相和君主之间产生裂痕之时，就是大国出面征讨这些国家的良机。因此，晋国朝廷上便就征讨潞国之事展开了讨论。晋厉公不能对姑母的死坐视不理，因此打算攻打潞国。然而，诸位大夫却异口同声地反对伐潞，因为晋国在邲之战中输给楚国的冲击尚未完全退去。诸位大夫们说道："现在还不可以讨伐潞国。酆舒有多种卓越的才能，不如等待他的后任执政时再行讨伐。"

然而大夫伯宗却有不同的看法，他说："我们一定要讨伐潞国。酆舒有五条罪状，突出的才能再多，又有什么裨益？他不祭祀，这是其一；喜欢酗酒，这是其二；废弃仲章而夺取黎氏的土地，这是其三；杀害我们伯姬（景公的姐姐），这是其四；伤了自己国君的眼睛，这是其五；而且，他还依仗自己卓越的才能，不施德行，这就更增加了他的罪过。如果他的继任者敬奉德义、奉事神明，而且巩固国家的根基，那时我们又该怎么去对待他？我们不去进攻有罪的人，反而说什么'等待后继者'，以后如果那位后继者毕恭毕敬地向我们表示亲近，恐怕我们就难以攻打他了吧！"

实际上，之前晋国一直想攻打潞国，只是苦于没有借口，也没有足够的实力。但是，晋国担心酆舒消灭了黎国，就会完全掌握太行路。最终，晋国以荀林父为帅，率领军队向东攻打潞国。果然，潞国经历了内乱之后，已经没有能力对抗晋国，于是就灭亡了，而酆舒则被杀。这样一来，晋国就完全掌握了整条太行路。晋国君主对于获得这片土地感到十分高兴，将新占领土地中的千户赐给了荀林父，所谓的"千户"，有5000~6000口人。

次年，士会消灭了甲氏、留吁和铎辰等三个狄族支脉，并且将这次战争的俘虏献给了周天子。我们无法准确地知晓这三支狄族的底细，但大体上来说，他们应当与潞国的地位相似。就这样，太行山峡谷里供异族生活的土地越来越少了。

又过了五年，这次是晋国和卫国合作，攻打了廧咎如，理由是廧咎如接纳了狄族游民。廧咎如大概位于汾河和沁河交汇的地方，也就是今天的太原。无论借口为何，反正晋国已经攻下了太行山脉右面的峡谷，将这个位于两河交汇之处的要塞中的要塞——太原收入囊中。经过此役，廧咎如也灭亡了。

由此，太行山脉几乎所有要塞都落入了晋国的掌控。那么，晋国将来还有继续扩张的空间吗？当然有。晋国还可以沿着峡谷继续北上，这是战国时代赵国的选择。或者晋国还可以继续向南越过黄河，这是战国时代韩国的选择。最后，晋国还可以向东越过太行山，入主华北平原，这是战国时代魏国的选择。这样，太行山脉本来的主人狄族可立足的地方越来越少。总之，晋国向北方的膨胀，填补了自己在邲之战中的损耗。

2. 齐晋交锋——鞌笄之战

邲之战间接地瓦解了北方联盟，特别是晋齐联盟。原本齐国一直和晋国联手，阻止楚国的北上，邲之战以后，齐国的态度发生了变化，转而和楚国联手。在邲之战中，晋国在名义和实力两方面都输给了楚国，因此晋国如今已不能再将楚国视作蛮夷了。楚庄王和齐国结成友好邦交，攻打楚齐之间的小国，这是典型的"远交近攻"的策略，这种策略经常为强国所用。楚共王也是这一政策的忠实执行者，而对于楚国抛出的橄榄枝，齐国采取的是积极附和的态度。

北方盟主晋国对此绝不能坐视不理，因此在楚庄王薨逝的前一年，对齐国满怀愤懑的晋国派郤克为使者，征召齐国参加会盟。

然而，齐国的态度却不同于往日。齐国以大国自居，认为亲近好战的晋国，从长远来看并没有什么益处。晋国的使者郤克有跛脚的缺陷，齐顷公在召见他的时候，却很不成体统地让自己的母亲躲在帷幕后面窥视。当郤克一瘸一拐地登上台阶谒见齐顷公时，齐顷公的母亲居然忍不住笑出声来。郤克作为代表晋国出使的大臣，居然受到了对方君主之母的侮辱，这种事情的确很不可思议。郤克很生气，后果很严重，他从齐宫中出来以后就发誓说："如果不洗雪此次耻辱，我就再也不渡黄河向东来了！"

郤克回国以后，立刻请求晋景公发兵攻打齐国，但晋景公认为不能因这么一点微不足道的小事就攻打齐国，所以没有答应他。郤克又请求带领自己的族兵进攻齐国，晋景公也没有答应他。不过，战争的星星之火已成燎原之势。同年夏天，晋国召集会盟，齐国派遣高固、晏弱、蔡朝和南郭偃参加会盟。高固是齐国的壮士，晏弱则是后来闻名于世的晏婴的父亲。高固感觉到会盟的气氛很不对，于是提前逃走了，而剩下的三人全都被俘。[①]齐国站到了楚国的阵营，导致晋国失去了威信，从晋国的立场来看的确值得愤怒，但扣押参加会盟大臣的举动是残暴无道的，也不符合当时的邦交规则。

郤克的愤怒究竟达到了怎样的程度呢？当时晋国的正卿士会为了避免引火烧身，打算辞官隐退。《国语·晋语》里面记载了他叮嘱儿子的话。

> 爕乎，吾闻之，干人之怒，必获毒焉。夫郤子之怒甚矣，
> 不逞于齐，必发诸晋国。不得政，何以逞怒？余将致政焉，

---

① 据《史记·齐太公世家》记载，郤克捉住并杀死了齐国的四名使者，但据《左传》记载，高固并没有参加会盟，而且剩下的三人后来也逃脱了，《史记》中的记载应该是错误的。

以成其怒，无以内易外也。尔勉从二三子，以承君命，唯敬。

可是郤克的愤怒依然没有平复，晋齐之战一触即发。次年，楚庄王薨逝以后，晋国和鲁国联合起来攻打齐国。不久之后，齐国也攻打了鲁国和卫国，以获得更多的土地。公元前589年夏，晋国联合鲁国和卫国攻打齐国，北方的两大强者在山东的靡笄相遇了，战争终于爆发了。下面我们就来看一下战争的经过。

战争发生的那年春天，齐顷公亲自领兵进攻鲁国北部边境，包围了龙地。当时齐顷公的宠臣卢蒲就魁攻打城门，龙地的人把他俘虏了。从名字来看，他应当是一位被齐国俘虏的异族战士。齐顷公很爱惜他，因此和龙地的人协商说："不要杀他，我向你们发誓，绝不进入你们的境内。"

可是龙地的人不听他的话，还是把卢蒲就魁杀了，并将其暴尸城上。齐顷公很生气，他亲自击鼓以激励士气，仅用了三天的时间就占领了龙地，然后继续向南进犯，准备进攻鲁国。

实际上，晋国毫不留情地略夺了狄族的土地，兼并了北方的精华之地；而楚国则向东进发，占领了今天的安徽省一带；齐国也是一个大国，它没有理由不觊觎鲁国。只不过，狡黠的鲁国在抱紧晋国这棵大树的同时，还随时准备向楚国投诚，以此来牵制齐国。

于是，卫国立刻按照会盟的约定，支援鲁国。孙良夫、石稷等率兵出征，但卫国的士兵并无斗志，当他们与齐军遭遇时，军心很快就动摇了。石稷主张避开战争回国，但孙良夫却反对他的意见，说："率领军队出征，遇上敌人就回去，我们怎么向国君交代？如果知道自己不能作战，当初就不应该领兵出征，现在既然和敌军相遇了，不如和敌人打一仗。"

当然，孙良夫的话说得很漂亮，但实际作战并不那么容易。战争伊始，双方就表现出很明显的实力悬殊。齐国的士气正旺，一路追赶卫国的士兵。于是，石稷对孙良夫说："现在军队战败了，您如果不稍微稳住军心，顶住敌军的进攻，我们将会全军覆灭。如果您丧失了军队，如何回报君命？"孙良夫没有回答他，石稷又劝道："您是国家的正卿，如果您有什么闪失，是我军的一种耻辱。请您带领着大家撤退，我留在这里阻击敌人。"言毕，石稷就命人大肆传播有一大批援军战车已经到来的消息。总之，在经历了各种波折之后，齐军终于停止了进攻。

孙良夫一回国，就立刻到晋国请求援兵，而且鲁国也到晋国请求出兵援救。他们首先游说了郤克，郤克又去游说晋国君主。最终，晋景公答应派出 700 乘战车。但是，郤克还想要求更多，他说："700乘战车是城濮之战时的战车数量，当时有先君的明察和先大夫的敏捷，所以晋国才能得胜。我的才能远不及先大夫，请您派出 800 乘战车吧。"

于是，郤克率领 800 乘战车，浩浩荡荡地向齐国进发了。晋国、鲁国、卫国都是姬姓的诸侯国，在南方"蛮夷"楚国兴起之时，姬姓诸侯国联合的迹象就已日趋明显。有急事发生的时候，人类就会向自己的家人求援，看来无论是个体还是国家都概莫能外。

晋、鲁、卫联合军首先将齐国的侵略军赶出了卫国，进而在齐国的靡笄与齐军对峙。实际上，假如晋军的主将不是郤克，那么当齐军退回到本国领土内的时候，晋国也就不会再继续追击了。但是郤克一心想借此机会报复齐国，所以一直追到了齐国境内。齐顷公看到齐军已经退回到齐国境内，而晋、鲁、卫联合军仍然穷追不舍，也就做好了与之一战的心理准备。于是，齐顷公便派人向联合军请战，他说："您带领国君的军队光临敝邑，敝国的军力虽然不够强大，但也请您在明天早晨前来决战。"

郤克回答说："晋、鲁、卫是兄弟之国，鲁国、卫国告诉我们说，'齐国不分早晚都在敝邑的土地上发泄愤怒。'寡君不忍，于是派下臣们前来向齐国请战，同时又不让我军长久地留在贵国。所以我们只能前进而不能后退，因此一定会谨遵您的命令。"

郤克的回答看似郑重，实际上非常傲慢，齐顷公也是一位有血性的人，他听到郤克的回复之后怒不可遏。他答复郤克说："大夫您答应我们的挑战，正是齐国的愿望；即便不答应，我们也是要兵戎相见的。"

　　就这样两军之战的序幕揭开了。在战争还未正式打响以前，齐国的高固冲进晋军大营，拿起石头扔向晋军，抓获了一名士兵作为战俘，押放到自己的战车上。接着，为了炫耀自己的力量，他连根拔起了一棵桑树也放在车上，然后巡行返回到齐营鼓舞士气。他放言道："想要勇气的人可以来买我剩下的勇气！"

　　战争开始以后，齐顷公也是斗志昂扬。他说："寡人暂且消灭了这些敌人再吃早饭。"然后，他甚至没给马披上战甲就驰向了晋军。齐顷公是一位有名的神箭手。可见，齐国也不是好惹的。

　　在交战过程中，晋国的中军主帅郤克受了箭伤，血流到鞋子上，然而进攻的鼓声没有停歇，郤克很痛苦，他说："我负伤了！"但负责驾驭战车的解张却鼓励他坚持下去继续奋战[①]。他说："三军将士的士气，全在这辆主帅乘坐的指挥车上，他们的耳朵听着车上的鼓声，眼睛看着车上的军旗。只要车上的军旗不表示后退，鼓声不表示退兵，仗就能够打得赢。您要努力忍受痛苦，不能自以为伤势很严重。我们在宗庙里接受出师的命令，在祭坛上接受赏赐的祭肉，就应该顶盔戴甲为国出力战死沙场，这是我们军人的天职啊。您受的伤还不至于危及生命，如果这就坚持不下去了，只会瓦解我军将士的意志。"这份斗志实在可怕，晋国中军大将的战车上不停擂鼓助阵，一马当先，于是三军将士全都没有撤退，跟着攻打齐军。

　　战争中，齐顷公遭遇了晋国的司马韩厥。韩厥是战车的主人，他本应该站在战车的左侧引弓射箭。然而，在战争发生的头一天晚

[①]　这一部分大概依据《左传》的内容写成，但《左传》里的对话太长，而且内容也很有说教的意味，而《国语》里的内容则精炼、短促一些，两者内容并没有很大的区别，所以，这里使用了《国语》中的描述。

上，韩厥却梦见父亲对他说："明天不要站在战车左右两侧。"因此韩厥就在中间驾驭战车追赶齐顷公。为齐顷公驾驭战车的邴夏看到了韩厥的战车，急忙对齐顷公说："开弓去射那位驾车人，他是君子（位阶比较高的人）。"然而齐顷公却说："认为他是君子就开弓射他，这不合于礼义。"

于是，齐顷公射向车左，车左死在车下；射向车右，车右死在车中。不过韩厥也不是好欺负的，他弯下身子，放稳车右的尸体，继续进军。战斗过程中，齐顷公的战车被树木绊住了无法前进，眼看齐顷公就要被韩厥俘获了。韩厥驱车前来，对齐顷公施了施礼，打算捉住齐顷公。他说："寡君派臣下们帮助鲁、卫两国，他说，'不要让军队进入齐国的土地。'下臣不幸，正好遇到了君主您的军队，没有地方避让，也害怕躲避之后让士兵们白白辛苦一遭，成为鲁、卫两国国君的笑柄。"

然而，立在齐顷公位置上的并非他本人，而是他的车右逢丑父。逢丑父担心君主被俘，因此故意假装成齐顷公。逢丑父要齐顷公下车，到华泉去取水，恰好护卫君主的战车路过，带着齐顷公逃走了，逢丑父当然是成了俘虏。

立在君主战车右侧的战士应是一国之中最优秀的勇士，而逢丑父的确也是齐国最勇猛善战的战士，但在战争发生的前一晚，他在杀死爬进营地里的一条蛇时胳膊受伤了。即便如此，他依然参加了战斗，最终被俘。郤克正打算杀死逢丑父，逢丑父呐喊道："从今以后再没有人肯代替自己的国君受难了，因为有一个人这样做了，却要惨遭杀戮。"郤克的勇猛不亚于别人，他听了逢丑父的话，认为其勇气可嘉，便没有杀他。

齐顷公对于逢丑父被俘颇为心痛，为了寻找逢丑父，他在晋军营中三进三出。晋军军营之中不乏狄族人，他们手里明明拿着戈，但看到齐顷公勇猛无畏的样子，都不敢攻击他。齐国君主就这样向晋军示威完就逃走了。但郤克依然没有停下来，而是继续追到了齐国境内，进攻齐国的马队。因此，齐顷公派遣宾媚人①送去财礼，并和晋国人协商停战。如果晋国还不同意讲和的条件，齐顷公就做好了与晋国再度一战的准备。齐顷公让宾媚人把齐国的国宝玉石和土地送给战胜诸国，郤克依然固执地拒绝。他说："一定要让萧同叔②的女儿做人质，同时使齐国境内的田陇全部按照东西走向开辟，我们才能讲和。"

这完全是一种无稽的要求，宾媚人正色回答道："萧同叔的女儿不是别人，而是寡君的母亲，晋齐的关系对等（晋国和齐国都是侯爵，爵位一样），那也就意味着她也是晋君的母亲。您（作为霸主）在诸侯中发布重大的命令，反而说一定要把人家的母亲作为人质才能获取您的信任，那您又将要怎样对待周天子的命令呢？③（中略）

"对于天下的土地，先王定疆界、分地理，因地制宜，以获取应得的利益。所以《诗经》说：'我划定疆界、分别地理，南北纵走、东西横贯而开辟田亩'，现在您只管自己兵车进出的方便，不顾地势是否适宜，说什么'田垄全部按照东西走向开辟'，这恐怕不是先王的政令吧？（中略）

"寡君命我做使臣，让我转告您：'您带领贵国国君的军队光临敝邑，我军没有考虑到自己军事力量微弱，接受您的邀请与您一战。然而，我军担心贵国国君的愤怒，便主动战败了。如果您肯惠临并向齐国赐福，不灭亡我们的国家，让齐、晋两国继续过去的友好，那么先君的宝物和土地我们是不敢爱惜、任由您来取用的。如果这样您还不肯答应休战，我们就请求收集残兵败将，背水一战。倘若敝邑侥幸战胜，也是会依从贵国的；何况不幸而败，哪敢不听从您的命令？"

于是，左右两侧的鲁国人和卫国人劝谏郤克说："在这场战争中死去的人，都是齐侯的宠臣。如果我们不答应他们，齐国必然更加

---

① 不知究竟是官名还是人名，如果是人名感觉稍微有些奇怪。
② 萧国同叔的女儿，指的是齐顷公的母亲。
③ 周王室重视孝道，宾媚人的意思是郤克违背了周王室的命令。

仇恨我们。既然我们已经战胜了齐国，只要收复失地、接受珍宝也就达到目的了，将军您还想怎样呢？"

郤克最终接受了讲和，由此齐国再次向晋国屈服。但是，他们之间的疙瘩并没有因此解开。虽然两国会根据形势而和好，但他们随时做好了再次决裂的准备。晋国在鞌笄之役取得胜利以后，便设了六军。设六军的意思就是说，晋国如今拥有了两个可以独立作战的兵团，现在可以同时在两个地方作战了。

本来六军的军制是周天子的象征，但实际上周天子也未能拥有过规模如此宏大的军事力量，晋国再次登上了霸主的地位。但是，晋国的很多军队并非公室直辖，这种军队的过度膨胀其实是一件很危险的事情。

鞌笄之役虽然让晋国找回了面子，但并没有获得什么实际的利益。世间不存在免费的午餐，晋国频繁的战争导致百姓的生产能力极度薄弱，只有军部肥得流油。晋国即将因为军部领导人遭遇耻辱的命运。

鞌笄之战爆发之际，楚国借口援救齐国，进攻鲁国的属地。但当时，楚庄王刚去世没多久，因此楚国的出兵实际上只不过是一种示威。令尹子重进行了大规模的户口调查，募集壮丁，甚至连君王的亲兵也带上，浩浩荡荡地北上。楚国的算盘是率领大规模的军队攻击鲁国，让晋军不敢有介入的念头。但楚共王当时太年幼不能出征，只能由许国、蔡国的君主代替他，坐着楚国君主的战车出征。

正如楚国所预料的那样，晋国为楚国的军事力量所震慑没有出兵干预。但是，圆滑的鲁国早已察觉到楚国根本就没有打仗的心思，因此迅速地将公族衡交给楚国做人质，与楚国结盟讲和。

当时，参加会盟的有秦国右大夫说、宋国华元、卫国孙良夫、郑国公子去疾及齐国大夫等，他们名义上承认了楚国的霸主地位。但是，他们不可能昨天刚臣服于晋国，今天又臣服于楚国，因此参加这次会盟的诸国人员中，大概只有秦国的右大夫是出于真心的。

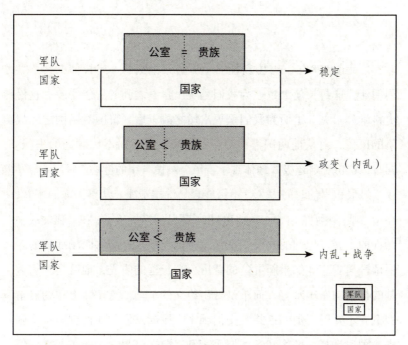

军队的规模与政变、内外均衡 (强大军队的两难境地) 超越国家生产能力的强大军队，必然会导致内部的纷争和毫无益处的战争。

慑于晋国的威势，其他国家的人都是秘密参加此次会盟的，也就是说，这次盟约并没有什么实际的意义。自管仲将盟约规定为法则以来还不足 100 年的时间，竟然就到了签订虚假盟约的时代。

从春秋时代的整体形势来看，实际上齐国和晋国都已经无法回头。即便他们表面上讲和，内部的矛盾仍然存在。齐国更加喜欢楚国，因为齐国不会和楚国发生直接的矛盾冲突。因此，当晏子主政齐国之时，晋国攻打了齐国，而齐国则利用从晋国亡命而来的栾盈攻击晋国。因此，从晋齐关系来看，战国时代已然到来。楚庄王薨逝以后，晋国尽快地克服了邲之战的后遗症，但它与齐国关系的恶化，对于以后行使霸权构成了潜在的威胁。

3. 晋秦的决裂

公元前 578 年，晋国新任君主厉公致秦国的一封长信抵达了秦国朝廷，这封长信大致地为我们呈现出晋秦之间的恩怨纷争。这份史料十分罕见，里面为我们呈现出崤之战以后，晋国对两国之间战争的厌倦，对从前两国黑白对错的怀疑，以及对秦国顽固的抱怨。同时，这份史料还极好地体现了晋厉公刚愎自用的性格。

怨恨积累的时间太久，不可能轻易洗刷干净。从秦国方面来看，在崤之战中牺牲的士兵，他们的儿子都已经当爷爷了；在令狐之战中牺牲的士兵，他们的儿子正掌握着秦国的政权。而这两场战争的怨恨都没齿难忘。如果新继位的晋厉公有长远的眼光，他就会利用登基的机会向秦国示好，而不是做出绝交的举动。这位新上任的君主大概并不知道，他的这封绝交信函将会掀起怎样的血雨腥风。晋国需要做出选择，要么和秦国握手言和，要么打得秦国爬不起来。但是，晋秦之间的怨恨已经深入骨髓，要握手言和谈何容易，而秦国也不是那么容易就能打倒的，因为它已变得太过强大。

但是，晋厉公却自信满满，以为必定能打垮秦国。从前晋国主要与楚国为敌，无暇西顾，但一年之前，晋楚之间已经达成休战协议，认为能够腾出精力来对付秦国了。下面我们就来看一下《左传》中晋厉公致秦国的这封长信的白话译文。

> 从前我先君晋献公和贵国（秦）先君秦穆公互相友好，合力同心，用盟誓明确两国的邦交，再用联姻加深两国关系。上天降祸于晋国，文公到齐国避难，惠公到秦国避难。不幸，献公去世，穆公不忘旧日的恩德，因而能使我惠公回晋国主持祭祀；但秦国又未能完成这件大功劳，却和我国有了韩地之战。事后秦穆公又有些懊悔，因此成全了我们文公回国为君，这是秦穆公的大功劳。

文公亲自戴盔披甲，登山涉水，经历艰难险阻，征服东方的诸侯，让虞（舜帝）、夏（夏朝）、商（商朝）后裔的诸侯，以及周朝所封的诸侯都向秦国朝见，也就已经报答过去的恩德了。郑国人侵犯君王的边境，我文公率领诸侯和秦国共同包围郑国，可秦国的大夫竟不和我们国君商量，擅自和郑国订立了盟约。诸侯痛恨这件事，要同秦国拼命，我文公恐怕秦国受到损害，便安抚诸侯，使秦军得以平安回国而没有受到损害，这就是我国有大功劳于西方秦国之处。

文公不幸去世，穆公不来吊唁，蔑视我们故去的国君，轻视我们襄公，突然侵犯我们的崤地，断绝同我国的友好关系，攻打我们的城堡，尽灭我们（同姓）的滑国，离间我们兄弟国之间的关系，扰乱我们的同盟，颠覆我们的国家。我们襄公没有忘记秦君过去的勋劳，而又恐惧国家的颠覆，这样才有崤地的战役，战争之后，我们已经向穆公解释以求赦免罪过。穆公不听，反而亲近楚国来谋害我们。天意保佑晋国，楚成王丧命，因此穆公侵犯我国的意图未能得逞。

穆公、襄公去世，贵国的康公和我国的灵公即位。康公，是我国穆姬所生的，是我先君献公的外甥，但他却想损害我们公室，颠覆我们国家，率领我国的内奸（公子雍），以动摇我们的边疆，因此我们两国才有了令狐这一战役。秦康公还不肯悔改，又进入我国的河曲，攻打我国的涑川，掳掠我国的王官，割断我国的羁马，因此我们两国才有了河曲这一战役。东边的道路不通，那是由于康公同我们断绝友好关系所造成的。

等到现在的秦国君王继位以后，我们的国君晋景公伸着脖子望着西边说："也许要安抚我国了吧！"但贵国的君王并没有考虑和我们结盟，却利用我国有狄人的祸难，侵入我国的河县，焚烧我国的箕地、郜地，抢割我国的庄稼，骚扰我国的边境，我们两国因此而有了辅氏的战役。贵国的君王也后悔战祸的蔓延，想求福于先君晋献公和秦穆公，派遣伯车前来传令给我们景公说："我愿跟你同心同德抛弃怨恨，重修旧好，以追念过去先君的功德。"盟誓还没有完成，我们景公就去世了，因此我们国君才和秦国有了令狐的会盟。岂料贵国的君王又生了不善之心，背弃了盟誓。

白狄和贵国君王同在雍州境内，他们是秦君的仇敌，却是我们的姻亲。贵国君王前来传令说："我跟你合力攻打狄人。"寡君不敢顾惜亲戚，畏惧君王的威严，就接受秦国使臣攻打狄人的命令。但贵国君王又对狄人有了别的念头，告诉他们说："晋国将要攻打你们。"狄人虽然表面上答应秦国，而心里却憎恨秦国不讲信义，因此前来告诉我国。楚国人同样憎恶君王的反复无常，也来告诉我们说："秦国背弃了令狐的盟约，而来向我国请求结盟：他们向着皇天上帝、秦国的三位先公、楚国的三位先王宣誓说：'我国虽然和晋国有往来，但只是谋图利益而已。'楚国人讨厌秦君反复无常，因此把事情公布出来，以惩戒言行不一的人。"

诸侯都听到了这些话，因此才痛心疾首，都来亲近我们晋国。寡人现在率领诸侯以听候贵国君王的命令，只是为了请求和好。君王如果加惠而顾念诸侯，请怜悯寡人，赐我们以结盟，这是寡人的愿望。那就承受君王之命安定诸侯而撤军退走，岂敢自求祸乱？君王如果不施大恩大惠，寡人很不才，恐怕就不能率领诸侯撤退了。谨把内心的意见都向您的左右执事和盘托出，望执事好好权衡利害。

这封长信也是一封宣战檄文，但秦国并没有因此退却。因此，晋厉公和齐、宋、卫、郑、赵、邾等国的君主集合在一起，组织了大规模的军队讨伐秦国。原本答应支持秦国的狄族和楚国这次都没有介入。

晋国这次出征，中军将为栾书，上军将为士燮，下军将为韩厥，新军则由赵旃率领。因此，在这场战争中，晋军动用了本国的四大兵团。晋国在此役中所出动的四个兵团约为四万人，假设联合军里各诸侯仅率领半个兵团，那么估计这次战争晋国和诸侯联军最少也得有七万兵力，可见其规模巨大。在这场东西大战中，晋国出动的兵力比邲之战中的还要多。可惜的是，史书对这场战役的记载并不详细，只有《左传》简单地记载了当时发生的一些事情。

秦国在麻隧（今陕西泾阳县）迎战诸侯联军，却没有战胜身经百战的栾书和晋国井然有序的军队。在这场战争中，秦将成差及不更女父被诸侯联军所俘。晋国及诸侯联军渡过泾河追击到侯丽，这件事情发生在公元前 578 年。

实际上，在同晋国关系的问题上态度一以贯之的并非楚国，而是秦国。只要晋国还在，秦国就不能实现走出函谷关的抱负。在无数的战争故事里，我们仅撷取一朵浪花，来看一下辅氏之战中留下的一则"结草报恩"的故事。

秦国曾经趁着晋国攻打赤狄潞国的机会攻打辅氏。但是晋国很快采取了应对之策，攻击完狄人之后，立即调转军队，对秦国进行反击。魏武子的儿子魏颗也参加了这场战争，俘获了秦国的大力士杜回。

在《春秋战国》第 2 卷中，我们曾经讲过魏犨（魏武子）的故事，现在我们再来回顾一下。当初，魏武子有一个爱妾，他平时嘱咐魏颗说："等我死去以后，一定要让她改嫁。"看来魏武子应当是真心爱着这位小妾。但当魏武子病危时，却又变卦，他说："一定要让她殉葬！"魏颗作为魏武子的儿子，本应遵守父亲的遗愿，但在魏武子死后，却让父亲的小妾改嫁了，他说："人病重时就会神志不清，我要听从他清醒时说的话。"

魏颗的这种举动是基于人本主义的。等到辅氏大战在即，魏颗看到一个老人忙着把草打成结来遮拦秦国的大力士杜回。孩子们中间流行一种游戏，就是将草打成结，把小伙伴的腿绊住，把他们摔倒，但这种做法在战争中究竟能否发挥作用，我们就不得而知了。实际上当战争打响时，杜回果然被草结绊倒在地，魏颗因此俘虏了他。当天夜里，魏颗梦见那位老人对他说："我是你所允许改嫁的女人的父亲，因为你执行了你父亲清醒时候的嘱令，我以此作为报答。"

这就是著名的"结草报恩"的故事。这个故事只不过是出现在《左传》宣公十五年中的一段插曲。但是，《左传》中想要强调的是魏颗取得胜利的根本缘由：指挥战争的将军只要具备了德行，即便是手无缚鸡之力的老人，也会倾尽全力地帮助他。据史书的记载，当年（前594）秦军曾经入侵晋国，虐待晋国的农民，放火烧城，那位老人大概是当地的一位农民。因此，辅氏之战以晋国的胜利而告终。

当秦晋两国都因长期的战争状态而感到疲惫时，便进行了休战协商，这也是在晋楚休战协定的影响下才产生的。但秦桓公并没真心讲和，只不过从战略上以退为进罢了，这份盟约从一开始就很不可靠。只要一有机会，西方的秦国就做好战争的准备。然而，在没有楚国支援的情况下，秦国还没有力量独自东征。本来秦桓公和晋厉公约定在令狐会盟，订立休战的盟约，但秦桓公却不知为何迟迟不肯渡过黄河，而住在王城，只是派遣使臣史果前去订立盟约。因此，晋厉公也派出郤犫订盟。看到秦晋两国的这种情形，士会感叹道："这样的结盟有什么意义？齐心盟誓，是用来表示信用的。约定会盟地点是践行信用的开始。会盟从一开始就不按照规矩办事，难道还能有诚意吗？"

果然，秦桓公回去就背弃了和晋国的友好盟约。最终，晋楚休战以后，血气方刚的晋厉公就率领着诸侯联军西征，与秦国决一死战。这次诸侯联军规模极大，就连周天子都支持他们，他们在周朝的都邑举行了出征仪式之后便西征了。

从眼前的情景来看，似乎是晋国遭遇了秦国的背叛，但最初开启背叛先河的人却是他们自己。之前晋惠公曾经欺骗秦穆公在韩原激战，先轸更曾在崤山歼灭关中的众将士，甚至后来赵盾本打算迎立在秦国的公子，中途又变卦，反而攻击了护卫晋国公子的秦国武士，将他们一并杀死。秦国东进的欲望和累世的宿怨堆积在一起，秦晋之间的矛盾很难纾解，因为战争虽然容易，怨恨却不易解开。

4. 吴国的登场和四强版图的重构

在楚庄王薨逝、楚共王刚刚执政之时，天下形势又增添了另一种变数，那就是吴国。吴国是新兴的强国，与之前楚国所面对的群舒小国不可同日而语。

吴国的出现曾一度让中原各国紧张不已，然而中原老练的政治家却成功地让吴国的矛头转向了位于吴国西面的楚国。吴国因楚国的东进而感受到威胁，而晋国则因楚国的北上而感受到威胁，因此晋吴的结合似乎是冥冥中注定的。晋国已经彻底地做好了利用吴国的准备，打算策动吴国攻打楚国。

在鄢笄之战中，齐国为晋国所败，不得不暂时仰人鼻息。因此，传统的秦国、晋国、楚国和齐国的四强结构有所调整，吴国取代齐国登上了四强的宝座。因此，晋吴联盟与秦楚联盟就这样开始了对峙，这场对峙的结构是二比二。

将来我们还会对吴国进行详细的探讨，大体上讲，对于中原民族来说，吴国人比楚国人更加另类。他们大约是南方越族的支脉，在春秋中期迅速扩大了自己的势力。晋国老练的政治家立刻就明白了，吴国的出现对于晋国来说既是一种威胁，也是一种机会。他们率先向这一股新兴势力伸出了友好之手，利用他们牵制楚国。当然楚国本就一心东进，没打算回避与吴国的冲突。在《左传》的"成公七年"里，也就是公元前584年，吴国以超强的军事实力登上了历史的舞台。《左传》中的记载如下：

吴伐郯，吴入州来。

让我们从地图上找一下郯国和州来国的位置。郯国沿着济水，向北连接着齐国、鲁国，是淮河以北的交通要塞。郯国面积不小，从南方北上必须经过郯国。那么州来又在什么地方呢？州来位于现在安徽省凤台县淮水之滨。在这里乘船，可以任意到达宋国、蔡国、陈国等地，是一处水上要塞。吴国是怎么做到一年出征两次的呢？在泥泞的土地上，一年连续两次出征是不可能的，但乘船却可以。吴国攻击的所有地点都是水滨之国，因为此前吴国还从未使用过战车作战，他们必定是乘船入侵了这些国家。另外，当时淮河和长江尚未连通，他们应该是从太湖乘船至长江，再离开长江入海口，北上至黄海，然后沿着淮河向北或向西推进。

中原的国家会因吴国的举动而紧张不安，楚国更是感到张皇失措。郯国和州来国本来都是楚国打算征服的地方，就像是帝国主义时期，法国沿东西方向侵占非洲，而英国则沿南北方向侵占非洲，

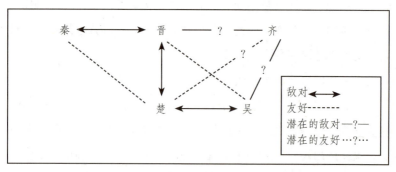

四强版图的变化和战线的减少　吴国的出现导致楚国战线扩大。当齐国表现出背叛晋国的迹象时，晋国的战线也扩大了。两国都很难维持两条以上战线，因此便进行了休战协商。如果两国不休战，那么得益的只能是好战的秦国，或是新兴的强国吴国，以及等待时机的齐国。

两者不免碰撞的局面是一样的。

鲁国的季文子曾经对这件事情有过评价，因为吴国北上至淮北以后，最先受到威胁的将会是鲁国。

中国不振旅,蛮夷入伐,而莫之或恤,无吊者也夫!《诗》曰:"不吊昊天，乱靡有定。"其此之谓乎! 有上不吊，其谁不受乱? 吾亡无日矣!

季文子在埋怨当时的霸主晋国。但他不知道的是晋国还有一层更深的算计。为晋国实现这种欲望的人不是别人，正是从楚国亡命至晋国的申公巫臣。

从各个方面来说，巫臣都是一位优秀的人才，因此才得到楚庄王的重用。但他和当时掌握楚国实权的重臣关系并不怎么融洽。他因为夏姬的问题和子反的关系产生裂痕，还因为军务的问题和令尹子重的关系也不怎么好。在讨伐完宋国班师回朝之后，子重请求楚庄王把申地和吕地赐给自己作为嘉奖，楚庄王本打算应允，然而却遭到了申公巫臣的反对。他是申公，因此他反对子重的要求也在情理之中。

申公巫臣说:"不可以赐给他。这申、吕两地所以为邑，是因为从这里征发兵赋，以抵御北方各国。如果私人占有了它，就没有申邑和吕邑了。那样的话，晋国和郑国一定会扩张到汉水。"

因此，楚庄王就取消了对子重的奖赏。不随便封采邑，是楚国的基本方针。申地和吕地位于现在南阳一带，南阳是楚国要塞中的要塞，不能将其作为私人的采邑，子重的确太过贪心了。然而，他不但没反省自己，还埋怨起巫臣来。后来巫臣因夏姬的问题亡命晋国，子重和子反就尽诛其族，并瓜分了他的财产。巫臣在楚庄王时代曾经成就了不小的业绩，获得了国家的重任，他虽然逃亡到了晋国，但他并没有做对不起楚国的事情。所以，子重和子反灭其家族、瓜分他的家产，巫臣感到很激愤。他写信给子重和子反说:"你们用邪恶贪婪侍奉国君，杀了很多无罪的人，我一定要让你们疲于奔命而死。"

子重和子反将巫臣的这种诅咒当作是亡命之徒的悲叹，并没有想到自己的贪欲已然将国家推向了战争的风口浪尖。申公巫臣可不是好惹的，他请求出使吴国，帮助晋国和吴国建立邦交。因为楚国和吴国曾经照过面，所以出身楚国的巫臣很适合做使臣，并且他报仇心切，很适合担任牵制楚国的角色。于是，巫臣便向吴国出发了。

申公巫臣率领着一支战车军队以及100名士兵到达吴国。当然，吴国君主寿梦是很渴望与晋国建立邦交的，因为吴国竞争的对象并非晋国，而是楚国。正在这时，楚国的原将军就送上门了，再没有比这更令人高兴的消息了。巫臣把战车军队的一半留给了吴国，教吴国人使用兵车和弓箭，教他们演练进攻的阵法，又唆使他们背叛楚国。后来，巫臣又派自己的儿子狐庸出使吴国，让他挑唆吴国讨伐楚国。终于，吴国决定要伐楚了。

吴国开始进攻巢国、徐国、州来国，子重奉命四处奔驰，一年之中曾七次奉命抵御吴军，但也没有起到什么作用。因为吴国顺着淮河的支流移动迅速，要追赶吴军实际上是很困难的。于是，吴国将楚国好不容易开拓的东部地区全部据为己有。最终，巫臣以吴国为杠杆，完全实现了自己当初所说的复仇计划。这一事件极具典型性地向我们证明，国邦之间的流亡人士会发挥何等重大的作用。

公元前575年，晋国的士燮亲自到吴国，与齐国、卫国和郑国结盟，吴国终于正式加入了中原国家的队伍。现在，秦楚已成为一体，而晋吴也已成为一体。楚国的北上问题再次浮出水面。

5. 晋楚休战协议下的暗涌

在邲之战中，晋国体面尽失，却通过麾笄之战再次证明了自己军队的实力。新继位的楚共王太过年幼，还不能继承其父的伟业，晋国的气势依然如日中天。公元前 585 年，由于晋国的都城绛地在长时间的使用下地力已然枯竭，晋国决定放弃绛而迁都新田，这表明了晋国振奋精神的决心；而且晋国依然在和楚国进行拔河比赛，企图将郑国拉拢到自己的这边来。楚庄王死后，楚国的势力一时之间有所削弱，郑国就想再次依附于晋国，延续郑国社稷的命脉。

这是晋国迁都时发生的一件事情。楚国子重打着救郑的名义带军队出征，但并没有敢真的作战就班师回国了。晋国的栾书更进一步讨伐了楚国的友邦，占领了楚国汉水以东的土地。对于楚国来说，在郑国已经归附晋国的情况下，就很难再与晋国进行正面对决了。

最终，楚国放弃了正面进攻，而是企图用贿赂收买郑国，刚继位的郑成公动心了。然而，郑国的这种投机行为很快就被晋国发觉了。是年秋天，在郑成公礼节性地访问晋国之时，被晋国扣留了。然后晋国伐郑，甚至杀死了郑国派来讲和的使臣，对于晋国这种违反常理的举动，弱小的郑国也只有忍气吞声。此时，楚国的子重攻打了归附晋国的陈国后，驰援郑国，但正面对决依然很难。在这种混乱的局面下，秦国联合白狄，攻打了晋国。前文我们已经说过了，每当晋楚之间发生战争，秦国总是伺机攻打晋国。

晋无法同时应付秦国和楚国，而楚国也无法同时应付吴国和晋国。大体来讲，虽然此时秦楚、晋吴联盟已经形成，但是楚国和晋国却依然需要以一敌二地去作战。正如下图所展示的那样，秦国和吴国之间并没有什么龃龉，因此在精确的算计之后，他们找出了减轻战争疲劳的方法。此时，宋国的华元再次登场。对于宋国来说，晋楚两国不打仗最好了。华元和楚国的子重关系很好，和晋国的栾书关系也不错。因此，华元便在楚国和晋国之间斡旋，为他们架起了一座和解的桥梁。终于，晋楚之间缔结了历史上第一次弭兵会盟，这就是春秋时代晋楚的休战协定。当然，这一协定也未能维持多久，但它的确是在各种算计和政治努力之下好不容易才实现的结果。

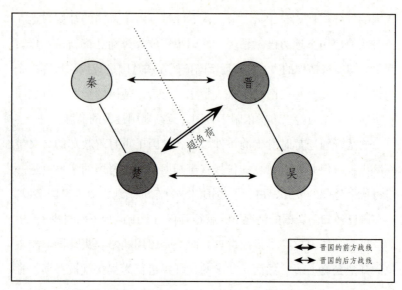

二比二的战线和强国减少战线的政策概念 楚秦 VS 晋吴的对决之中，只有楚国和晋国拥有前后方两条战线。在这种情况下，每一个阵营内部的防卫费用分担就会变得不公平起来，此时他们就会有一种减少前方战线的倾向。

公元前 579 年夏，晋国士燮会见楚国公子罢、许偃，并结盟，盟约中说：

> 凡晋、楚无相加戎，好恶同之，同恤灾危，备救凶患。若有害楚，则晋伐之。在晋，楚亦如之。交贽往来，道路无壅，谋其不协，而讨不庭。有渝此盟，明神殛之，俾坠其师，无克胙国。

这一盟约对晋国立即发生了效用。第二年，晋国就放心地率领着诸侯联军去攻打秦国了，这就是前文我们曾经提到过的麻隧之战。但是，楚国依然对晋吴邦交感到不满。这一盟约究竟能够维持多久，还是一个未知数。

第 12 章

悲哉鄢陵

——楚国霸权的终结

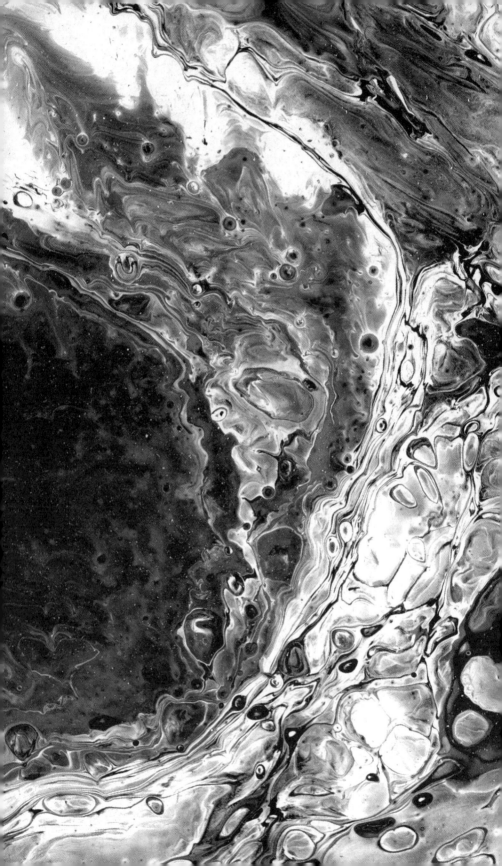

....

　　战争决定着国家的生死存亡，各国即便打赢了战争，往往心中
也会惴惴不安。在历史上，赢了战争却输掉了国家的君主不胜枚举。
齐桓公、晋文公和楚庄王等称霸的君主，对于战争的态度都是很慎
重的。面对战争，君主不可意气用事，而且在战争开始之前，必须
有必胜的把握。因此，如果没有胜算，杰出的君主是绝不会贸然出
征的。

　　和年轻的楚共王一样，年轻的晋厉公也很有竞争意识。然而晋
楚之间已经订立了休战的盟约，只要西方的秦国不支援楚国，晋国
最好趁此机会充实国力。东方的吴国发展势头迅猛，楚国应当利用
和晋国休战的时机，将主要精力放在巩固东方领土上。楚庄王以迅
雷不及掩耳之势北上之后，却没有继续进行下一步动作转而巩固东
方领土，他之所以实行这一政策也是因为他意识到了楚国的局限，
然而年轻的楚共王和楚国的领导核心却没有认识到这一点。因此，
战争的阴云再次覆盖了楚国。

1. 楚国背弃盟约，挥师北上

暂停兵戈的盟约订立三年以后，楚国再次北上伐郑，其目的是再次将郑国收入楚国的麾下。但是楚国内部的反对意见也不少，因为这场战争师出无名。子囊（楚庄王之子熊贞）谏言道："我国刚刚和晋国订盟，现在又背弃盟约，只怕不可以吧？"但子反却很固执，他说："只要敌情有利于我国就可以进攻，管它什么订盟不订盟的？"

当时楚臣申叔时已经年迈，住在申地，他听闻了子反所说的话以后，叹息道："子反一定不能免于祸难。信用是用来保持礼法的，而礼法是用来保护生存的，子反把信用和礼法都丢掉了，如何能免于祸难？"楚共王不顾群臣的反对执意北伐，侵略郑国，到达暴隧，然后侵袭卫国，到达首止。但是，这次郑国没有坐以待毙，子罕反过来袭击了楚国，占领了新石。

在这种情况下，老练的晋国卿大夫表现出了怎样的态度呢？栾书想报复楚国，但韩厥却说："不必。暂且让他加重自己的罪过，百姓将要背叛他了。没有百姓，谁去作战？"因此，晋楚之间的战争没有发生。

但是次年，楚共王再次做出为人君者不该有的举动。他以汝阴南面的土地为交换条件，要求郑国背叛晋国。作为大国之君，他不应当用土地收买别国的忠诚。但是，郑国也做出了无稽之举，想要在大国之间寻求自己的利益。在邲之战发生之前，郑国的朝堂之上有一派人企图以献出郑国一半土地为诱饵引来楚国的势力，另外一派人则准备观察晋楚双方战争的结果，再决定郑国的去向，这导致郑国最终的局面一片狼藉，可是郑国就是记吃不记打。这次郑国看到楚国割地给自己，立刻又上钩了。郑国也不想想，小国夹在大国之间，就算偶尔获得一点蝇头小利，最后能保得住吗？郑国的举动就像是一只鸡，看到黄鼠狼来给自己拜年，居然就给它开门了。如今，晋国不可能再对郑国坐视不理了。

在去鄢陵之战的战场之前，我们需要记住几个人物。在这场战争中，有两个重要的谋士，他们都是流亡人士。从楚国逃到晋国的人，做了晋国的参谋；而从晋国逃到楚国的人，也为楚国提出了不少建议。不管他们的建议是否正确，他们的存在让晋楚两方都隐约地产生了一种自信。特别是楚共王，他非常信任从晋国逃到楚国来的人，他觉得："晋国有能力的臣子在我这里。"

那么，这些流亡人士是谁呢？从楚国逃亡到晋国的人是苗贲皇。他是斗越椒之子，前文曾经提到斗越椒是若敖氏一族的宠儿，楚庄王之时曾引发叛乱，遭到灭门。苗贲皇逃到晋国之后，立刻得到了晋国的重用。果不其然，苗贲皇对于楚军的虚实了若指掌。另外一人就是晋国大夫伯宗的儿子伯州犁，他从晋国流亡到了楚国。伯宗何许人也？他是晋国的名臣，曾在覆灭赤狄潞国的战役中发挥了决定性的发用，每当朝中有重要的事情，他都会提出一些建议。那么他的儿子怎么会逃到楚国去了呢？

伯宗在朝中威风八面，招致了郤氏一族的憎恨。当时，晋国存在着一种结构性的矛盾，即朝廷对于日益臃肿的军队将领奖赏不足。战争结束之后理应对将士进行嘉奖，但是土地的数量是有限的，军队的规模却日益膨胀。因此，只要发生有臣子垮台的情况，晋国的大臣们便争先恐后地争抢他们的财产和权力。有限的土地和日益臃肿的官僚体系，这一痼疾是以君主为中心的国家无法避免的。因此大臣们经常会为了各自的利益，相互攻讦，将对方拖入陷阱，即便是在战争中勇猛如虎的大丈夫，也往往难以避免这种利益的诱惑。

郤氏的代表是三郤，即郤至、郤犨、郤锜，他们对于伯宗的直言不讳感到非常逆耳，因此当与伯宗关系密切的栾弗忌负罪而死之时，郤氏族人便诬陷了伯宗，并将其处死。《国语》和《左传》里关于这件事记载的先后顺序稍微有些差别，但都表明伯宗是受诬陷而死的。不同的是，有的史书记载说伯宗是受栾弗忌牵连而死，有的史书中则记载说栾弗忌是受伯宗的牵连而死。《国语·晋语》里记载了一则故事，很好地说明了伯宗的为人。

> 晋伯宗朝，以喜归。其妻曰："子貌有喜，何也？"曰："吾言于朝，诸大夫皆谓我智似阳子。"对曰："阳子华而不实，主言而无谋，是以难及其身。子何喜焉？"伯宗曰："我饮诸大夫酒，而与之语，尔试听之。"曰："诺。"既饮，其妻曰："诸大夫莫子若也。然而民不能戴其上久矣，难必及子乎！盍亟索士，憖庇州犁，伯宗子焉。"得毕阳。

苗贲皇和伯州犁都是贤士，只不过他们尽忠的对象交换了，他们在鄢陵之战中提出的建议可谓字字珠玑。

2. 老谋之臣反对战争

晋国针对是否出兵的问题展开了激烈的讨论。晋厉公想要出征，但是士燮（范文子）却反对出征。[1]他说："如果单纯为了满足我们的欲望，那么只有当诸侯都背叛我们的时候，我们晋国才能这样做。现在只有郑国背叛我们，我们也要这样做，晋国的忧患就会立即到来。"

栾书说："但不能在我执政时失掉诸侯的拥护！"[2]士燮接着说："这些诸侯正是祸乱的根源，得到了郑国只会使我们晋国更增忧患，我们要郑国何用呢？"郤至插话说："那么天子岂不是忧患最多吗？"士燮接着就反驳了郤至的话，他已经看透了郤至的意图。"我们是天子吗？天子勤修德政，感化远方部族带着本地的土产贡物来归附王朝，所以天子没有忧患。现在我们晋国少德，却去追求天子的功业，所以才会有更多的忧患。你看那些没有土地做根基却想发财的人，他们能快乐吗？"

当战争结束之时，士燮所担忧的事情也就更加明显了。士燮已经完全看透了郤至的心思，所以才会责备他，因为郤至意图通过战争扩大郤氏的势力。然而，当时率领晋国中军的栾书赞成出征，率领下军的郤至也赞成出征，士燮再反对也没有用。

---

① 关于这一部分，《左传》和《国语》的对话人物有相当大的不同。两者内容大体相似，至于说话者究竟是郤犨还是栾书，两种文献上的记载经常相反。但有一点可以肯定的是，栾书和郤犨赞同出征，而士燮则反对出征。在此，笔者将《左传》和《国语》的内容进行了折中，很多地方虽没有单独标明出处，但为了更加详细地说明战争的真实情况，笔者将两本史书中的句子进行了一定的整合。从语气上来看，《国语》对现场情形传达得更为传神，内容也比较详细，但《左传》里的谬误相对更少。

② 《左传》里这个句子在这里戛然而止，因此从这个句子往后，笔者引用的是《国语》里的句子。在文章段与段之间，笔者会根据上下文相互衔接，但绝对不会出现在同一个句子里混用两种史料的问题，后文句子的出处笔者不再一一指出。

因此，两国就开始整编军队准备一战，楚军的安排是：司马子反率领中军，令尹子重率领左军，右尹子辛率领右军。与此相对，晋军的安排是：中军将为栾书，中军佐为士燮；上军将为郤锜，上军佐为荀偃；下军将为韩厥，下军佐荀罃；新军将为郤犨，新军佐为郤至。荀罃留守国内，郤犨则出使齐国等地，以获得同盟军的支持。因此，现在晋军由掌握上军和新军的郤氏主导。

楚军在出兵郑国途经申邑时向申叔时求教。司马子反向申叔时问道："这次楚军救郑，胜负如何？"申叔时回答道："德、行、祥、义、礼、信这六项，对于战争如同用器不可或缺。有了德才能施惠于民，正确地用刑才能矫正恶邪，用心专一祭神才能得到保佑，有了是非标准才能正确取利，遵循礼法才能顺时而动，有了诚心才能守护世间万物。百姓的生计富厚才能德正，人民方便地取得自己所需要的生活物品，祭祀也有了合理的规定和安排，百姓都能顺势而动，百物才能用成。上下都和睦相亲，周旋运用没有悖逆，上面有所求用，下面无所不具备，人们都知道行事的准则。所以《诗经》上说'先王立其众民，众民行事莫不以先王号令为准则（立我烝民，莫菲尔极）'，因此神明赐福给他们，天时没有水旱灾害。人民的生计富厚充足，和睦同心听从统治者的命令，没有不尽自己的力量来服从统治者的驱使，人们都愿牺牲自己的生命来替补阵亡战士的空缺（就算战争形势的发展不尽如人意，人们也不会畏惧死亡），我们就是凭这些战胜敌人的。

现在楚国对内遗弃它的人民，对外断绝邻国的和好，轻慢了同盟，并且背弃了曾经的承诺，违背农时兴兵打仗，疲劳民众来满足欲望。人民不知道国君诚信的所在，或进或退都会无所适从[1]。人们对所去的地方都心存忧虑，谁肯拼死抗敌？你勉力去做吧！我再

---

[1] 《左传》中的原文是"进退罪也"，其准确的意义很难确定，只能这般推测。

不能看见公子你了。"

对于即将出征的人来说，申叔时的话未免有些太悲观了。然而在恰逢农时的夏季，率领着不停遭受战乱的百姓远征，实在是很勉强。此时晋军已经渡过黄河，楚军便更加马不停蹄。如果双方的战斗力相同，那么以逸待劳的一方永远更具优势。

可是，即便士燮渡过了黄河，却依然没有作战之心。士燮所忧虑的并非战争本身，而是晋国内部的祸乱。他再次向中军大将栾书谏言道："我军假装畏怯逃避楚军，便能够舒缓晋国的忧患。与诸侯交战不是我擅长做的事情，我把这项重任留给有能力者担负，只希望与群臣同心协力地侍奉国君，那就已经很好了。"可栾书拒绝了他，栾书彼时正在等待着诸侯联军。只要联军参加了战争，就算战争失败了他也可以逃避罪责，还可以树立出师之名。在这种情况下，士燮很担心郤至会挑起战争。

终于，晋楚两军在鄢陵对峙。士燮再次反对双方开战，栾书说道[①]："当初秦晋韩之战，惠公被俘不能再回驻地；晋楚邲之战，三军败逃溃不成军；狄晋箕之战，主帅先轸战死不能回复君命：这是晋国的三大耻辱。现在我担任晋国的执政上卿，不洗掉晋国的奇耻大辱，反而因回避蛮夷而加重耻辱，我不能这样做。这次战争即使会造成严重后果，那也已不在我考虑的范围之内了。"

栾书对于将来可能会产生的后患心知肚明。但是，他还有另外担忧的事情，这件事情将在日后显现出来。士燮仍然试图说服栾书，他说："我们先代国君屡次作战是有缘故的。当时秦、狄、齐、楚等国都很强大，要是我们不努力，子孙就会衰弱。现在秦、狄、齐三个强国都已经屈服，我们的敌人只有楚国罢了。只有圣人才能使国内外没有忧患，我们不是圣人，国外安定无事，内部一定会有忧

---

① 据《左传》的记载，这段话是郤至所说的，而《国语》里则记载是栾书所说的。但是，在《国语》中有"我任晋国之政"的句子，因此笔者认为就这部分来说，《国语》应当是正确的。

患（唯圣人能外内无患，自非圣人，外宁必有内忧）。何不暂时放过楚国，使晋君对外经常保持警惕呢？"

"内忧外患"这个词语就是从这段话中来的，它的意思比我们今天常用的意思更加奥妙。

"这样，诸位大臣在内部相处不互相争功，一定会团结得多。现在两军开战，如果我们战胜了楚国和郑国，我们的君主会炫耀自己既有智谋又功烈赫赫，就会放松文教而加重对百姓的赋税，用来大幅增加亲近宠臣的待遇，给爱妾增加田地①，不夺取诸位大夫的田地，又能从什么地方获取来赏赐给那些人呢？诸位大夫之中，有几个人能够不顾全自己的家室而空身隐退，不参与作乱的呢？这次战争如果不胜，那是晋国的福分；如果获胜，会搞乱晋国原有土地的正常秩序，它产生的后果将祸害诸位大臣，依我之见，何不暂且不和楚国打这一仗呢？"

然而，栾书并没有听士燮的，他有自己的打算。因为担忧百姓的处境，士燮在战争之前还曾经说过这样的话，这段话也记载在《国语·晋语》之中，他的言辞仅次于申叔时对子反的嘱托，可谓一段至理名言。他在出征之前就曾经这样请求说："我听说，做臣子的，能够使内部团结然后才能一致对外，没能团结内部就想在对外战争中得利，一定会产生内部矛盾；我们不如先谋求内部的团结，征求众百姓的意见，了解他们对这场战争的真实想法，然后再决定是否出兵，那国内的怨恨很快就会自然平息的。"

在两军对峙之时，他再次请求说："现在我们晋国的司寇（掌管刑罚的长官）对中等罪犯所使用的刑具日益破损，而对重型罪犯进行斩

---

① 《国语》里的原文是"大其私昵，而益妇人田"。这句话很重要，却极容易被人误解。后一句"益妇人田"很简单不再赘言，问题在于前面"大其私昵"的理解。有人将这一句解释为"大幅增加亲近宠臣的俸禄"，但这有点讲不通。俸禄由国家规定，不能随意更改。这句话的意思应当如字面一样，是指更加重用自己的宠臣。重用之后，宠臣自然就会拥有更多的田地。因此，《左传》里曾经指出晋君"欲尽去群大夫而立其左右"。

首的斧钺却根本没有动用①。我们国内该用刑的尚且不用刑，何况用刑罚去惩处国外呢？战争也是一种刑罚，是用来刑杀有过错的国家。现在过错是由大臣犯下的，而怨恨是从平民百姓中产生的，所以（治理良好的国家）应该用恩惠消除平民百姓的怨恨，下狠心改正大臣的过错。只有当平民百姓不再怨恨，而大臣也没有过错的时候，才可以对外使用武力，刑杀外部那些不服从的敌人。现在我们的刑罚不能用在有过错的大臣身上，却狠心施加在有怨尤的百姓头上，我们还能用谁的力量去对外用武呢？我们如果不能发动百姓自觉参战，即使取得胜利，也是侥幸。用侥幸心理来管理政事，一定会产生内部忧患。"

然而晋军的司令官还是想打仗，也许公开表达不愿作战的意见是有风险的，而他们并不想承担这种风险。不过栾书作为久经沙场的老将还是非常慎重的，他打算等待联军到来之后再发动进攻。

这样的甲午日，即农历六月二十九日，这是六月的最后一天，楚军终于逼近了晋军驻地，准备攻打晋军。眼看战争就要开始，晋军阵营中人心躁动，晋厉公便想先发制人地攻打楚军。士燮的儿子范匄年轻气盛，这时他站出来说："我们可以把营地中的井填上，把锅灶弄平，就在自己的军中列成阵势，并疏散前面的行列。晋、楚两国的胜败只看天意帮助谁，有什么好担心的！"

这份年轻人特有的霸气，却让父亲士燮怒发冲冠，他拿起戈来赶儿子出去，申斥道："国家的存亡全凭天意，小孩子知道什么？"栾书插嘴说："楚军轻浮急躁，我军坚守营垒以逸待劳便可，不出三

---

① 《国语》的原文是"今吾司寇之刀锯日弊，而斧钺不行"，直译的话就是"现在我们晋国的司寇的刀锯日益破败，而斧钺却很少用到"。刀锯并非处以死刑时使用的工具，但也是属于比较重的刑罚，施加在身体之上。而斧钺则是指斩首时使用的斧子。《国语·鲁语》中有言："大刑用甲兵，其次用斧钺，中刑用刀锯，其次用钻笮，薄刑用鞭扑（重刑用甲兵诛杀，其次用斧钺斩首，中刑用刀锯执行宫刑或断肢，其次用钻笮刺字、涅墨，轻刑用鞭扑体罚惩戒）"，《汉书·刑法志》中也记载了同样的内容（大刑用甲兵，其次用斧钺，中刑用刀锯，其次用钻笮）。

天，楚军肯定会撤退。趁他们撤退时我军再出击，一定能大获全胜。"

作为中军将，栾书的态度是很慎重的。他的算盘是，如果敌人退兵就再好不过，如果不退兵，晋军也可以和联军一同作战。栾书接着说："现在我们的使臣已经到齐国和鲁国请求他们出兵了，等他们都到了以后再开始作战也不迟。"

然而郤至却主张立即开战，他说："现在楚军有六大弱点，我们不能失去这个时机。楚军的两个统帅（子重和子反）不和；楚王的亲兵已经疲老；郑国军队虽摆出阵势，但凌乱不堪；楚军中蛮夷①的队伍，虽然已经成军但不能布成阵势；楚军布阵打仗竟不避忌晦日②；他们的士兵在阵中还喧闹不已，参阵的士兵各有后顾之忧，没有斗志。老兵经验丰富也并不见得一定是好事，加上晦日出兵犯了天忌。我军一定能够战胜他们。"

晋厉公听闻此言感到很高兴，在楚军还未来得及攻打晋军之前，晋军先发制人地出兵了。战争终于拉开了序幕。

3. 交战之前两军的阵营

楚军阵营

交战的前一天，潘尪的儿子潘党和楚国第一神箭手养由基进行射箭比赛。他们都是楚军的骄傲，曾经在鄢之战中大败晋军。当时潘党是君主的车右，被视为楚国最勇猛的人。养由基则是楚国名副其实的最佳射手。他们叠起甲衣射箭，每一箭都能射穿七层铁甲。因此，潘党便得意扬扬地向楚共王卖弄："国君有我们两位本领这么

---

① 《国语》中具体地将他们分为了南夷、东夷等。这次楚军似乎率领着自己刚占领的淮河中下游一带的民族前来作战了。

② 军队在摆阵之时一般都会避开晦日。原本大概是因为天太黑，摆阵时容易遭遇夜袭，这逐渐成了一种惯例。

高强的神箭手，还愁打不了胜仗吗？"

这两位身经百战的勇士居然会做出如此愚鲁的举动，楚共王感到非常愤怒。因为两军开战在即，主将不可如此轻率。楚共王说："只凭射技而不懂智谋，是楚国莫大的耻辱！明天早上你们要是随便射箭，恐怕会死在卖弄技艺上。"当然他也是担心养由基的箭法太好，会成为敌人首要攻击的目标。

在两军交战之前，楚共王登上了一种高层的带有望楼的兵车，来察望晋军的动态。

楚共王问："晋军有人正在营地中左右奔跑，这是干什么？"

伯州犁说："这是在召集军官。"

楚共王说："那些人都集合在中军了！"

伯州犁说："这是在开会议谋。"

楚共王说："撤去帐幕了！"

伯州犁说："快要发布命令了。"

楚共王说："晋军很喧哗，并且尘土飞扬起来了！"

伯州犁说："看来要填井平灶摆开阵势了。"

楚共王说："晋军都登上战车了，战车左右的将校拿着武器又下车了！"

伯州犁说："这是听取主帅发布誓师的命令。"

楚共王问："就要开打了吗？"

伯州犁说："现在还不知道。"

楚共王说："晋军又上了车，战车两边将校又下车了。"

伯州犁说："这是在战前祈祷神明。"

伯州犁将晋厉公亲兵的情况报告给了楚共王。

晋军阵营

楚国有伯州犁，晋国有苗贲皇，但晋国阵营依然人心惶惶。苗贲皇将楚共王亲兵的情况报告给了晋厉公。晋厉公身边的将士都很害怕，他们说："伯州犁在楚国，知道晋军的虚实，并且楚军人数众多，不容易抵挡！"

　　但是苗贲皇却这样对晋厉公说[1]："楚国的兵力是可以对付的。它的精锐部队，不过是中军的楚共王亲兵罢了。晋军可以互换中军与下军的位置，因为楚国以为下军实力较弱，一定会贪图便宜攻打它。这时如果楚军集中主力与我们的中军混战［原文使用了"陷"字，此处也可以译作如果楚军集中主力攻打我们的中军（本来的下军）］，我们的上军、下军（本来的中军）、新军的兵力便可以合力攻打楚国的王族中军，就一定能够打败楚国。"

　　实际上苗贲皇已经看透了楚军的虚实，当时楚军左军由令尹子重率领，士兵里大约是混杂了一些东夷人，这种混编的军队很容易土崩瓦解。晋厉公果然听从了苗贲皇的建议。

4. 楚军落入陷阱

　　战争终于爆发了。由于晋国的中军和下军交换了位置，楚共王所对付的敌军就变成了晋国的下军。那日战斗中，晋将郤至曾经三次碰上楚共王的亲兵，他望见楚共王时，总要跳下战车，向楚共王施礼。史书皆称赞这种举动证明郤至很懂礼节，但实际上这极有可能只是一种战术，为的是将楚国的中军引进晋营。战斗场面十分混乱，楚国的左右两军都战败了，然而中军的士兵不愧是久经沙场的勇士，因此战争的局势并没有完全倒向晋国。

---

[1] 《国语·楚语》里则记载为雍子对栾书说。从《左传》"襄公二十六年"里的描述来看，雍子和苗贲皇肯定是两个不同的人。雍子在彭城之战中曾经向晋国提出建议，因此《国语》中的名字肯定是错的。不过，就描述的内容而言，《国语》中更加栩栩如生，引文中使用的是《国语》中的内容。

在战斗中楚共王看到有一个身穿红色甲胄的人三次向自己行礼然后退下，认为这很值得嘉奖，便派人送上一张弓表示问候，这位身穿红色甲胄的人正是敌将郤至。使者转达楚共王的话说："正当战斗激烈之时，有位身穿红色甲胄的人很有礼貌，他见着寡人就走得那么快，不知受伤了没有？"郤至回答说："楚君的外臣郤至，奉了我晋君的命令参加作战，托楚君之福，我现在正穿着铠甲，不敢拜受楚君的命令，谨向楚君报告我没有受伤。"于是，他向楚君的使者行了三次礼，然后退下了。

楚共王这边的情形却很不乐观。楚国的左右军战败以后，晋国的三军同时进攻楚国的中军。雪上加霜的是，晋国吕锜的一箭射中了楚共王的眼睛。楚共王之前曾告诫养由基不要随便射箭，但事态危急也顾不得了，他叫来了养由基，递给了他两支箭。养由基为了示威，首先射中了吕锜的脖子，此时养由基的手中还剩下一支箭。

晋将韩厥还在追击郑国君主的战车，楚军的境地也越来越危险。此时，叔山冉催促养由基说："虽然国君命你不能随便射箭，但现在为了国家的缘故，你一定得射了。"养由基便射起箭来，一射再射，箭无虚发。叔山冉撞上敌人的战车，抓住晋人向晋军战车猛地掷过去，把战车前面的横木都打断了。晋军看到这两个人打起架来就像夜叉，才停止了攻势。但晋军已俘获了楚国公子茷。

晋君的车右栾针（栾书之子）望见楚国令尹子重的旗帜，忽然豪气大发，向晋厉公请求说："当初我出使到楚国时，子重曾经问我，'晋国所谓的勇武是怎样的？'我回答说，'喜好人多而军容整饬。'他又问，'还有呢？'我又回答说，'喜欢临事镇静。'请让人送些美酒给子重喝以示晋军军容整饬、临事镇静。"

于是，栾针就派出使者给子重送酒。而子重的回答也毫不让步，他说："那位先生过去在楚国曾经跟我有过一番谈话，今天送酒一定是为了这个缘故。我怎么会不知道呢？"他接过酒来喝掉了，然后遣返了使者。接下来，子重重新击鼓作战，从早晨开始战斗，直到星辰出现时还没有停战。楚军主帅子反命令军官:"查点伤亡的人员,补充战士和兵车,修理铠甲和武器,检查车马;鸡叫时分就吃饭,一定要听从命令。"

晋军这边也在观察着楚军的动态,他们很担心楚军依然会斗志昂扬。但是晋军里有苗贲皇在,他根据楚军的对策,传令军中说:"查点战车补充士卒,喂饱马匹磨快刀枪,整顿阵容巩固行列,早起坐在寝席上吃早饭,再次虔诚地祷告,明天再战消灭敌人!"

他故意大声发布命令,然后故意让俘虏来的楚人逃回去报告情况,说晋军已经做好了决一死战的准备,楚军士气顿时一落千丈。楚共王听了,连忙派人叫司令官子反前来谋划对策。然而,派去的人却传来了一个晴天霹雳般的消息:子反因醉酒正在睡觉。当时子反的侍从谷阳竖为慰劳子反,向子反献上了美酒,子反竟然因此醉酒大睡。"竖"的意思是年幼的男童,他应当是子反寝室的侍童。这位侍童大概认为明天司令官肯定是要大战一场的,因此才献酒给他,而子反为了次日更加努力地战斗而喝酒睡着了。可是谁又会想到,这一杯酒居然会成为他命运的分水岭呢?本来已经准备好撤退的楚共王,听到这一消息后哑然失色,楚军原本就处于不利的形势,司令官竟然醉酒误事,楚共王害怕了。于是楚共王向全军下达了撤退的命令,趁着夜色逃跑了。

撤退到瑕地以后,楚共王怕子反会自杀,便派人对子反说:"从前你父亲子玉在城濮战败,因为国君不在军中,所以由他负责;这次战败不同,你不要认为自己有罪过,这是寡人的过失,应该由寡人来负责。"于是,子反拜了又拜,回答说:"国君赐我死,死了也光荣。我的部队确实打了败仗,这是我的罪过。"

令尹子重则派人向子反问责,他说:"以前令军队有损的人,你早就听说过他们的结局了。你怎么不考虑一下该怎么办呢?"子反回答说:"纵然没有先大夫自杀的事,您这样教导我,我怎敢不听从呢?我损失了君王的军队,哪里敢苟且偷生呢?"然后,子反便自尽了。楚共王再次派人阻止子反自杀，却没有来得及。申公巫臣的诅咒就这样应验了。

楚共王永远都不曾忘却鄢陵之战的冲击，日后他竭尽全力地复兴楚国。时间流逝，就在楚共王临死之前也没有忘记鄢陵。《国语·楚语》和《左传》里都留下了他悲痛的遗言。

不谷不德，少主社稷，生十年而丧先君，未及习师保之教训，而应受多福。是以不德，而亡师于鄢，以辱社稷，为大夫忧，其弘多矣。若以大夫之灵，获保首领以殁于地，唯是春秋窀穸之事，所以从先君于祢庙者，请为'灵'若'厉'。大夫择焉！

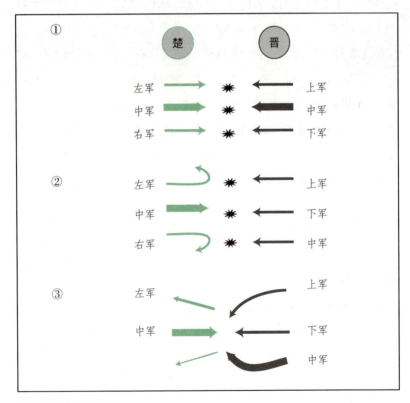

鄢陵之战的战斗示意图

听到楚共王的遗言，没有一位大夫回答他，他便要求了五次。"灵"这一谥号一般用于不努力建功立业的君主身上，而"厉"这一谥号则一般用于暴虐的君主身上。通过这一段文字我们可以体会到，楚共王在鄢陵之战以后是如何深刻反省自己的。然而，逝者已逝，往事已不可追矣。

5. 胜利所导致的危机

鄢陵之战就这样以晋国的胜利而告终了。然而，有人却因为晋国的胜利而忧心不已，他就是士燮。他从鄢陵回国之后，请担任宗庙祭祀的人祈祷他早点死，他说："国君骄横奢侈又战胜敌人，这是上天在增加他的弊病，祸难将要发生。关爱我的人只有诅咒我，让我快点死去，不要及于祸难，这才是范氏的福气。"不久他就与世长辞了。

就这样，一位真正的春秋贵族又离开了人世。这时孙叔敖已经死去，申叔时也老了。《国语·晋语》里记载了一段晋国后来的正卿赵武（赵文子）和叔向在评价先代卿大夫时所说的话。他们在诸位卿大夫的陵墓之间漫步，聊起了他们的故事。

赵武首先问叔向说："要是死的人可以活过来，我们愿意跟谁一起共事？"[①]叔向说："大概是阳子吧！"赵武说："阳子在晋国可以算清廉正直，但不能让自身免遭祸难，他的智慧不值得称道。"叔向说："那么舅犯（咎犯，即狐偃）如何？"赵武说："舅犯看到有利可

---

① "吾谁与归"这句话十分奥妙，对其真正意义，笔者至今都不甚了了。这句话的意思可以推测为"我们愿意和谁一同归去？"或是"我们愿意和谁一起离开这世界？"抑或"我们愿意和谁一同皈依？"在《国语》的众多句子里，笔者觉得这句话的意蕴最为含蓄、最为丰富。

图就不顾君主，他的仁义不足称赞。我看还是随武子（范武子，即士会）吧，他采纳忠言不忘记老师，谈到自己的优点不忘记夸奖自己的朋友，侍奉君主时不援引任用自己的亲私，黜退时也能做到刚正不阿。"[1]

范武子士会是春秋时期口碑最好的贵族，他的儿子士燮没有辜负他的教导。在鄢陵之战以后，士燮最后一个回到晋国都城。士会望眼欲穿地盼望着儿子归来，等看到儿子安然无恙地回来了，他非常高兴，但还是唠叨了几句："你不知道老父我盼着你早点回来吗？"士燮回答说："如果我先到都城，一定会惹人注意，这是代替元帅接受有功之名，所以我没敢先回来。"士会听了他的话以后很开心，他说："你这样谦让，我觉得你可以免于灾祸了！"

现在春秋时代的大人物范文子士燮也驾鹤西去了，也许最典型的春秋式贵族也随着他的死去而消失了。当然，后来的叔向、子产和晏婴等人物企图再次恢复春秋的秩序，等他们也离世的时候，春秋时代也就结束了。

在这场战争之中，我们需要注意士燮的警告，他所担心的事情最终都变成了现实。战争取得胜利之后，晋国内部就陷入了权力斗争的巨大旋涡。战争胜利怎么会反而导致了危机的到来呢？这里面有春秋时代向战国时代过渡的关键性问题，那么下面我们就来考察一下战争的矛盾和后果。战争究竟是如何开始的呢？

我们首先来看一下晋军在鄢陵之战时出师的名义。晋军在鄢陵之战中的名义是很明确的，即和楚国决一雌雄，看看究竟谁是霸主。但战争实际性的原因却隐藏在背后，晋国所打出的旗号里，有将郑国拉拢到自己这边来的目的，然而这一目的却最终没有实现。在战争失败以后，郑国不仅没有向晋国屈服，反而在次年攻打了实际上

---

[1] 《礼记·檀弓》中也有此对话，而且更加简单。赵武对士会的评价是"利其君不忘其身，谋身不遗其友（能为国君谋利益，又能顾全自己的福利；既为自己打算，也不忘记自己的朋友）"。

属于晋国的虚地和滑地。于是，诸侯再次聚首，打算攻打郑国，然而楚国令尹子重却对卫国威胁施压，因此诸侯未敢采取行动。冬季，诸侯再次包围郑国，然而公子申带兵援救郑国，诸侯再次撤退。简单来说，天下局势并没有因为晋国取得一次胜利而发生很大的改变。

楚国的立场又怎样呢？自楚庄王以来，楚国并没有打算渡过黄河，他们的目标在东方。那么，楚国在东面增强实力才是比较现实的选择。然而，楚国却没有放弃对北方的执着，甚至违背了盟约，因此被孤立了，除郑国以外的其他友好诸侯都离楚国而去。然而，郑国真的能够永远追随楚国吗？这点完全没有任何保障。郑国此时正在探索自己的生存之道，鄢陵之战里楚共王为了救援郑国甚至眼睛中箭，郑国肯定不能立刻背叛楚国。但是郑国什么时候又会倒向晋国，这谁都无法预料，而且后来历史的发展也的确证实了这一点，即郑国并没有一心一意地追随楚国。因为楚国不断向东方开拓，已经捅了吴国这个大马蜂窝，却很奇怪地在北方张开了阻挡马蜂的网。这场战争对楚国来说，并没有获得什么明确的利益，反而还损失了许多可以在东方劳作的壮丁。

郑国的立场也没有发生什么重大的变化，他们依然在走钢丝。郑国过去究竟曾经变过多少次，将来又会发生多少变化，实在不计其数。郑国的百姓是怎样生活的呢？邲之战和鄢陵之战实际上都是由郑国引起的。郑国好了伤疤忘了疼，眼见有利可图，就马上吞下了楚国抛来的诱饵，吃掉了楚国的土地。在战场上连晋国都牺牲了无数士兵，那么郑国真的能独善其身吗？况且势力日渐强大的晋国的多位军事领导人，真的会放过郑国吗？

笔者下面就从理论上来分析一下战争的内情，分析可以从两方面展开，第一是国家的"膨胀惯性"，第二是君主与卿大夫围绕土地和权力而产生的"结构性矛盾"。

我们首先来分析一下楚国的情况。楚庄王时期膨胀已经成了一种惯性，正如后来汉族将万里长城视为一道心理屏障一样，楚国也很想将黄河变成其潜在的国境线，因此才会利用郑国。存在于黄河以南的敌对国家让楚国坐卧不安；而且楚国如果想向东方发展，就需要沿淮河前进，但后方总是让楚国感到焦虑。在楚国东征之时，郑国也在背后威胁着楚国。就像士燮所说的那样，楚国并不是晋国最直接的威胁，但晋国和其同盟国却威胁着企图东进的楚国。正因为如此，楚国才会不顾及国情，希望无条件地掌握郑国。总之，楚庄王时期的膨胀，到楚共王时期已经成了楚国的一种惯性，无论国情如何，楚国总是想尽办法地扩大地盘。

从晋国方面来看，战争是内政的延伸。巨门豪族可以通过战争独立门户，可以通过战争扩大土地面积。君主、卿大夫一旦有贪念，战争便成为满足他们贪欲的工具。虽然在名义上战争是国家与国家之间的对决，实际上战争的主体是很复杂的。如果军队打了败仗，朝堂之上就会发生究竟谁要负责的争论；如果军队打了胜仗，朝堂之上又会对论功行赏的问题争论不休。由于土地有限，贵族和君主之间，上等贵族和下等贵族之间都会产生矛盾，而他们都希望通过战争来解决这些问题。上等贵族如果在战争中立功，就可以要求土地权利，并且将战时编成的士兵吸收为自己的族兵，总之上等贵族就是这样通过战争扩大自己势力的。而下等贵族则希望通过自己的战功，跻身于上等贵族的行列，而且通过战争所获得的战利品、俘虏、土地等都是贵族所觊觎的财产。另外，君主也有自己的算盘，君主会利用在战争中建功立业的下等贵族来牵制上等贵族，特别是在君主亲征取得胜利时，就可以借助国人的舆论来提高公室的权威，强化君主权力。君主还可以任用外戚人才，向下等贵族分配战利品，以此来牵制上等贵族。

士燮的担忧最终变成了现实。晋国在鄢陵之战中取得胜利以后，向周王室贡献了战利品。这时，郤至炫耀说战争的功劳属于自己，但在晋厉公看来，郤至的举动已经僭越君权。实际上，当时卿大夫的势力已经过于强大。鞌笄之战中，郤克曾提议愿率领郤氏的氏族

1. 土地争夺战
　　——上等贵族掠夺下等贵族的土地，下等贵族则利用君主争夺上等贵族的土地。

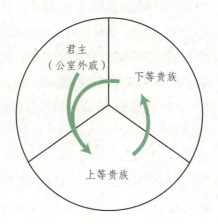

2. 权力争夺战
　　——上等贵族威胁君主权力，君主利用下等贵族牵制上等贵族。

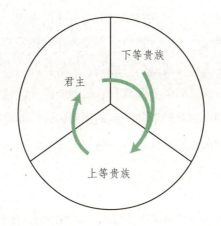

3. 矛盾解决的合法途径
　　①土地扩张→侵略
　　②通过军功重新分配→导致下等贵族好战，上等贵族保守。
　　　　但当这种方法行不通时，贵族之间就会使用阴谋诡计，通过剪除对方来重新分割财产。

晋国内部矛盾的结构

部队攻打齐国，可见郤族的势力何等强大。晋厉公和其他国家的君主一样，希望公室的地位凌驾于卿大夫之上，然而他的尝试最终以失败告终。君主要想提高公室的地位，必须获得广泛的农民群众的支持，然而春秋时代农民群众尚未形成。因此晋厉公希望利用卿大夫之间的矛盾来强化君主权力，这种伎俩实在浅薄，结局也总是不甚理想。卿大夫之间会为了追名逐利而展开党争，但是一旦他们和君主之间产生矛盾，彼此之间又会惺惺相惜。

下面我们来看一下鄢陵之战次年在晋国朝堂上发生的事情。晋厉公认为鄢陵之战的胜利都应当归功于自己，他想除掉原来的大夫，全部换成自己的宠臣，清理对象当然是郤氏一族，还物色了胥童接替郤氏一族的地位。胥氏原本也是大族，只是因为没有能够占据六军大将的位置，势力逐渐萎缩。胥童的父亲胥克因为郤缺的缘故没能当上下军的副将，胥童因此怨恨郤氏。另外，晋国还有很多人和郤氏有土地纷争。郤锜夺取了夷阳五的土地，郤犨则夺取了长鱼矫的土地，因此他们二人都在暗暗地诅咒着郤氏一族。从这种情形来看，当时在大夫家族之间，强势的家族争夺弱势家族土地的情况也很常见，这正是士燮所担心的晋国会发生的状况。当时强势的家族还可以随意地行刑，而弱势家族只有受刑的份儿，君主当然不可能喜欢这种强势的家族。随着井田制的崩溃，这些强势家族的采邑日益扩大，他们的氏族军队变成了军队的主流，但君主却很难干涉或是控制他们。

妥善解决这一问题的方法有两种。首先，对率领六军的卿大夫论功行赏时，如果国都周围的土地尚有剩余的话，还有回旋的余地，因为只有满足他们所有的欲望，纷争才有可能不会发生。但是，实际情况却并不乐观。国都周围的土地已开垦完毕，过度的利用导致土地日益贫瘠，晋国不得不迁都。当然，还有一种方法就是开垦国都以外的土地。然而，没有几位卿大夫肯离开中央，到外地去新开垦土地。

如果大举增加土地的方法行不通，那么就剩下第二种方法了：要么就减少卿大夫的采邑，要么就减少君主的直辖地，要么就减少卿大夫的数量。即无论采用哪种办法，只要能将有限的土地分配合理就行了。实际上，君主和卿大夫之间，卿大夫之间，卿大夫和宠臣之间之所以会发生矛盾，就是因为在远征中获得军功的人不断增多，然而土地却是有限的。考虑到土地面积增加的困难性，采取第二种方法更加现实。

　　因此正如士爕所预料的那样，卿大夫巨族的权力强化，导致了底层很多人的牺牲。他们的土地被夺走，稍有不慎就会受到刑罚。惩罚巨族时使用的斧钺被搁置，惩罚微不足道的士族时使用的刀锯倒磨得闪闪发亮。假如晋厉公有足够的德行，将下等士族对卿大夫巨族的不满升华为一种改革的力量，也许他会有所成就。要重整权力关系，主导者应当具备理想的德行，但晋厉公恰恰缺乏这一点。他既没有发动士族群众力量的能力，也不具备改革的德行，他只是一介拥有许多贪欲的昏君。因此，为了重整权力结构，他准备利用卿大夫之间的矛盾和宠臣的贪欲。

　　此时栾书站了出来，因为栾书也不希望郤氏一族主导晋国的政局。鄢陵之战中，郤至不等待联军的到来，就独自攻击楚军，这在栾书看来是一种越权、贪图军功的举动。现在晋厉公正在想办法除掉郤至，他意识到机会来了。栾书利用被俘的楚国公子茷向晋厉公诬陷郤至，公子茷说："鄢陵之战，郤至向寡君通风报信，引来了楚军。他对楚共王说，'这一战晋国必定失败，我就借此机会拥立公孙周来侍奉君王您（共王）。'"

　　这个计谋实在是高超，一下子点燃了晋厉公的疑心和嫉妒之火。晋厉公叫来了栾书，询问他的意见，栾书阴险地与公子茷一唱一和，他说："恐怕真有这回事。否则，他怎么会不顾死亡，而接受敌人的使者呢？君王何不试着派他到周王室去，以此来考察他呢？"

　　因此，晋厉公就派郤至到周王室聘问，栾书另外派人找到当时在周王都里的公孙周，让他见一下郤至。他们两人当然见面了，两者的相见被晋厉公的情报网捕获，栾书的阴谋得逞了。

晋厉公本来就已经下定决心除掉郤氏，后来发生的一件事情更增强了晋厉公的信念。晋厉公与诸位卿大夫一同出猎，却没有把诸位卿大夫放在眼里，而是先和诸位夫人一起将捕获来的猎物作为下酒菜饮酒。恰好郤至将自己捉来的一头猪献给晋厉公，当时晋厉公的侍从极其无礼地要抢走这头猪，于是郤至就射死了他，以此表达诸位卿大夫的不满，这真是无礼的君主和无礼的臣子上演的一出闹剧。晋厉公因为此事而恨得咬牙切齿，他说："季子（郤至）竟敢欺辱寡人！"

晋厉公终于瞅准了机会，准备清除卿大夫，胥童建议说："一定要先除掉三郤，他们家族大，招致的怨恨也很多。"郤氏也收到了这个消息，郤锜想先下手为强，他说："就算我们要死了，国君也别想安生。"

然而郤至却将他拦下了。郤至虽然傲慢无礼又很有贪欲，但他也是一位熟知春秋礼节的贵族。平日的信念和眼前的危机让他犹豫不决，他说："人能立足，是由于人有信用、明智和勇敢。人有信用就不能背叛国君，明智就不能残害百姓，勇敢就不能发动祸难。失去这三样，还有谁肯亲近我们？我若有罪，死得已经够晚了。如果国君杀害无罪的人，他将会失掉民心，我们只能听候命令罢了。我们受了国君的禄位，因此才能聚集亲族。有了亲族而和国君相争，还有比这更大的罪过吗？"

然而，郤至觉得不可能的事情终究还是发生了。郤氏没有等来君王的命令，却看到晋厉公的宠臣打了进来，他们突袭了郤氏一族，挥舞着枪戈。郤犨对此很愤怒，他说："我怎会被你们这帮小人的戈刺中？"

他们试图逃跑，但为时已晚。长鱼矫甚至追上郤至车子，用戈刺死了他。晋国最勇猛的大将就这样不明不白地死去了。但是胥童并没有收手，他甚至拿着武器在朝堂之上劫持了栾书和中行偃（荀偃），长鱼矫认为栾书和中行偃也应当一并诛杀。他说："不杀死这两个人，忧患必然会落到君王身上。"

但这次晋厉公表示反对，始作俑者虽然是他，但事态扩大以后，他又有些惊惶，晋厉公说："一日之间杀死三位卿大夫，寡人于心不忍。"但是他又把栾书和中行偃叫来，隐晦地威胁他们说："寡人讨伐郤氏，是因为他们有罪。大夫不要把受劫持的事当作耻辱，还是恢复职位吧。"栾书和中行偃吓出了一身冷汗，他们说："君王讨伐有罪的人，而赦免臣下之死，这是君王的恩惠，我们俩即使是死，又哪里敢忘记君王的恩德？"然后便退下了。

这件事情本来可以到此为止，但是晋厉公接下来的举动却很卑鄙。郤氏一族原本为晋国出力不小，晋厉公派人杀死他们之后，又将他们的尸体陈列在朝堂上，还把他们的家产分给了诸位侍妾。前面我们曾经说过，卿大夫之间虽然有争斗，但也会惺惺相惜。他们对晋厉公这种卑鄙、不道德的举动感到异常愤怒。郤氏一族被灭以后，晋厉公提拔胥童做卿大夫，栾书和中行偃感觉受到威胁也就是情理之中的了。

如果晋厉公将郤氏的土地分给国人以获得他们的支持，也许情况就会不同了。可晋厉公并没有这份眼光和智慧，如今他已经被孤立了。

栾书和中行偃回去以后，立刻商议杀死晋厉公。他们原本想拉拢韩厥和士燮之子范匄（士匄）一同举事，但是被他们拒绝了，不过韩厥和范匄也并未站到晋厉公一边。每次发生政变时，总有一些观望派。栾书和中行偃最终把胥童和晋厉公都杀死了，被孤立的君主不过是一介匹夫。而栾书他们一开始曾诬陷郤至要立公子周，后来却自己迎立了公子周。也就是说，他们一开始诬陷郤至所做的事情，最终由自己来实践了。所以，他们一开始说什么为君主考虑全都是假的，他们真正关心的只不过是自己的安危罢了。这场闹剧很好地表现出当时大国的公室和大夫之间，以及大夫内部的矛盾已经激化到了何等程度。

战争会强化参战者的权力，士燮曾企图阻止战争的发生，让矛盾不再激化，但最终没有能够如愿。世事越来越险恶，这一年齐国又杀死了大夫国佐，其原因与三郤之死别无二致。

讲和的条件：战线的扩大和内部的矛盾

	对外情况	国内情况
晋	由于齐国的背叛，战线扩大为三个（楚、秦、齐）。	君主、上等贵族、下等贵族之间的土地、权力争夺战日益激化。
楚	由于吴国的出现，战线扩大为两个（晋、吴）。	由于长时间的征讨，国人和周围的国家（城市）都表现出了背叛的征兆。

*站在晋国的立场上来看，如果晋楚继续混战，就没有整顿内乱的时间。从楚国的立场上来看，如果晋楚继续作战，就没有办法控制新兴的吴国。因此双方都希望订立和平盟约。

当然，鄢陵之战并非没有任何成果。虽然两国没有听取士燮和申叔时的忠告，但两国都逐渐意识到，晋楚之间的战争并不符合双方的利益，于是双方达成了一种默契的协议。无论是哪一个国家，都不可能同时维持两条战线。秦国和吴国正在逼近晋楚，晋楚两大国相互争斗，只会让秦国和吴国渔翁得利；何况两国大规模的作战必然会激化内部矛盾，而他们现在还没有做好处理这些矛盾的准备。因此，他们需要停止战斗。

第 13 章

大结局
——楚国成功扩张的条件：节制和融合

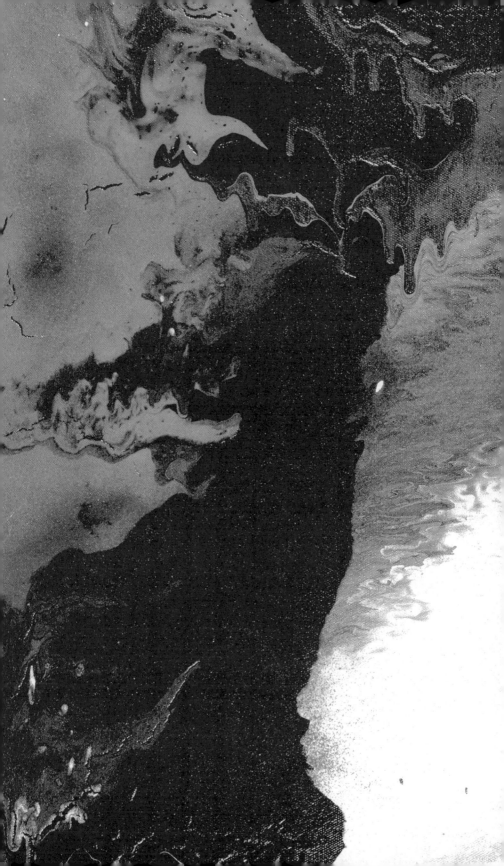

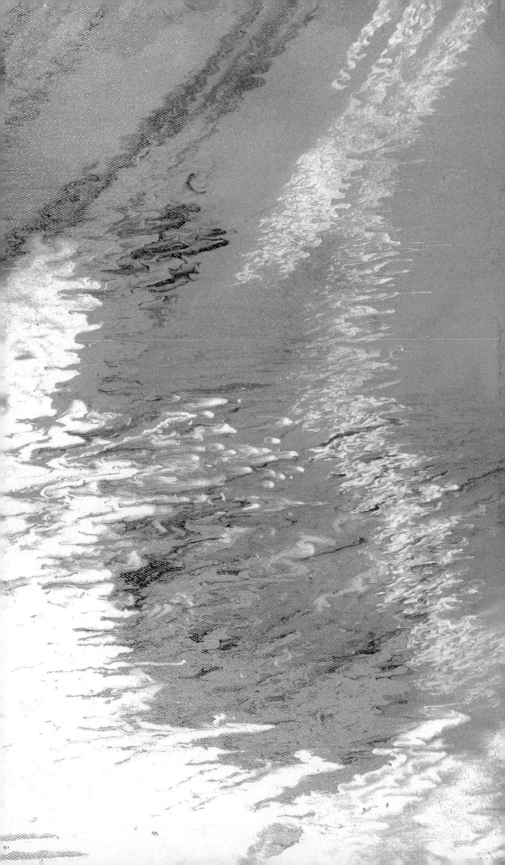

前文我们介绍了春秋时代楚国的故事，尤其是领略了以春秋时代第三位霸主自居的楚庄王的风采，现在到了总结回顾的时候。春秋时代是战火纷飞的年代，楚庄王也曾发动了不少的战争，而楚共王则紧随其后。楚庄王为楚国实现了前所未有的领土扩张，但到了楚共王时期，扩张的趋势未能继续维持。

　　楚庄王和楚共王之间有何不同呢？自春秋中期至战国初期，楚国超越所有诸侯国，成为领土面积最为辽阔的国家，这中间又有何秘诀呢？

1. 节制——不越过临界点

楚庄王和楚共王的不同之处就在于是否拥有"知止"的智慧。

假设我们要吹一个气球。气球里吹入的空气量是根据气球的弹性计算好的。我们一开始吹气球时，气球内部的压力会比外部大，所以气球很容易膨胀。如果我们攥住部分气球，让这部分气球不能膨胀，那么剩下部分的气球就会因为膨胀过度而爆炸，此时放开攥住的地方是比较安全的，这也是膨胀的时机。当计算好的空气量全部进入气球，外部的压力和内部的压力趋于平衡，气球的状态也就稳定了。这一状态正是气球内外部的气压和气球表面的张力维持平衡的时刻，也是应该停止膨胀的时刻。

然而此时如果继续往气球里吹气，结果会怎样呢？答案是气球最终会爆掉的。那么如果气球飞到天空中，外部气压也随之降低的话，会怎样呢？由于气球内部压力高于外部压力，气球依旧会爆炸。申叔时担心的是气球里空气太多会爆炸，因此告诫楚国谨慎使用武力，不要超越百姓的忍耐限度。士燮则担心气球外部的气压降低，气球过度

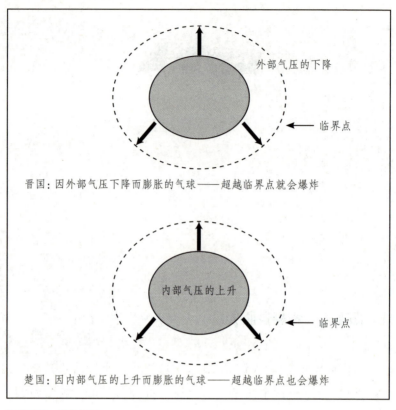

外部气压的下降

临界点

晋国：因外部气压下降而膨胀的气球——超越临界点就会爆炸

内部气压的上升

临界点

楚国：因内部气压的上升而膨胀的气球——超越临界点也会爆炸

气球和晋、楚的关系

膨胀而爆炸，因此告诫晋国不要因楚国势力削弱而去进攻楚国，因为晋国已经接近其所能承受的极限，晋国目前的举动是出于一种侥幸心理。当内部气压太高、外部气压太低，到达临界点的气球也会爆炸。

何为优秀的政治家？懂得把握临界点的人，也就是说像楚庄王一样的人就是优秀的政治家。因此，笔者认为楚庄王的"知止"和老子的思想是相通的，知止是政治家的义务。然而大部分运动都是由惯性支配的，难以在平衡时停下，尤其是剧烈的、爆发性的运动，平衡点稍纵即逝难以把握。楚庄王所打乱的秩序正是这样一种剧烈的运动，而年幼的楚共王触觉还不够老练，抓不住这个平衡点。在这种运动里，偏离平衡点越多，后果就越严重。

2. 融合——有差别但没有歧视

即便如此，楚庄王时期楚国的急剧膨胀和楚共王时期楚国的东进是很令人震惊的。楚国怎么能在那么短的时间里就强大起来了呢？不管晋国和秦国怎么强大，太行山脉一带的狄族和关中周围的各种戎族并没有自发地服从于他们，特别是狄族，永远都是秦晋的威胁。然而楚国越过汉水、到达淮河，将这一带的许多民族都收到了自己的麾下。淮夷、东夷、越族，他们都明显不同于楚民族，但他们和楚国之间并没有发生像中原民族和狄族那样激烈的斗争，原因何在呢？

有人指出，楚人的宽容是他们和谐相处的原因。楚人取得战争的胜利以后，绝不会将他们当作奴隶驱使。[①]晋国在战争中获胜以后，经常会掳夺大量的财物和俘虏，《左传》里相应的记载比比皆是。无论狄人还是楚人，晋国只要俘虏了他们，就会将他们进献给周王室。除非大夫级别的人物，否则战俘会被当作战利品分配。俘获异族人民之后，晋国便驱使他们做奴隶，这是黄河流域华夏民族悠久的传统。

被当作奴隶来驱使的人，当然是异族人。形式上，华夏诸国都是周王室的臣子，不能结成从属关系，但他们俘获异族人之后，却可以把他们当作牛马驱使。因此城濮之战以后，晋文公向天子进献了1000名楚国俘虏和400匹马。宣公十五年（公元前594年），晋国的荀林父攻打狄族取胜之后，晋侯赏给他了千户，这千户人的实际身份就是农奴。这场战争中晋国也将俘获的俘虏进献给了周天子，次年晋国也向周天子进献了狄族俘虏。当然，战争中的俘虏并不会全部献给周天子，有时也会编入卿大夫的族军，或是成为诸侯国的奴隶，因为晋国每次出征时，我们都会看到狄族人的身影。那么，楚国的情形如何呢？子重参加了伐宋的战争，请求楚庄王将申地和

---

① 张正明著，南宗镇译，《楚文化史》（东文选，2002年），70~74页。张正明的见解尚未经过考古学验证，但足以称得上远见卓识。

吕地赐给自己作为胜利的奖赏，却遭到了楚庄王的拒绝。当然，申地和吕地虽是楚国的土地，但它们是国家的公地，是不能赐给个人的，因为这些地方已经设有地方官"尹"或"公"了。除了赐给国之栋梁孙叔敖的土地以外，楚国基本上不承认世袭。当初楚庄王在攻打陈国之后，曾从陈国带来一部分人，让他们聚居在一处，称为"夏州"，但并没有把他们当作奴隶驱使。

那么，楚国有奴隶吗？史书中当然有关于楚国在战争中俘获俘虏的记载，也有关于楚国阶级制度的记载。只要发生战争，必定会有俘虏，可是史书中并没有记载表明楚国曾将这些俘虏如物品一般赠送给别人。

向周天子进献战利品有一个原则，即"凡诸侯有四夷之功则献于王"，也就是说诸侯攻打四夷时所取得的战利品才能进献给周天子。但侍奉周天子的中原诸侯之间发生战争，所获得的战利品却不会进献给周天子，而且诸侯之间不会相互赠送战俘（中国则否，诸侯不相遗俘），这奇怪的双重标准原因何在呢？

齐桓公曾经攻打山戎，并向周天子进献了战利品，然而《左传》却认为这有悖礼仪，也就是说山戎也是天子的诸侯国。但就在这不久之后，周天子却很高兴地接受了晋国攻打狄国的战利品，或是晋国战胜楚国时所获得的战利品。中原国家和山戎的交流比较少，和楚国的交流却是比较多的，那么为何楚国被视作蛮夷，而山戎竟然获得了诸侯国的待遇呢？在周朝一丝权威尚存之时，中国的范围确定得比较广泛，因此即便是毫无关系的山戎，也被视为中国的一部分。但当诸侯越来越强大，周天子式微以后，周朝越来越重视同姓诸侯，而将剩下的人视作了蛮夷。所以当诸侯向自己进献战利品或俘虏的时候，就会不亦乐乎地接受。

中原和蛮夷的制度，究竟哪一种更加野蛮呢？是无条件地排斥不属于中原的国家，将俘虏当作奴隶驱使的社会更加野蛮呢，还是包容那些不同于自己的民族，并吸收他们的优点，创造新文化的社会更加野蛮？用落伍的中原思想，是无法感知辽阔世界的。如果楚国没有出现，中国的扩张也许就会到此为止了。

楚国将人类视作生产的主体，从这一理念来看，楚国比诸夏国家要先进得多。东方有许多国家为楚国所占领，但他们并没有做出什么剧烈反抗，就被楚国吸收了，楚国也因此才能急剧地扩张领土。春秋时代的晋国当然也很强大，但晋国开疆拓土的本领却并不突出。直到后来战国中期，各自独立的晋国大氏族大肆进行征服活动，晋国才算是扩张了领土。

实际上仅通过目前的史料，我们还很难把握楚国的方方面面，但楚庄王占领土地之后，孙叔敖就把这些土地变成了水田，则是一个重要的历史事件。至少从史书的记载来看，这一过程中楚国并没有遭遇什么激烈的反抗。楚国融合了南方的诸多民族，将战国时代，甚至统一时期的中国领土扩张到了淮河，以至于长江以南地区，这样的伟业并非齐国或晋国所能望其项背的。

我们还无从知晓东周时期楚国是否存在通过战争俘虏奴隶的情况，这还需要等待将来的实证性研究。如果楚国不存在这种奴隶，那么这就不能不说是一个巨大的发展动力。在最短的时间里，融合了最多蛮夷民族的，居然也是被中原称为"蛮夷"的一个民族，这对我们的启示是巨大的。楚国向我们展示出了蛮夷的力量，后来楚国蛮夷在文化层面上也远远领先于中原地区。现在我们大概需要重新为"蛮夷"下一个准确的定义了。

《老子》里说："江海所以为百谷王，以其能为百谷下"，因为楚国并非华夏民族，而是二流的民族，所以才能够融合那么多的民族。假如没有楚国，华夏大概很难跳出黄河流域的圈子，获得更大的发展吧。

无法否认的是楚庄王和孙叔敖截然不同于之前的人，他们是极富变化的"楚国人"，尽管这一点很难得到文字证实。下一卷中我们将会邂逅中原的一些杰出的政治家，他们曾和楚国进行了激烈的斗争与融合，如果没有楚国，便没有他们。

楚人何许人也？

——关于民族起源的古代记载和虚构

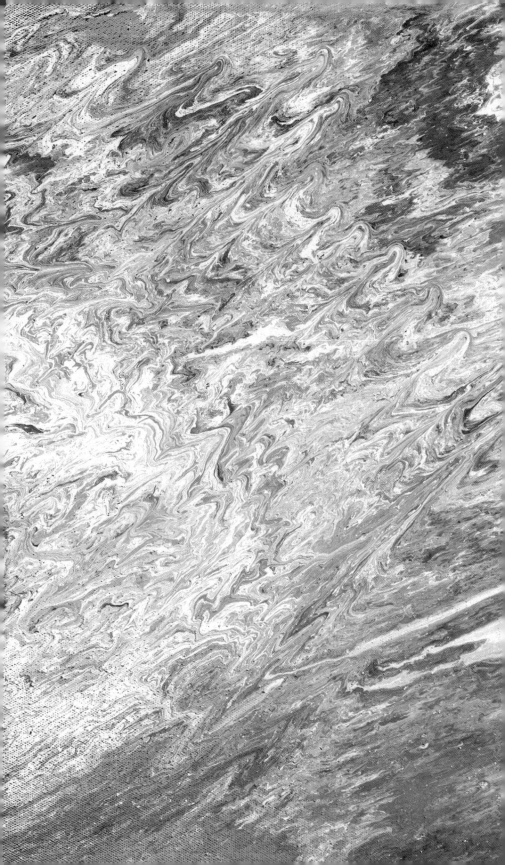

从前，楚人被认为是与中原人截然不同的民族，如今中国的领土已经覆盖了从前楚人所生活的地方。不仅如此，春秋时代的人们全然不知的一些地方，如今已经纳入了中国的版图，包括在喜马拉雅北麓的高原地带和塔里木盆地的沙漠地带生活的人也都是中国人，而原本生活在这些地方的，都是中原人曾经敌视过的民族。五十六个民族"相互融合"才形成了今日之中国。

　　"历史是现在和过去之间的对话"[1]，这一著名的命题暗示性地描述了今天历史的处境。实际上过去已经消失，我们拥有的只有现在，因此现在的价值越来越重要。由于我们只能站在现在的立场上谈论历史，业已消失在历史风尘中的古人也不得不忍受"后世愚钝的低下评价"[2]。在目睹中国古代中原人留下的文字记载，以及这些记载所发挥的影响力之后，我们不妨用"文字记载"来诠释"现在"和"未来"。至少以中原为中心的历史是"记载和史实的对决"，而且"记载会毫不手软地贬低史实"。根据这些记载，生活在北方的人是北狄，而生活在东方的人则是东夷，这些地方原本并不属于中原地带。总之，记载的力量是巨大的。

　　现在到了探寻楚国底细的时间了，虽然这个问题并不容易理清。至少在春秋时代，楚人还站在中原人的对立面上，这一事实是无法

---

① E.H.卡尔的《历史是什么》中的名句。
② E.P.汤普森著，《英国工人阶级的形成》，第13页。

忽视的。中原人擅长一种精神胜利法，[1]如果战胜了楚人还好，如果输了就会称呼对方为野蛮人。不知从何时开始，大概在自从中原人压倒了楚人，以中原人为中心的历史记载中，关于楚国的记录就大幅地减少了。因此，楚国只能忍受中原人对自己的贬低。

因此，对于形成于近3000年以前的楚国，要挖掘出他们的底细是一件极其困难的事情，而且专家们也各持己见，众说纷纭。实际上，笔者也并没有能力去发掘楚人的底细，因此在这里笔者只想批判性地检讨一下历史记载中的故事，并尝试证明，无论楚人渊源如何，他们都拥有着一种截然不同于中原的独特文化。站在中国的立场来看，韩民族大概也属于"少数民族"；而站在韩民族的立场上，笔者无法否认中国的巨大规模，也不想否认。只不过笔者想抛弃那种依赖于一些简短的历史记载，断章取义、牵强附会的态度。前文笔者曾经提到过要批判性地检讨这些记载，就是这个意思。古代的记载并非全都是史实，如果我们能够坚持某位学者的批判性态度，即"我们惭愧没有这种受欺的度量，但我们也很欣快没有这种奴隶的根性"[2]，那么故事就会精彩、有趣得多。从结论来说，关于民族渊源的古代记载，至少有五成是虚构的。楚人的渊源并不在北方而在南方，他们是迥异于中原人的民族。

---

[1]　鲁迅的小说《阿Q正传》里的主人公阿Q的心理代表了当时中国人爱虚张声势的陋习。每当他能力不足时，总是自我安慰，以为"全是因为我让着你"。

[2]　顾颉刚著，金炳俊译，《古史辨自序》，昭明出版社，2006年，第83页。

1.《史记》对古代国家起源的记载

　　正如《史记·五帝本纪》里所指出的，司马迁在浩如烟海的资料里，选出了一些自认为有一定可信性的资料，并将这些资料以统一的标准整理了出来。下面我们首先来看一下司马迁对中国的上古史的整理记载，不过在这里笔者并不打算详细地考察五帝，而是一笔带过。故事的开端始于炎帝神农氏，黄帝轩辕氏通过政变结束了炎帝的统治，并开始执政，他就是五帝之首。第二位延续了黄帝血脉的统治者是颛顼高阳氏，之后是帝喾高辛氏，虽然他不是高阳氏之子，但他却是黄帝的曾孙，也属于血亲。再就是尧帝陶唐氏，他是帝喾的儿子。然后就是从尧帝接受禅让的舜帝有虞氏。有虞氏将帝位传给了颛顼的孙子夏侯氏。

五帝和夏朝的世系表

	炎帝神农氏	
第一帝	黄帝轩辕氏	通过战争赶走炎帝。
第二帝	颛顼高阳氏	黄帝的血统，世袭。
第三帝	帝喾高辛氏	黄帝的血统，世袭。
第四帝	尧帝陶唐氏	黄帝的血统，世袭。
第五帝	舜帝有虞氏	通过能力获得禅让。
夏朝的祖先	禹帝夏侯氏	通过能力和血统（黄帝血统）获得禅让。

　　到了禹帝时，传说中的夏王朝就建立了。终结夏朝 500 年历史的是商汤，他揭开了商朝的序幕，而商朝是历史上真实存在的。商朝大约建立在公元前 17 世纪。商朝的历法十分精妙，甲骨文的记载也补充了商朝的世系，因此学界对商朝的实存性鲜有怀疑。

　　对于《五帝本纪》的真实性、准确性，我们已经无从确认。我们只能推测其中的一部分反映了当时的现实。《五帝本纪》中的故事基调都很相似，时间上也有混杂之处，应该是后世人发挥想象力添枝加叶的结果，跟当时的情景没有什么实际性的关系，我们继续来看《五帝本纪》中的记载。

　　　　殷契，母曰简狄，有娀氏之女，为帝喾次妃。三人行浴，
　　见玄鸟堕其卵，简狄取吞之，因孕生契。（中略）封于商，
　　赐姓子氏。

　　　　　　　　　　　　　　　　　　　　——《史记·殷本纪》

　　这里有一个问题，帝喾的夫人简狄为什么没有接受帝喾的血脉，而是吞食了玄鸟蛋怀孕了呢？有学者认为这个故事反映了母系氏族社会的状况，其实帝喾夫人的故事极有可能是后世增添杜撰的。五帝是父系氏族社会的象征，母系氏族社会和五帝能够并

存吗？一般来讲，"姓"指的是母系氏族社会的部族名，但王怎么会赐姓呢？王一般会向臣子赐"氏"。[①]

我们继续来看。

> 周后稷，名弃。其母有邰氏女，曰姜原。姜原为帝喾元妃。姜原出野，见巨人迹，心忻然说，欲践之，践之而身动如孕者。居期而生子，以为不祥，（中略）封弃于邰，号曰后稷，别姓姬氏。
>
> ——《史记·周本纪》

任谁都能看出来，这段记载和上面的记载结构相同。他明明有父亲，但母亲却踏巨人之足印而怀孕，而且他没有随父姓，而是接受了尧帝的赐姓。

---

① 今天的"姓"和"氏"在使用时已经没有什么区别，但在古代中国，姓和氏的意思是完全不同的。汉字"姓"的写法是"女"＋"生"，意思是"女子生出的子女"，姓的存在为的是区分母系氏族社会里同一母系血族。因此，姬、姜、嬴等早期的姓里很多都包含着"女"字旁，但随着母系氏族社会不断向父系氏族社会转变，姓逐渐用作体现父系血统。随着社会的发展，宗族人口不断增加，居住地区不断扩大，于是从同一个姓中分出了很多支派，他们搬到新的居住地以后，就开始用祖先的名字等作为自己的称号，以区别于其他人。因此，"氏"这种称号使用的目的就是区别于同一个姓的其他支脉。例如，历任楚王都是熊氏，但他们的姓都是芈。

姓和氏的这种区别到了春秋时代就更加明显了。当时的贵族经常用分封获得的采邑名、官职、祖先的字、谥号、爵位、居住地等作为自己的氏。因此经常会出现父子之间同姓却不同氏的情况，也会有同氏不同姓的情况。姓和氏的这种区别历经宗法秩序逐渐崩溃的春秋时代，至秦汉时已经逐渐失去了差别，变成了和今天一样的意思。

为赋予后代权威而改编的神话故事

	祖先	诞生	姓（权威）的获得	推论
商朝	契	帝喾的第二位夫人简狄之子。简狄吞下玄鸟蛋而生下契。	帮助大禹治水，由舜帝赐子姓。	商周的始祖神话大概产生于同一时期。周人打败了商人，因此希望自己的祖先比商人的祖先优越。因此，周朝祖先的母亲比商朝祖先的母亲地位高，赐姓之人也是比舜帝更早的尧帝。
周朝	后稷	帝喾的正妃姜原之子。姜原踩巨人足迹而生下后稷。	擅长耕种，由尧帝赐姬姓。	
秦朝	大业	颛顼的后裔女修吞下玄鸟蛋而生下大业。	大业的后裔伯翳因为擅长调训鸟兽，由舜帝赐赢姓。	秦朝的始祖神话比商朝和周朝的始祖神话产生时间晚。秦人为了创造出比周人更加优越的祖先，而利用了早于帝喾的颛顼。但是，由于当时盛行的神话已经体系很完备，所以秦人不得不使用了像"颛顼的后裔""大业的后裔"等比较模糊的说辞。

　　我们可以这样推理：商朝的祖先是帝喾第二位夫人的儿子，那么打败商人的周人应当比他们高一个段位，因此周人祖先的母亲便成了帝喾的正妃。商朝的祖先由舜帝赐姓，那么周朝的祖先便从早于舜帝的尧帝那里获得赐姓。如果商朝的祖先是玄鸟蛋的子孙，那么周朝的祖先至少得是比鸟要高级一点的巨人。

　　我们只能推测这些故事是由周人杜撰出来的，却并不知道这些记载有何根据。

　　下面我们接着到继周王朝之后的秦朝去看看。

　　　秦之先，帝颛顼之苗裔孙曰女修。女修织，玄鸟陨卵，
　　女修吞之，生子大业。

　　　　　　　　　　　　　　　　　　——《史记·秦本纪》

这个故事有点缺乏想象力，而且父亲一直没有出现，因为秦人出现得比较晚，在业已定型的神话谱系之中，能够插足的地方比较少。但是秦朝必须和商周比肩，因此他们将祖先设定为早于帝喾的颛顼，表示秦人的祖先大业是颛顼的后裔女修吞了玄鸟蛋之后生下的。玄鸟蛋这一设定之前已经出现过了，不过这次比较特别的一点是颛顼的后裔是一位女性，也能说这个故事反映了母系氏族社会，尤其是父亲完全没有出现这一点很引人注目。

我们再来补充一点《史记·世家》里对吴越渊源的记载。吴的祖先太伯是古公亶父之子，这有可能是真的。当然稍微令人有些疑惑的是，周族早就已经开始用战车作战，但吴国为什么到了春秋时期才学会用战车作战呢？南方的越族比吴国更加野蛮，他们的祖先据说是夏朝第六代君主少康的庶子。总之，吴越都比后来统一战国的秦国拥有更具体的渊源，但问题是他们为何直到《左传》的末尾才出现呢？

《史记·列传》里指出，匈奴的祖先是夏侯氏的后裔，因此匈奴和夏朝也有渊源。当然，夏侯氏的后裔为什么变得和中原人如此不同，《史记》中没有做出任何的说明。

前文笔者曾经指出，《史记》绝非杜撰的作品，但问题在于我们现在无法确认《史记》第一手资料的可靠性。众所周知，公元前 14 世纪至公元前 11 世纪左右的甲骨文是汉字的前身，但这种文字的语法尚未确定。因此，我们应该将《史记·五帝本纪》里的内容看作传说，而并非上古时代具体记载的整合。甲骨文的语法几乎不可能准确地传达炎帝和黄帝时的事情，也难以证明青铜时代以前，中原就已存在强有力的中央集权制的父系国家。总之，司马迁手中所掌握的资料并非甲骨文或青铜铭文，而是第二手资料，而这些资料不过是对传说的整合。因此，很遗憾地说，《史记·世家》中的相关内容都仅供参考。

鬻熊像

2. 关于楚国起源记载的流变

现在我们该看一下本书故事的主人公楚人的渊源了。首先我们来整合一下《史记·楚世家》里的记载。

> 楚国的祖先重黎是颛顼的曾孙，担任帝喾的火正。
> 帝喾任命重黎为祝融。
> 重黎没有镇压共工氏的内乱，帝喾就杀死了重黎，让他的弟弟吴回接替重黎，任命吴回为祝融。
> 吴回生下陆终。陆终有六个儿子，长子叫昆吾，三子叫彭祖，六子叫季连，季连姓芈，因此楚国王族姓芈。
> 昆吾氏、彭祖氏曾分别在夏商担任官职。自季连的孙子穴熊以后，楚人的后代中途衰落，有的在中原，有的在蛮夷。

周文王的时候，季连的后代有一支叫鬻熊，曾经侍奉文王，但英年早逝。

楚人祖先的谱系归纳起来就是祝融——熊丽——熊狂——熊绎，熊绎曾经生活在周成王时代。

周成王（前1042—前1020在位）时，曾对文王和武王时的功臣论功行赏，将熊绎封为子男，封地在楚蛮地区，姓为芈。

周昭王时曾经攻打荆蛮，死在途中（前976）。

熊渠在周夷王（前885—前877在位）在位时称王，并封自己的儿子为王。

我们首先来看一下记载的结构。据《史记》的记载，楚国的祖先是颛顼的曾孙，那么会担任帝喾的火正也毫不奇怪，就这样他们一直在担任火正的职责，直到穴熊以后才分散到各地。他们姓芈，从此在历史的舞台上消失了一段时间，到周文王时又以具体的姓名在历史上复出，他就是鬻熊。

在这里我们可以获得几点启示。首先《史记》中对楚祖先的记载有很长时间的空白，即对穴熊之后、鬻熊之前的楚国直系祖先并没有记载。《国语·郑语》里也有同样的空白。

祝融……其后八姓于周未有侯伯。佐制物于前代者，昆吾为夏伯矣，大彭、豕韦为商伯矣。当周未有。（中略）融之兴者，其在芈姓乎？芈姓夔越不足命也。蛮芈蛮矣，唯荆实有昭德。

《国语》里也承认祝融的后裔之中在周代没有扬名之人。因此，不知周代、只知夏商的现象在春秋末年依然持续。但是，当时的人们对于夏商的实际情况究竟能了解到怎样的程度还是一个问题。[①]
总之，从史料记载上来看，对楚国渊源进行说明的重要部分都遗漏
掉了，直到楚国的祖先随着周文王一同出现。

楚国的渊源虽然尚未具体地挖掘出来，但故事本身还是有一定
可能性。当然，虚构的小说也有一定的可能性，可历史不同于小说，
如果没有证据证明历史记载中的人物曾实际存在过，那么这段历史
只能被视为一种具有可能性的虚构。这些记载经过有目的性的选择
和推断，也会变成一个有模有样的故事，下面我们就通过一个例子
来看一下这种做法的危险性。

《楚文化史》是一本有关楚文化的权威性著作，著作中提出了一
些关于楚国渊源的推断，下面我们就来检讨一下这些观点（第37~48
页）。作者的推理和论断是这样展开的：

1. 楚文化发展于江汉一带，但并不以江汉一带为主要根
据地。

2. 楚人发源于祝融部落联盟，春秋时代祝融部落生活
的地区在郑国。（《左传》"郑，祝融之虚也"。）

3. 祝融成为帝喾的火正，体现了高辛（帝喾）部落和
祝融部落的从属关系。

4. 祝融的官职是观察太阳和大火星，确定农耕的时节。
（《国语·郑语》"祝融亦能昭显天地之光明，以生柔嘉材者
也"。《国语·楚语》"乃命南正重司天以属神，火正黎司地
以属民"。《左传》"古之火正（中略）以出内火"。）

5. 楚人的祖先姓芈是因为和北方游牧的羌人通婚。（《世

[①] 孔子曾经表示周代以前的记载太少，很难考证其制度。"夏礼吾能言之，
杞不足征也；殷礼吾能言之，宋不足征也。文献不足故也。足，则吾能
征之矣"，意思是：夏朝的礼仪我能够说出它，杞国不足以证明它。殷
朝的礼仪我能够说出它，宋国不足以证明它。这是文献不够的缘故啊！
文献足够的话，那么我能够证明它。出自《论语·八佾》。

本·帝系》"陆终娶于鬼方氏之妹位之女是生孕六子"。)

6. 祝融部落因为受到商人的攻击而散落于四方，他们很多去了三苗之地。(《国语·郑语》"大彭、豕韦、诸稽，则商灭之矣"。)

在这里，笔者的目的并不在于——驳斥《楚文化史》的观点，但上面所列举的这些主张除了没有对史料的准确性进行审查以外，还以断章取义的形式随意取舍史料，这种做法实在很不严谨，下面我们就逐条分析一下上文所列举的观点。

根据史料的记载，楚国的祖先重黎是帝喾的火正，被任命为祝融。作者以这份史料为基础，得出了祝融部落和高辛部落是从属关系的结论。但问题是，作者为何完全无视同一份史料中所出现的"重黎是颛顼曾孙"的记载呢？如果重黎是颛顼的曾孙，那么重黎和高阳氏难道不应该属于同一部落联盟吗？由此可见，我们很难将祝融部落和高辛部落割裂开来，所以他们不应该是从属关系。

我们接着来看。著作中提出楚文化的根源在中原，这一结论其实是通过极其有限的史料得出的，而且，作者在引用这些有限的史料时，也完全没有考虑到前后文的脉络。作者在引用"郑，祝融之虚也"时，也完全无视行文语境，令人怀疑。下面我们就来看一下《左传》中"昭公十七年"里的记载，这一记载的主要内容是公元前525年鲁国大夫看到彗星之后所进行的闲谈。冬季彗星越过大辰（大火星）向西接近了银河，申须看到这种情况以后，预测诸侯国里将要发生火灾。于是一个名叫梓慎的人就附和他说：

其居火也久矣，其与不然乎？（中略）若火作，其四国当之，在宋、卫、陈、郑乎？宋，大辰之虚也；陈，大皞之虚也；郑，祝融之虚也，皆火房也。（中略）卫，颛顼之虚也，故为帝丘。

这与《左传》里经常出现的解梦和解签等的行文是很相似的。闲谈者认为，这些地区都和星辰，或与火有关的神人有关联，因此这些地方会发生火灾。但实际上上文的相关内容，只不过是闲谈者看到彗星所经过的地区之后，以鲁国为基准将位于鲁国西面的国家和天空中星辰方位进行了一番对比、列举。这如何能够成为说明祝融部落起源的史料呢？

古代神话里有许多令人半信半疑的人物，对于他们的出生问题，学界可谓众说纷纭。例如，《水经注》是学界经常引用的资料之一，根据它的记载，伏羲氏出生在渭水上游，这么说伏羲氏应当生于关中地区，如此说来伏羲氏和陈国没有任何关系，而《水经注》也绝不可能无缘无故地留下这种记载，那么我们究竟应当相信上面《左传》里的记载呢，还是相信《水经注》里的记载呢？两位作者都没有说明他们记载的具体依据。另外，中国有多少地方主张其本地才是黄帝诞生之地呢？少说也得有数百处吧。退一万步讲，即便我们相信上面的记载是真的，我们也可以做出另外的解释，比如郑国原来并非祝融部落的中心地带，而是祝融部落的分布地区扩大到了郑国。因为楚人究竟是从中原到的南方，还是从南方到的中原，仅凭这一记载是看不出来的。像作者这样，完全不考虑史书的文脉，而是断章取义将其作为历史根据，这在上古史研究中是非常危险的做法。

下面我们再来看一下祝融部落和高辛氏部落是从属关系的主张。当然值得明确的一点是，楚人崇拜祝融，因此他们的确隶属于崇拜祝融的部落联盟。《左传》中有具体的记载，证明楚国曾经讨伐过不祭祀祝融的杞国。但是单凭重黎成为帝喾的官吏，就认为部落之间存在从属关系，这不过是一种臆测罢了。中国历史上的所有民族都有自己的谱系，正如前文所指出的那样，在许多民族的谱系里，很容易看出杜撰的痕迹。由于五帝时期的故事广为人知，因此杜撰谱系最普遍的做法就是截取部分五帝故事，将自己的祖先硬塞进去。

崇拜祝融的部族将自己的祖先硬塞进五帝传说的某个部分，这并不奇怪。因为很多谱系都是人们在探索民族源流的过程中，后世人杜撰出来的，所以依赖于这些谱系来做史学研究，实际上是一种很危险的举动。

且祝融的官职是掌管农事，为的是表现楚人是农耕民族，那么楚人为什么是芈姓呢？[①]当然，楚人姓芈，给我们最大的启示应当是楚人和羊（或山羊）之间有所关联。因此，《楚文化史》里便从楚人曾经和牧羊的羌族人通婚上来寻找原因，而这种推断也是极其危险的。首先，著作中引以为据的《世本》并非当时的史书，这本书中的很多内容都是引用自战国时代的书籍。战国时代的书籍很多都是传说，并且有很多杜撰的成分。当然《世本》跟《史记》一样，并非作者杜撰了具体内容，而是《世本》所参考的资料本身就是杜撰的。《世本》中归纳、整理了许多来历不明的资料。当然，楚人的芈姓的确揭示了楚人和牧羊部族曾经的关联，我们应当就这一问题继续检讨，但对史料进行随意取舍，就会导致书中很多地方前后矛盾。

最后，祝融部落人们和商族（殷人）之间极有可能存在对抗的关系。商族的南方据点很明显已经遍及了长江中游一带，在这一过程中，肯定将现有的部族赶走了，楚部族肯定也受到了商部族南下的影响。

3. 楚人和楚文化

现在我们该给楚人和楚文化下一个结论了。前文所提及的《楚文化史》，其核心的主张就在于楚人发源于中原，并且从很久之前就与中原形成了从属关系，南方楚文化的主体乃是移民而来的，并非

① 根据《说文解字》的记载，"芈"是羊叫的声音，发音为"mǐ"。

当地的原住民，其依据为历史记载中的相关谱系。然而从两方面来讲这种主张意义不大。

首先，作者没有明确界定楚人、楚民族的概念。古代的部族之间不断流动，自仰韶文化起，中原和汉水一带的部族就已经开始交流。部族之间既会有联合，也会有兼并，期间也会产生一些新的氏族部落。而楚人虽然和夏人之间有关联，但楚人的语言并没有被夏人所同化，况且并没有证据表明他们两者是主从的关系。楚人有自己的语言，直至春秋时期楚人一直在强调着自己的独立地位。

要定义一个民族，首先要看他们有没有独立意识，而语言则是定义民族的第二项指标。如果上古时期楚人与夏人之间仅仅是存在模棱两可的关系，并没有对楚人本质的定义产生重要的影响，那么我们可以认为楚民族是在比较靠后的时期自发产生的。楚人的起源里包含了一些母系氏族社会的因素，因此凭借以父系祖先为中心编造出的中原族谱，根本无法查明楚人的根源，无论在这上面消耗多

屈家岭文化的陶器

久的时间都不会有所收获，抑或即便查明了他们的祖先，我们也很难断定遥远的祖先和他们的后代都是一样的楚人。

其次，无论楚人渊源如何、来自何方，我们所了解的楚文化是与原住民文化有连续性的。如果楚人的民族意识产生的时期和楚文化形成时期一致，那么通过楚文化讨论古代民族的优劣高低是没有任何意义的。因为楚文化是融合的结果，楚人也是很多分支构成的集合体。

湖北省宜都城背溪新石器遗址反映的大约是公元前 8000 年至前 7000 年左右的文化。[①]长江中游的新石器文化，我们可以按照时间的先后顺序依次整理为城背溪—大溪（前 6300—前 5000）—屈家岭（前 5000—前 4600）—石家河（前 4600—前 4000）文化，而且这些文化之间具有明确的继承性。那么如果我们能够确认楚文化与这些文化之间的继承性，那么就可以确定楚文化是以原住民文化为基础的。

商周时期江汉流域的一些地方，确实拥有共同的文化特征，它们都受到了商周文化的影响，也就是说长江中游的原住民文化受到了中原文化的影响。最早创造楚文化的人并不属于商周文化的主流，而应当是处于商周文化边缘，或者说他们本来就是那里的原住民。至于他们的底细，则委实难以确定。但我们可以确定的是，楚文化是在长江中游的新石器文化和中原的青铜文化的碰撞之下而形成的复合文化，而且该文化的主体肯定是当地的原住民。长江中游—鄂西地区—鄂东地区[②]等三个地区形成了一段很有共同性的考古地带，其中出土于春秋时代楚国古墓里的楚式鬲，其渊源可以追溯到屈家岭文化；并且商代之前江汉一带势力最强的巴人也曾在这里留下了鲜明的印记，后来他们向西方迁徙了。发现于汉水一带的周朝初期商

---

① 杨权喜著，《楚文化》，文物出版社，2009 年，第 12~37 页。
② 大体上以今天的武汉为界限，沿长江岸边，西面是鄂西，东面是鄂东。

族系列的青铜器上，雕刻着商族的族号，这证明周朝初期的商朝遗民曾被驱赶到了这里。

实际上楚民族具体发源于何处，我们已经无从知晓。我们只知道他们发展于江汉一带，并且在发展时已具备了江汉一带的特点，楚民族就是他们在江汉一带发展为一个政治实体的过程中形成的，他们自己毫不避讳地表示"我们生活在蛮夷之地"，并且还无视周王室的存在，宣布称王，祭祀汉水和长江，总之楚人的特点就是这样形成的。如果楚人自认为中原的郑国是自己的发祥地，那么为何历任楚王无数次地征讨郑国时，却从未强调郑国本是自己的发祥地呢？毫无疑问，当时的楚人是深深地扎根于江汉平原上的。

因此，将颛顼和帝喾拉进来，通过混淆文献和事实的方法根本无法证明楚国的渊源。由于上古时代的事情很难去考证，所以与其从几种文献中根据自己的需求断章取义地去解释，不如痛快地承认不知为不知。因此，笔者对楚人的定义是：楚民族的根源很模糊，它以江汉一带的原住民文明为中心，受到了商周文明的影响，和中原民族本质不同；并且，笔者还认为，楚民族的本质是通过与中原文明的对立和交流，在比较晚的时间形成的。

相较于中原，楚地在制度、语言、仪式和世界观等所有方面都拥有很强的独立性，而楚人的本质就是他们的独特性。总之，楚人作为南方诸多民族的混血儿，必定曾拥有过自己独立的语言、文化和民族特点。

在楚地邂逅两位热血男儿

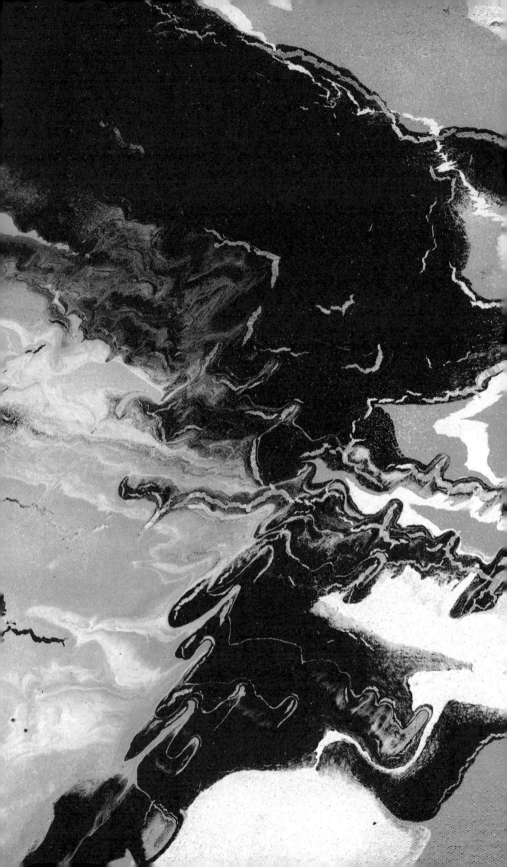

北方正值隆冬，笔者来到楚国故地。一月的衡山上风雪依旧猛烈，岳麓书院坐落在低矮的岳麓山角落的一片密林里，气势雄壮；洞庭湖边上的芦苇也像竹子一般坚强挺拔。楚地在近现代历史上孕育了许多杰出人物，而这里的美景告诉我们，它不愧是这些人物的故乡。

　　假设我们要从明末、清末和现代人物中，各选出一位对人民群众影响最大的人，那么笔者想，张居正、曾国藩和毛泽东这三个人当之无愧。如果要将在现代历史中搅动风云的人物全部罗列出来，我们就会发现，湖北、湖南，也就是旧日的楚地可以称得上是人才济济，岳麓书院里贴着"惟楚有才，于斯为盛"的对联，虽然口气不小，却令人感觉恰如其分。

　　但是在今日湖北、湖南悠然的风景之下，笔者情绪的色调却是哀婉的，黄鹤楼的奔放也不足以将心底的哀婉抹去。笔者的确曾经在这里遭遇了一些不愉快的事情，当时在乡间小镇上，笔者搭乘了一辆摩托车，可摩托车司机上车和下车时对车费言辞不一，争论无果，笔者就和他争吵了起来，周围却呼啦围上来许多气势汹汹的摩托车司机，但这是世间任何地方都司空见惯的风景，笔者并不以为意。笔者的哀伤源自两位葬身于楚地的血性男儿，他们的悲剧和今天楚地的风光重叠，让笔者产生了哀婉的感觉。从遥远的地方来到楚地旅行的旅人，偏爱那些自己仰慕的人，似乎也在情理之中。提到楚地，笔者的脑海中首先浮现的人便是关羽，其次就是屈原。

1. 荆州城里忆关羽——背负弱者期待的关羽

大部分史书都注重历史的主干，而将很多细枝末节抹去。史书总是站在强者的立场上，抹去弱者的存在。然而这种被包装过的正史实在没什么人情味儿可言：在权力面前，父戮其子，手足相残，母子互戕。为了满足自己的贪欲，有人夺人妻女和财产，有人为获得君王的宠爱，诬陷自己的同僚。在阅读这些历史记载时，笔者总会为这些人情寡淡的历史而感到绝望。

因此，普通人总是渴望了解历史里为数不多的真性情，并热衷于传播这些真性情的故事。当我在荆州城内漫步时，首先想到的居然是关羽，可能也是这个原因。

从某种意义上来说，这是被历史疏离的百姓所发起的反击。百姓总是渴望重建一种更人性化的历史，《三国演义》这部历史小说的产生也是基于人民群众的这种愿望。因此，有许多讲故事的人就在无情的历史中加入了些许热血和温度。刘备和他的弟兄们之间永不会背叛的友谊、刘备和诸葛亮之间惺惺相惜的君臣之谊因此才会这样撩动人的心弦。即便他们在历史上失败了，可这对于人民群众来说并不重要。

《三国演义》中压轴的场面绝对是关羽从荆州败走的情景。每到关键时候总会有人劝关羽投降，然而关羽拒绝了所有人的提议。岁月流逝，在《三国演义》数不清的人物里，关羽成了最有名的人物之一。他并非成功人士，也绝非受到正史承认的伟人。如果不是出于无数普通人的愿望，关羽是不可能成为千古英雄的，这是对正史的一种"歪曲"。然而，这种歪曲如今已经成历史的一部分。最近在人文学界蔓延着一种盲目崇拜胜利者的不合理的思潮，人们对《三国演义》也产生了一些过分的误会。《三国演义》是一部小说，里面一些内容的出发点是抚慰老百姓的心理的，但里面的很多故事是有一定的依据的，而这些依据极有可能真实地发生过。就连一贯无情嘲笑失败者的正史，也喃喃地称赞了蜀地这些名不见经传的英雄人物。撇开蜀汉正统论的思想，刘关张三兄弟和诸葛亮之所以会成为理想的主人公，是有多方面原因的。

笔者站在荆州城前　关羽坐拥这座城池之时，对魏、吴都形成了一种压迫。随着这座城池的陷落，蜀国也就倾覆了。

蜀国创业者的子孙大部分都和国家同呼吸、共命运。因此，刘备虽然攻占了益州、占领了土地，却能免于"侵略者"的称呼。张飞的孙子，诸葛亮的儿子诸葛瞻，以及诸葛亮的几个孙子都在蜀国倾覆之时战死沙场，猛将赵云的儿子在姜维北伐之时也马革裹尸。战争惨烈，创业者的子孙都追随国家而死，这一点可能给小说家带来了创作灵感。

刘备三顾草庐的故事，以及"若嗣子可辅，辅之；如其不才，君可自取"的遗言在正史《三国志》里都有记载。关羽身在曹营之时，张辽曾试探关羽，劝说关羽归顺曹操，但关羽却说："吾受刘将军厚恩，誓以共死，不可背之。"这些在历史上也都有记载。当关羽被孙权包围、面临死亡的危险时，他没有屈膝投降，而是选择了英勇就义。实际上，关羽和刘备的确是好友，而关羽也的确是一位重情重义之人。

《三国志》和《资治通鉴》里都曾经记载，关羽死后，刘备为给关羽报仇而讨伐吴国，而正常的君主绝不会做出这种鲁莽的决定。我们实在无法想象，曹操会为了给兄弟报仇而率领着大军讨伐别国。当时魏国的朝廷之中，所有的谋士都认为蜀国已经失去了关羽这位名将，不可能再去攻打孙权。只有侍中刘晔认为刘备和关羽"义为君臣，恩犹父子"，因此他一定会为关羽报仇。后来刘备果然进攻了孙权，他们"不求同年同月同日生，但求同年同月同日死"的结义金兰之情，绝不是虚构出来的。

至于谁是正统，又有什么关系呢？实际上，刘备是一位无能的君主，诸葛亮则是一位实力不足的宰相，关羽和张飞也都有各自的性格缺陷，特别是关羽，虽然对下很宽容，对上却是一位不肯低头的硬骨头，但是他们的故事却充满人性的光辉。

《三国演义》也许已经成为我们生活的一部分。朝鲜时代的士大夫们表面上批判这本书，实际上却在私底下偷偷地阅读。今天韩国数一数二的小说家也都在阅读《三国志》，而且他们还在为曹魏正统论或是蜀汉正统论争论不休，并将其用作卖书的看点，这种氛围总让我想起朝鲜时代。司马光在《资治通鉴》里早就说过，这种争论没有什么意义，更不用说小说里究竟谁才是主角，可这又有什么关系呢？毫无疑问的是，关羽之所以会成为主角，是因为其中掺杂了老百姓的愿望，老百姓希望看到有些人物即便变得有权有势，也不会改变初衷，虽然在老百姓生活的世间，这种人物寥若晨星。

笔者在荆州城里一家简陋的书店里看到一本名为《荆州钩沉》的书，便买了下来，它的内容可以帮助我加深对荆州的了解。在这本著作里，仅关羽的故事就列举了7个，包括《关羽文化是荆州特有的城市品牌》《对关羽败走麦城的质疑》《祭关羽文》等。这些看似有些过时的故事之所以会吸引人们的视线，大概也是因为关羽至今仍然活在我们心中的缘故吧。

2. 屈子祠里悼屈原

三国时代的关羽在荆州大地上做出了一些深入人心的壮举，而他这些举动的基本色调，早就由他的前辈大诗人屈原定好了。屈原是战国末期楚国的政治家，但更以楚辞大家的身份闻名于世。他主张楚齐联合，对抗以秦国为中心的天下秩序，是一位代表性的合纵家。但他在与秦国的说客张仪的对决之中败下阵来，从此失意于朝廷。大家可能会问，在战国时代变幻莫测的风起云涌之中，失意的人太多了，就算屈原大声疾呼地证明自己的高洁无瑕，与其他人又有何区别呢？朝鲜时代党派纷争之时，不是每个党派都把屈原扯了进来吗？那么，屈原是否只是一位不识时务的偏执狂呢？

两千多年已经过去了，现在依然有许多像笔者一样的流浪者依然放不下他，并为其扼腕叹息，这是因为他的诗歌中难掩的真性情。司马迁也为屈原的生活遭遇感到痛心疾首，他曾经这样写道：

屈原铜像（左）与《楚辞》（右） 屈原是战国末期楚国的政治家，其楚辞诗人的身份更加闻名。

> 余读《离骚》《天问》《招魂》《哀郢》，悲其志。适长沙，过屈原所自沉渊，未尝不垂涕，想见其为人。及见贾生吊之，又怪屈原以彼其材，游诸侯，何国不容，而自令若是。读《鵩鸟赋》，同死生，轻去就，又爽然自失矣。

从一个现代人的视角来看，笔者认为能体现屈原真正价值的作品，并非司马迁所罗列的那些。笔者在读过《国殇》以后，才真正能够理解司马迁的心情。当初楚怀王被张仪的言辞所蛊惑，后发现自己被骗，盛怒之下出征讨伐，结果不仅丧失了八万将士，更丢掉了汉中，根据《史记》的记载，这部作品的内容就描绘了当时的惨状。这首诗的内容虽与战争相关，却并非意在激扬士气，也并非为了宣扬爱国之心，他只是在为牺牲的将士正名。如果屈原呐喊"青年们！我们去复仇吧"，笔者大概也不会相信屈原的真心。这些将士因为屈原曾经强烈反对的政策而来到了战场之上，甚至兵败阵亡，但屈原并没有嘲笑他们，这与他的作品中随处可见的对君王的怨恨形成了鲜明的对比。因此，关羽和屈原才会在笔者的心中成为两位英雄。

屈原为将士的死感到悲伤，为他们的行动赋予了意义，最后还为他们的安息而祈祷。笔者认为，《诗经》里的诗歌往往是似是而非、极其模糊的，而屈原的诗歌比《诗经》里的诗作更加激烈，充满率真的感情。作为一首战争诗歌，这首诗可谓古今中外水平最高的作品之一。

操吴戈兮被犀甲，
车错毂兮短兵接。
旌蔽日兮敌若云，
矢交坠兮士争先。
凌余阵兮躐余行，
左骖殪兮右刃伤。
霾两轮兮絷四马，
援玉枹兮击鸣鼓。
天时怼兮威灵怒，
严杀尽兮弃原野。
出不入兮往不反，
平原忽兮路超远。
带长剑兮挟秦弓，
首身离兮心不惩。
诚既勇兮又以武，
终刚强兮不可凌。
身既死兮神以灵，
魂魄毅兮为鬼雄。

诗歌中描绘了楚军将士对潮水般涌来的秦军士兵束手无策的惨烈状况，但这并非因为楚军将士软弱、不够勇敢，只是因为神灵震怒，天命不可违。他们至死都勇敢顽强，死亦为鬼雄。我想，屈原在流放地听说了八万将士被屠戮的消息后，必定悲叹不已，怨恨愚蠢的楚王，就像他之前曾经诘问"荆勋作师，夫何长（楚王追求功绩兴师动众，国家命运如何能够久长）"？楚怀王最终还是闯祸了。

在南国的冬风依然凛冽的一月，笔者在屈原祠堂里一边读着他的诗歌，一边哀悼着昔日在战场上牺牲的将士。在冬日淅淅沥沥的小雨中，大门外人声鼎沸，祠堂里却空无一人，笔者便独自沉浸在楚辞激烈又悲戚的氛围里，默默感受遥远的荆楚风韵……

主要国家诸侯在位年表

年份	东周	鲁	齐	晋	秦	楚	郑	燕	吴	越
前770		孝公								
前769								顷侯		
前768					襄公					
前767						若敖				
前766								哀侯		
前765										
前764										
前763										
前762										
前761						霄敖				
前760										
前759				文侯						
前758										
前757							武公			
前756	平王		庄公							
前755										
前754		惠公								
前753					文公			郑侯		
前752										
前751										
前750										
前749						蚡冒				
前748										
前747										
前746										
前745										
前744										
前743				昭侯						
前742							庄公			
前741										

年份	东周	鲁	齐	晋	秦	楚	郑	燕	吴	越
前740				昭侯						
前739										
前738										
前737										
前736			庄公							
前735								郑侯		
前734										
前733										
前732		惠公								
前731				孝侯						
前730	平王									
前729										
前728					文公					
前727										
前726										
前725										
前724										
前723										
前722										
前721				鄂侯						
前720							庄公	穆侯		
前719						武王				
前718										
前717		隐公								
前716										
前715										
前714			釐公							
前713				哀侯						
前712										
前711										
前710					宁公					
前709										
前708	恒王			小子						
前707										
前706										
前705										
前704		桓公						宣侯		
前703										
前702				潘						
前701					出公					
前700										
前699										
前698							厉公			
前697			襄公	武公				桓公		

年份	东周	鲁	齐	晋	秦	楚	郑	燕	吴	越
前696							昭公			
前695		桓公						桓公		
前694							子亹			
前693						武王				
前692										
前691			襄公							
前690				湣						
前689	庄王									
前688					武公					
前687				武公			子婴			
前686										
前685										
前684						文王				
前683										
前682				晋侯						
前681	釐王									
前680										
前679										
前678		庄公		武公①						
前677					德公		厉公			
前676	惠王									
前675					宣公	堵敖				
前674						囏		庄公		
前673										
前672										
前671										
前670										
前669			桓公							
前668										
前667										
前666										
前665				献公						
前664							文公			
前663						成王				
前662					成公					
前661		湣公								
前660										
前659										
前658										
前657										
前656		釐公			穆公			襄公		
前655										
前654										
前653										

① 周天子承认晋武公。

295

年份	东周	鲁	齐	晋	秦	楚	郑	燕	吴	越
前652	惠王			献公						
前651										
前650										
前649										
前648			桓公							
前647										
前646										
前645										
前644				惠公						
前643										
前642										
前641		釐公					文公			
前640										
前639			孝公			成王				
前638										
前637					穆公					
前636				文公				襄公		
前635	襄王									
前634										
前633										
前632										
前631										
前630										
前629										
前628										
前627				襄公						
前626										
前625		文公								
前624			昭公							
前623										
前622										
前621										
前620						穆王	穆公			
前619										
前618	顷王									
前617								桓公		
前616				灵公	康公					
前615										
前614										
前613										
前612	匡王					庄王				
前611			懿公							
前610										
前609										

296

年份	东周	鲁	齐	晋	秦	楚	郑	燕	吴	越
前608	匡王			灵公						
前607							穆公			
前606					共公					
前605							灵公	桓公		
前604			惠公	成公						
前603										
前602										
前601										
前600		宣公								
前599						庄王				
前598										
前597		定王								
前596							襄公			
前595								宣公		
前594										
前593										
前592										
前591										
前590			顷公	景公	桓公					
前589										
前588										
前587										
前586		成公					悼公			
前585										
前584										
前583										
前582								昭公		
前581		简王								
前580										
前579						共王	成公			
前578				厉公						
前577										
前576								寿梦		
前575			灵公							
前574										
前573										
前572		襄公		景公				武公		
前571	灵王									
前570				悼公			釐公			
前569										
前568										
前567										
前566							简公			
前565										

年份	东周	鲁	齐	晋	秦	楚	郑	燕	吴	越
前564										
前563									寿梦	
前562						共王				
前561				悼公						
前560								武公		
前559			灵公							
前558										
前557										
前556										
前555	灵王									
前554									诸樊	
前553		襄公								
前552						康王		文公		
前551			庄公		景公					
前550										
前549										
前548										
前547							简公	懿公		
前546										
前545				平公						
前544										
前543						郏敖				
前542										
前541										
前540								惠公		
前539									馀祭	
前538										
前537										
前536										
前535						灵王				
前534			景公							
前533	景王									
前532								悼公		
前531		昭公								
前530										
前529				昭公	哀公				馀昧	
前528										
前527										
前526								共公		
前525							定公			
前524						平王			僚	
前523				顷公						
前522								平公		
前521										

年份	东周	鲁	齐	晋	秦	楚	郑	燕	吴	越
前520	景王									
前519										
前518						平王			僚	
前517							定公			
前516				顷公						
前515		昭公								
前514										
前513								平公		
前512										
前511					哀公					
前510										
前509										
前508										
前507							献公			
前506										
前505			景公						阖闾	
前504										允常
前503		定公								
前502						昭王				
前501										
前500								简公		
前499										
前498	敬王									
前497										
前496					惠公					
前495				定公						
前494										
前493										
前492										
前491										
前490										
前489			晏孺子				声公			
前488										
前487			悼公						夫差	勾践
前486		哀公						献公		
前485										
前484				悼公	悼公					
前483			简公			惠王				
前482										
前481										
前480										
前479			平公							
前478										
前477										

299

年份	东周	鲁	齐	晋	秦	楚	郑	燕	吴	越
前 476	敬王									
前 475				定公						
前 474									夫差	
前 473										
前 472	元王	哀公								
前 471								献公		
前 470							声公			勾践
前 469										
前 468										
前 467			平公							
前 466										
前 465										
前 464										
前 463				出公	厉共公	惠王				
前 462										
前 461										鹿郢
前 460	贞定王							孝公		
前 459		悼公					哀公			
前 458										
前 457										
前 456										
前 455										
前 454			宣公							不寿
前 453							共公	成公		
前 452										
前 451				哀公						

主要事件

年份	事件
前 614	楚庄王即位。
前 611	楚国灭庸国。
前 606	庄王攻打陆浑戎，问鼎中原。
前 601	楚国灭舒蓼国。
前 598	庄王以夏征舒之难为借口攻打陈国。
前 597	楚晋邲之战，楚国大胜。
前 594	晋国灭狄族潞国。
	鲁国对私田征税。
前 593	晋国消灭狄族三支脉。
前 591	楚庄王薨。
前 584	吴国攻打郯国。
前 579	晋楚第一次休战条约。
前 578	晋秦宣布绝交。
前 575	晋楚鄢陵之战，晋国大胜。
前 573	晋国发生政变，栾书弑杀晋厉公。

图书在版编目（CIP）数据

春秋战国．第 3 卷，问鼎中原／〔韩〕孔元国著；高
文丽译．—上海：上海三联书店，2023.5
ISBN 978-7-5426-8015-0

Ⅰ．①春… Ⅱ．①孔… ②高… Ⅲ．①中国历史－春
秋战国时代－通俗读物 Ⅳ．① K225.09

中国国家版本馆 CIP 数据核字（2023）第 039425 号

春秋战国·第三卷·问鼎中原

著　　者／〔韩〕孔元国
译　　者／高文丽
责任编辑／王　建
特约编辑／时音菠
装帧设计／鹏飞艺术
监　　制／姚　军
出版发行／上海三联书店
　　　　　（200030）中国上海市漕溪北路331号A座6楼
邮购电话／021-22895540
印　　刷／天津丰富彩艺印刷有限公司
版　　次／2023 年 5 月第 1 版
印　　次／2023 年 5 月第 1 次印刷
开　　本／960×640　1/16
字　　数／145千字
印　　张／20.5

ISBN 978-7-5426-8015-0/K · 711

定　价：56.80元

춘추전국이야기 3 春秋战国 3

Copyright © 2010 by 공원국 孔元国

All rights reserved.

Original Korean edition published by Wisdom House, Inc.

Simplified Chinese copyright © 2023 by 北京凤凰壹力文化发展有限公司

Simplified Chinese language edition arranged with Wisdom House, Inc.

Through 韩国连亚国际文化传播公司

本书中文简体版权归北京凤凰壹力文化发展有限公司所有，并授权上海
三联书店有限公司出版发行。未经许可，请勿翻印。

著作权合同登记号　图字：10-2021-442 号